"十二五"国家重点图书出版规划项目
典型生态脆弱区退化生态系统恢复技术与模式丛书

青藏高原土地退化整治技术与模式

吕昌河　于伯华　编著

科学出版社
北　京

内 容 简 介

本书采用 NDVI 数据和 GIS 技术，分析了青藏高原的植被变化及其影响因素，并对生态系统的脆弱性及其空间差异进行了评估；利用文献资料，阐述了青藏高原存在的主要生态和土地退化问题，筛选了适合高寒脆弱生态系统保育、退化土地恢复和土地高效利用的关键技术与模式，提出了青藏高原生态系统保护和整治及区域土地可持续利用对策。

本书可作为草业、国土整治、生态环境建设、环境修复与环境保护等专业的科研教学人员及农业技术人员、政府相关管理人员的参考用书。

图书在版编目(CIP)数据

青藏高原土地退化整治技术与模式／吕昌河，于伯华编著．
—北京：科学出版社，2011
（典型生态脆弱区退化生态系统恢复技术与模式丛书）

"十二五"国家重点图书出版规划项目

ISBN 978-7-03-031379-9

Ⅰ．青…　Ⅱ．①吕…②于…　Ⅲ．青藏高原－土地退化－综合治理－研究
Ⅳ．F323.211

中国版本图书馆 CIP 数据核字（2011）第 104854 号

责任编辑：李　敏　张　菊　李娅婷／责任校对：陈玉凤
责任印制：徐晓晨／封面设计：王　浩

科 学 出 版 社 出版
北京东黄城根北街 16 号
邮政编码：100717
http://www.sciencep.com

北京京华虎彩印刷有限公司 印刷

科学出版社发行　各地新华书店经销

*

2011 年 6 月第　一　版　　开本：787×1092 1/16
2017 年 6 月第二次印刷　　印张：12 3/8　插页：4

字数：300 000

定价：150.00 元
（如有印装质量问题，我社负责调换）

总　序

　　我国是世界上生态环境比较脆弱的国家之一，由于气候、地貌等地理条件的影响，形成了西北干旱荒漠区、青藏高原高寒区、黄土高原区、西南岩溶区、西南山地区、西南干热河谷区、北方农牧交错区等不同类型的生态脆弱区。在长期高强度的人类活动影响下，这些区域的生态系统破坏和退化十分严重，导致水土流失、草地沙化、石漠化、泥石流等一系列生态问题，人与自然的矛盾非常突出，许多地区形成了生态退化与经济贫困化的恶性循环，严重制约了区域经济和社会发展，威胁国家生态安全与社会和谐发展。因此，在对我国生态脆弱区基本特征以及生态系统退化机理进行研究的基础上，系统研发生态脆弱区退化生态系统恢复与重建及生态综合治理技术和模式，不仅是我国目前正在实施的天然林保护、退耕还林还草、退牧还草、京津风沙源治理、三江源区综合整治以及石漠化地区综合整治等重大生态工程的需要，更是保障我国广大生态脆弱地区社会经济发展和全国生态安全的迫切需要。

　　面向国家重大战略需求，科学技术部自"十五"以来组织有关科研单位和高校科研人员，开展了我国典型生态脆弱区退化生态系统恢复重建及生态综合治理研究，开发了生态脆弱区退化生态系统恢复重建与生态综合治理的关键技术和模式，筛选集成了典型退化生态系统类型综合整治技术体系和生态系统可持续管理方法，建立了我国生态脆弱区退化生态系统综合整治的技术应用和推广机制，旨在为促进区域经济开发与生态环境保护的协调发展、提高退化生态系统综合整治成效、推进退化生态系统的恢复和生态脆弱区的生态综合治理提供系统的技术支撑和科学基础。

　　在过去10年中，参与项目的科研人员针对我国青藏高寒区、西南岩溶地区、黄土高原区、干旱荒漠区、干热河谷区、西南山地区、北方沙化草地区、典型海岸带区等生态脆弱区退化生态系统恢复和生态综合治理的关键技术、整治模式与产业化机制，开展试验示范，重点开展了以下三个方面的研究。

　　一是退化生态系统恢复的关键技术与示范。重点针对我国典型生态脆弱区的退化生态系统，开展退化生态系统恢复重建的关键技术研究。主要包括：耐寒/耐高温、耐旱、耐盐、耐瘠薄植物资源调查、引进、评价、培育和改良技术，极端环境条件下植被恢复关键技术，低效人工林改造技术、外来入侵物种防治技术、虫鼠害及毒杂草生物防治技术，多层次立体植被种植技术和林农果木等多形式配置经营模式、坡地农林复合经营技术，以及受损生态系统的自然修复和人工加速恢复技术。

二是典型生态脆弱区的生态综合治理集成技术与示范。在广泛收集现有生态综合治理技术、进行筛选评价的基础上，针对不同生态脆弱区退化生态系统特征和恢复重建目标以及存在的区域生态问题，研究典型脆弱区的生态综合治理技术集成与模式，并开展试验示范。主要包括：黄土高原地区水土流失防治集成技术，干旱半干旱地区沙漠化防治集成技术，石漠化综合治理集成技术，东北盐碱地综合改良技术，内陆河流域水资源调控机制和水资源高效综合利用技术等。

三是生态脆弱区生态系统管理模式与示范。生态环境脆弱、经济社会发展落后、管理方法不合理是造成我国生态脆弱区生态系统退化的根本原因，生态系统管理方法不当已经或正在导致脆弱生态系统的持续退化。根据生态系统演化规律，结合不同地区社会经济发展特点，开展了生态脆弱区典型生态系统综合管理模式研究与示范。主要包括：高寒草地和典型草原可持续管理模式，可持续农—林—牧系统调控模式，新农村建设与农村生态环境管理模式，生态重建与扶贫式开发模式，全民参与退化生态系统综合整治模式，生态移民与生态环境保护模式。

围绕上述研究目标与内容，在"十五"和"十一五"期间，典型生态脆弱区的生态综合治理和退化生态系统恢复重建研究项目分别设置了 11 个和 15 个研究课题，项目研究单位 81 个，参加研究人员 463 人。经过科研人员 10 年的努力，项目取得了一系列原创性成果：开发了一系列关键技术、技术体系和模式；揭示了我国生态脆弱区的空间格局与形成机制，完成了全国生态脆弱区区划，分析了不同生态脆弱区面临的生态环境问题，提出了生态恢复的目标与策略；评价了具有应用潜力的植物物种 500 多种，开发关键技术数百项，集成了生态恢复技术体系 100 多项，试验和示范了生态恢复模式近百个，建立了 39 个典型退化生态系统恢复与综合整治试验示范区。同时，通过本项目的实施，培养和锻炼了一大批生态环境治理的科技人员，建立了一批生态恢复研究试验示范基地。

为了系统总结项目研究成果，服务于国家与地方生态恢复技术需求，项目专家组组织编撰了《典型生态脆弱区退化生态系统恢复技术与模式丛书》。本丛书共 16 卷，包括《中国生态脆弱特征及生态恢复对策》、《中国生态区划研究》、《三江源区退化草地生态系统恢复与可持续管理》、《中国半干旱草原的恢复治理与可持续利用》、《半干旱黄土丘陵区退化生态系统恢复技术与模式》、《黄土丘陵沟壑区生态综合整治技术与模式》、《贵州喀斯特高原山区土地变化研究》、《喀斯特高原石漠化综合治理模式与技术集成》、《广西岩溶山区石漠化及其综合治理研究》、《重庆岩溶环境与石漠化综合治理研究》、《西南山地退化生态系统评估与恢复重建技术》、《干热河谷退化生态系统典型恢复模式的生态响应与评价》、《基于生态承载力的空间决策支持系统开发与应用：上海市崇明岛案例》、《黄河三角洲退化湿地生态恢复——理论、方法与实践》、《青藏高原土地退化整治技术与模式》、《世界自然遗产地——九寨与黄龙的生态环境与可持续发展》。内容涵盖了我国三江源地区、黄土高原区、青藏高寒区、西南岩溶石漠化区、内蒙古退化草原区、黄河河口退化湿地等典型生态脆弱区退化生态系统的特征、变化趋势、生态恢复目标、关键技术和模式。我们希望通过本丛书的出版全面反映我国在退化生态系统恢复与重建及生态综合治理技术和模式方面的最新成果与进展。

典型生态脆弱区的生态综合治理和典型脆弱区退化生态系统恢复重建研究得到"十五"和"十一五"国家科技支撑计划重点项目的支持。科学技术部中国 21 世纪议程管理中心负责项目的组织和管理，对本项目的顺利执行和一系列创新成果的取得发挥了重要作用。在项目组织和执行过程中，中国科学院资源环境科学与技术局、青海、新疆、宁夏、甘肃、四川、广西、贵州、云南、上海、重庆、山东、内蒙古、黑龙江、西藏等省、自治区和直辖市科技厅做了大量卓有成效的协调工作。在本丛书出版之际，一并表示衷心的感谢。

科学出版社李敏、张菊编辑在本丛书的组织、编辑等方面做了大量工作，对本丛书的顺利出版发挥了关键作用，借此表示衷心的感谢。

由于本丛书涉及范围广、专业技术领域多，难免存在问题和错误，希望读者不吝指教，以共同促进我国的生态恢复与科技创新。

丛书编委会

2011 年 5 月

前 言

青藏高原地域辽阔，涵盖西藏和青海，以及四川、云南、甘肃和新疆部分地区，介于 25°~40°N 和 74°~104°E，土地总面积约 257.24 万 km²。青藏高原地势高亢，分布着世界上最大的高山草地生态系统，是我国仅次于内蒙古高原的重要牧区，宜牧草地约占全国草地总面积的 40%。受地形和气候的影响，高原生态系统非常脆弱，对人类活动的干扰极为敏感，是我国面积最大的高寒脆弱区。

青藏高原生态结构简单、生产力低。由于长期受超载过牧、鼠虫危害及人为破坏等因素的影响，青藏地区土地退化和生态问题突出，主要表现为草地退化和沙化、湿地萎缩及生物多样性损失等。本书作为《典型生态脆弱区退化生态系统恢复技术与模式丛书》之一，在系统收集和分析有关文献及实验示范资料的基础上，编辑整理了适合青藏高原退化生态系统恢复重建的技术与模式，并编辑整理了草畜可持续管理和作物高效种植技术与模式，进一步提出了区域退化土地整治和土地可持续利用对策。全书内容共分 4 篇 12 章。

第一篇介绍了青藏高原植被变化、生态脆弱度评价与土地退化问题，包括第 1~5 章。第 1 章简要描述区域自然和社会经济概况；第 2 章利用 NDVI 遥感影像数据，分析了青藏高原地区的植被时空变化特点与趋势；第 3 章在第 2 章的基础上利用 GIS 空间统计方法，分析了区域植被变化与气候等自然因素、人类活动等社会经济因素的相关性；第 4 章利用指标权重法和 GIS 技术，对青藏高原区的生态系统进行了脆弱度评价；第 5 章以文献综述的方式，总结提炼了青藏高原存在的主要生态和土地退化问题。

第二篇介绍了青藏高原退化土地整治技术与模式，筛选编辑了包括退化草地整治、鼠害灭除、人工草地建植和植树造林等数十项退化土地整治技术和模式，包括第 6~9 章。第 6 章针对退化和沙化草地，介绍了退化草地改良与重建技术、沙化草地防风固沙技术、"黑土滩"和沙化草地综合治理模式等；第 7 章针对严重的草原鼠害，编辑整理了物理、化学、生物灭鼠和生态控鼠技术，以及鼠害综合防治模式；第 8 章收集整理了人工草地建植与管理技术、常见牧草的人工种植技术，以及人工草地的建植模式；第 9 章详细介绍了常用的植树造林技术与坡地退耕还林还草模式。

第三篇介绍了青藏高原草畜管理和作物高产种植技术与模式，包括第 10 章和第 11 章。第 10 章介绍了畜牧养殖技术与草畜可持续管理模式；第 11 章收集整理了粮食作物的高产种植技术与模式、大棚蔬菜和瓜果的高产种植技术。

第四篇介绍了青藏高原土地退化防治和区域可持续发展对策，包括第 12 章。该章针对高原区独特的自然环境和土地退化问题，提出了生态保护和综合防治、土地可持续利用和区域发展对策。

本书由吕昌河和于伯华撰稿编辑。在编写过程中，博士研究生王涛、杜习乐、范兰、李旺君在资料收集方面做了大量工作，在此表示衷心的感谢！感谢李秀彬研究员、欧阳志云研究员在本书撰写过程中所给予的支持与帮助。本书的第 2 章和第 3 章主要基于于伯华的博士后出站报告编辑而成，在此对合作导师刘闯研究员，以及吕婷婷博士、杨阿强博士、刘林山博士、丁明军博士、陶波博士在博士后出站报告撰写过程中所给予的帮助表示衷心感谢。本书的第 3 篇和第 4 篇主要基于已发表的 100 多篇文献资料编辑而成，在此编著者对所有这些文献资料的作者表示诚挚的感谢！

吕昌河　于伯华

2011 年 1 月 25 日

目　　录

第二篇　青藏高原退化土地整治技术与模式

第三篇　青藏高原草畜管理和作物高产种植技术与模式

第四篇　青藏高原土地退化防治和区域可持续发展对策

第一篇　青藏高原植被变化、生态脆弱度评价与土地退化问题

第1章　青藏高原自然和社会经济概况

青藏高原地处我国西南部，北起昆仑山、阿尔金山和祁连山北麓，南至喜马拉雅山，西迄喀剌昆仑山，东至横断山，介于 25°~40°N 和 74°~104°E（图 1-1），东西横跨 31 个经度、长约 2700 km，南北纵贯约 16 个纬度、宽达 1400 km（郑度等，1985）。行政范围包括西藏自治区和青海省全部，以及新疆维吾尔自治区、甘肃省、四川省、云南省的部分地区，总面积约 257.24 万 km²（张镱锂等，2002）。青藏高原是世界上最高的高原，平均海拔约 4500 m，地势高、气候寒冷，有"世界屋脊"和"世界第三极"之称，被称为"高寒区"。青藏高原地广人稀，人口密度小于 5 人/km²。

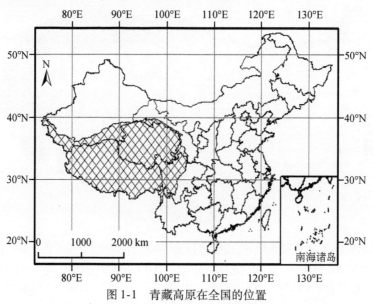

图 1-1　青藏高原在全国的位置

1.1　自然条件概况

1.1.1　地貌

青藏高原是我国"三级"地势台阶中最高的一级，其上山地纵横，分布着多个东西和西北—东南走向的著名山脉，自北而南有阿尔金山、祁连山、昆仑山、巴颜喀拉山、唐古拉山、冈底斯山、念青唐古拉山和喜马拉雅山，构成了青藏高原的基本"骨架"；在山地之间，分布着地势平坦的高原、湖泊和盆地，形成了山原、河谷相间，地形绵延起伏的地貌格局（图1-2、图1-3）。

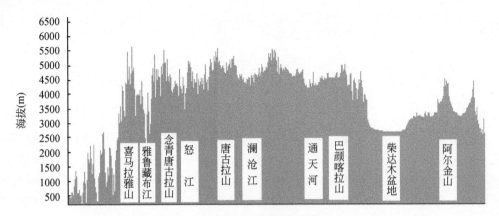

图1-2　青藏高原95°E纵剖面图

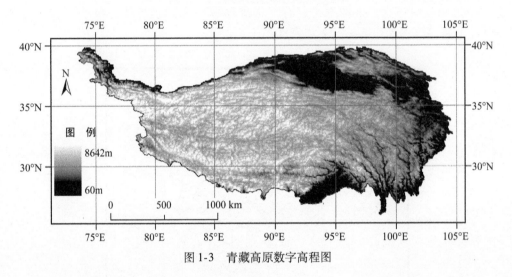

图1-3　青藏高原数字高程图

青藏高原地势高亢，超过80%的面积海拔在4000 m以上。地貌类型以山地为主，其面积占区域总面积的67.18%。其中，相对高差超过1000 m的高起伏山地，面积98万 km²，占区域总面积的38.10%；中起伏山地面积46.38 万 km²，占18.03%；小起伏山地面积28.43万 km²，占11.05%。其余约1/3的区域为地势相对平坦的高平原、湖盆、河谷和丘陵地貌，主要分布在藏北高原、柴达木盆地和藏南河谷地区（图1-4，见彩图）。

1.1.2　气候

受地形的影响，青藏高原具有与同纬度地区和周边地区显著不同的气候特征：日照时间长，辐射强；气温较低，日较差大，年较差小；干湿分明，多夜雨；冬春干燥，多大风。由于青藏高原海拔较高，空气稀薄且干净，年均太阳总辐射高达130～190 kcal①/cm²，比同纬

---

①　1cal_mean（平均卡）=4.1900J；1cal_th（热化学卡）=4.184J。

度低海拔地区高 50% ~ 100%，因此在全国气候区划中，它被单独划分为青藏高原气候区（郑度等，1985）。然而，由于地势和海拔及距海远近的不同，青藏高原境内的气候状况区域差异明显，总体呈现西北干寒、东南温暖湿润的特点（图1-5），并呈现出由东南向西北递变的带状分布特征，即亚热带—温带—亚寒带—寒带、湿润—半湿润—半干旱—干旱。

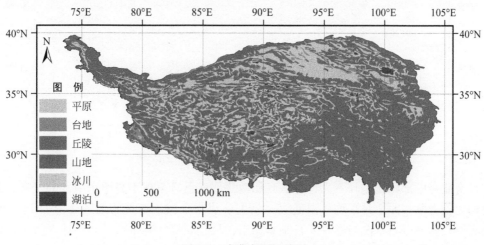

图 1-4　青藏高原地貌图

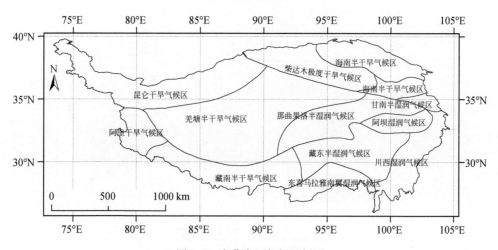

图 1-5　青藏高原气候区划图

数据来源：地球系统科学数据共享网（http://www.geodata.cn/）

1. 以高寒气候为主，气温区域差异明显

青藏高原大部分地区多年平均气温为 0 ~ 10℃。藏北高原地势高亢，大部分地区年均气温低于 0℃；雅鲁藏布江河谷区、藏东南和横断山区气温较高，年均气温在 10℃ 左右，有的地方达 20℃（图1-6，见彩图）。

1 月是青藏高原的最冷月，平均气温为 -20 ~ -10℃（图1-7，见彩图），南北气温相差近 30℃。春季（4月），青藏高原气温整体回升，大部分地区气温在 5℃ 以上，只有高原中部呈东西向分布的带状区域气温在 0℃ 以下（图1-7）。7月平均气温大多在 10℃ 以

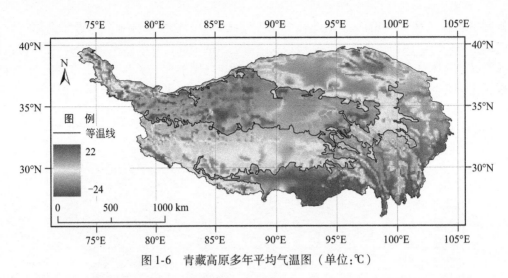

图 1-6 青藏高原多年平均气温图（单位：℃）

上，且南北与中部相比差异不大，青藏高原西北部气温显著高于高原东南部的气温，与同纬度相比，青藏高原 7 月平均气温低 15～20℃，成为全国最凉爽的地区（图 1-7）。10 月青藏高原气温的分布状况与春季 4 月基本相当，只是北部气温略低。与同纬度海拔较低的地区相比，青藏高原上气温日较差大 1 倍左右，具有明显的高原山地特色。

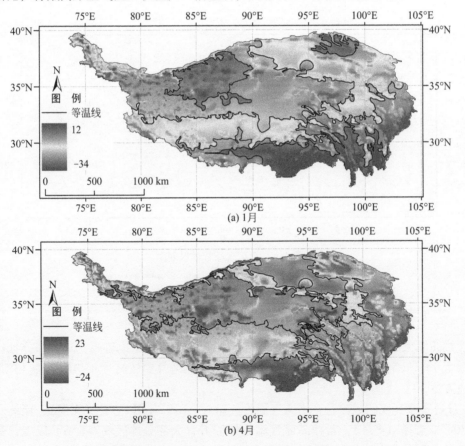

(a) 1月

(b) 4月

图 1-7 青藏高原 1 月、4 月、7 月、10 月月均气温图（单位：℃）

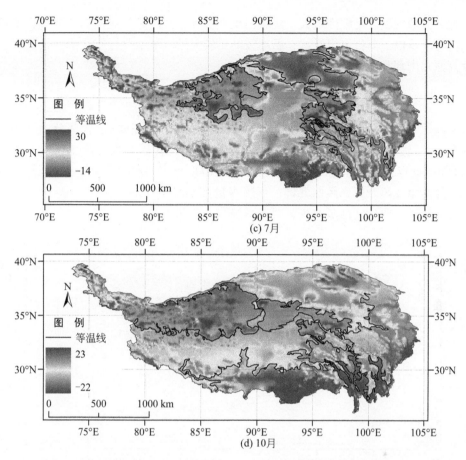

图 1-7　青藏高原 1 月、4 月、7 月、10 月月均气温图（单位：℃）（续）

气温在青藏高原的年际变化呈现"三足鼎立"的态势，即气温年际波动比较大的地方主要分布在三个区域（图 1-8）：首先为藏北高原东部、东南部及柴达木盆地的南部和西

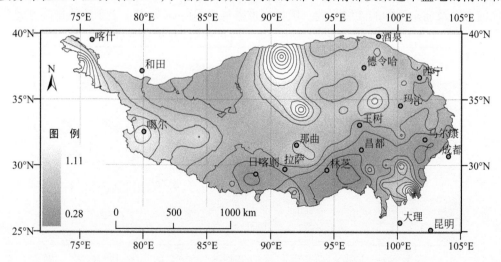

图 1-8　1981～2000 年青藏高原气温变化的标准差分布图（单位：℃）

南部，这一区域气温波动幅度最大、区域面积也最大；其次是青藏高原的西部；最后为高原的东南部。从以上分析可以看出，温度波动比较大的区域主要分布在降水极其稀少的中部以及高原东南部和西南部。

2. 以半干旱气候为主，降水时空差异明显

青藏高原年降水量多为 50～700 mm，空间差异显著（图1-9）。大部分地区年降水量低于 400 mm，属高原半干旱区；高原东南部特别是喜马拉雅山南麓降水较丰富，年降水量多在 500 mm 以上，局部地区降水量甚至超过 1000 mm，属半湿润和湿润气候；由东南向西北，降水量逐渐减少，至西北部，年降水量已不足 100 mm。因此，高原年降水量总的分布趋势是东多西少、南多北少，即东南湿润、西北干燥。

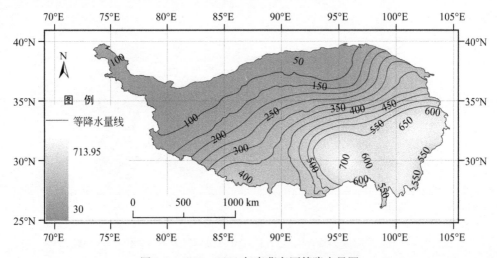

图1-9　1981～2000年青藏高原等降水量图

图1-10反映的是青藏高原降水变化的标准差，标准差较大的区域主要分布在雅鲁藏布江河谷区及向东延伸的区域。这一区域标准差通常 60 mm 以上，表示该区域降水量年际

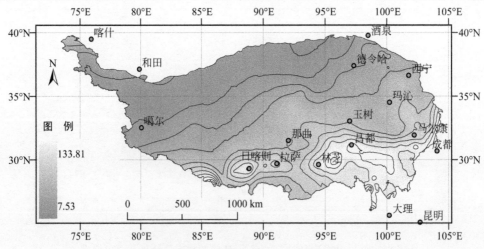

图1-10　1981～2000年青藏高原降水量变化标准差分布图（单位：mm）

变化较大，这其中包括降水量的正向变化和负相变化。标准差从上述高值区向西北地区逐渐递减，至高原西北边界标准差已降至 10 mm 以下。但因年降水量低，高原北部和西北部的相对变率要高于南部地区，即北部地区降水的年际波动要高于南部多雨区。

根据降水量的空间差异，可将青藏高原划分为稀雨区、少雨区、中雨区和多雨区（表1-1）。稀雨区分布在藏西北高原及阿里地区西部，年降水量在 200 mm 以下，雨季较短、气候干燥。少雨区分布在雅鲁藏布江上、中游羌塘高原东南部、藏南高原及昌都地区南部河谷，年降水量在 200~500 mm，属半干旱地区；中雨区分布在藏东南、怒江上游及昌都地区北部、青海西部和四川南部地区，年降水量为 500~800 mm，相对湿度较高，属半湿润地区。多雨区分布在藏东南边境及喜马拉雅山南坡和横断山区，年降水量在 800 mm 以上，雨季较长，湿度大于 70%，属湿润气候区。

表 1-1 青藏高原降水量地理分布

降水量差别	分布地区	年均降水量（mm）	降水起止时间	降水量占全年比重(%)	年均相对湿度（%）	干湿状况
稀雨	藏西北高原及阿里西部、柴达木盆地	<200	7~9	70~90	30~45	干旱
少雨	雅鲁藏布江上、中游，羌塘高原东南部，藏南高原及昌都地区南部河谷	200~500	6~9	85~95	35~50	半干旱
中雨	藏东南、怒江上游及昌都地区北部、青海西部和四川南部	500~800	5~9	80~85	50~70	半湿润
多雨	藏东南边境、喜马拉雅山南坡及横断山区	>800	3 (4) ~9	70~85	>70	湿润或潮湿

数据来源：地球系统科学数据共享网（http://www.geodata.cn/）

青藏高原降水主要分布在雨季，季节分配不均、干湿季明显。每年 10 月至翌年 5 月是高原的干季，降水量仅占全年的 10%~20%；6~9 月是高原的雨季，雨量集中，一般占全年降水量的 90% 左右。冬季是高原日降水量最少的季节，多为 0.2~0.5 mm/d；随着春季的来临日降水量逐渐上升，到 7 月、8 月日降水量达到当年的峰值，为 3.5~5 mm/d，其后逐步下降。

1.1.3 土壤

青藏高原地域范围大，东西横跨 31 个经度、南北跨 16 个纬度、地势高差 6000 余米，因此，区域气候、植被等自然要素空间差异显著，形成了多种多样的成土条件和多样的土壤类型。

1. 土壤类型多样，以高山土为主

根据我国 1:100 万土壤类型图，其分类系统的 12 个土纲在青藏高原均有分布，涉及 60 余个土类，占我国全部土类的一半。在青藏高原所有的土纲中，高山土面积最大，达 184.37 万 km²，占区域总面积的 71.67%，分布在除柴达木盆地、藏南地区和藏东南河谷

区以外的大部分地区（图 1-11，见彩图）。其次为淋溶土，面积为 15.82 万 km²，占区域总面积的 6.15%，分布在海拔 1000~3000 m 的藏东南河谷区和藏南谷底。再次为初育土，集中分布于 2500~4000 m 的柴达木盆地和 5000~6000 m 藏北高原的部分地区。其他类型的土壤面积较小，累计约占区域总面积的 18%。

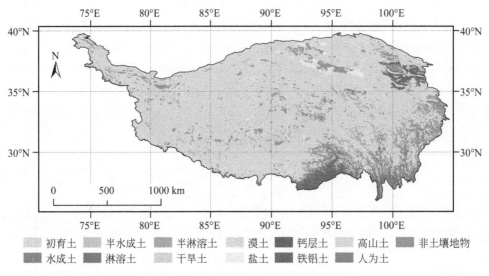

图 1-11 青藏高原土壤类型分布图

青藏高原独特的高寒气候，形成了我国乃至世界分布最集中、面积最大、类型最多的高山土壤。据统计，全国共有高山土面积 197.78 万 km²，其中 184.37 万 km² 分布在青藏高原，占 93.22%。高山土主要包括草毡土、黑毡土、寒钙土、冷钙土、棕冷钙土、寒漠土、冷漠土、寒冻土等土类，其中寒钙土面积最大，达 72.79 万 km²，占青藏高原高山土总面积的 39.48%；其次为草毡土，占青藏高原高山土的 24.72%（表 1-2）。

表 1-2 青藏高原高山土面积及其比例

土类	面积（万 km²）	比例（%）
草毡土	45.57	24.72
黑毡土	21.87	11.86
寒钙土	72.79	39.48
冷钙土	12.37	6.71
棕冷钙土	0.84	0.45
寒漠土	2.65	1.44
冷漠土	0.28	0.15
寒冻土	28.00	15.19
小计	185.00	100.00

淋溶土是青藏高原面积处于第二位的土纲，主要分布于青藏高原东南部的高山河谷区及藏南错那县和墨脱县西北边缘 2000~4500 m 的区域。该区域处于印度洋迎风坡，属于

东部季风区，降水丰沛、土壤湿润、淋溶作用显著。淋溶土中，暗棕壤的面积最大，为
7.65 万 km²，接近淋溶土总面积的一半；其次为棕壤，面积为 4.23 万 km²，占 26.74%。
两者合计占淋溶土总面积的 3/4 以上（表 1-3）。

表 1-3　青藏高原淋溶土类面积及其比例

土类	面积（万 km²）	比例（%）
黄棕壤	2.11	13.34
黄褐土	0.03	0.19
棕壤	4.23	26.74
暗棕壤	7.65	48.36
棕色针叶林土	1.79	11.31
漂灰土	0.01	0.06
合计	15.82	100.00

初育土土层浅薄、土质粗、有机质含量低、土壤交结差、疏松，土壤发育微弱，一般
不适宜农业利用，主要分布在海拔 5000～6000 m、坡度陡峻的山地和干旱少雨的风沙区。
高山地区由于气候寒冷，不利于土壤的发育和土层的累积，形成以石质土为主的初育土；
干旱（主要集中在柴达木盆地）区降水稀少、气候干燥、昼夜温差大、物理风化强、植被
稀疏，形成以风沙土为主的初育土。因此，初育土中石质土和风沙土的比例最高，面积分
别为 4.91 万 km² 和 4.29 万 km²，占初育土总面积的 40.58% 和 35.43%（表 1-4）。

表 1-4　初育土面积及其比例

土类	面积（万 km²）	比例（%）
黄绵土	0.00	0.03
新积土	0.74	6.11
风沙土	4.29	35.43
石灰（岩）土	0.19	1.58
紫色土	0.02	0.13
石质土	4.91	40.58
粗骨土	1.95	16.14
合计	12.10	100.00

2. 土壤地带性分异明显

受气候条件和地形的影响，青藏高原土壤具有明显的纬度地带性、经度地带性和垂直地带性特征。在纬度地带性上，自南向北随着纬度的逐渐增高以及一系列西北—东南走向高山的阻挡，气温和降水逐渐减少，依次分布淋溶土、高山土、初育土和干旱土等土纲。

以 95°E 为例，在喜马拉雅山南侧的墨脱和错那县广泛分布以黄棕壤和棕壤等土壤为代表的淋溶土。再往北，随着海拔的升高和纬度的上升，在高山的中上部分布大面积的草毡土、黑毡土、寒钙土、冷钙土、寒漠土等高山土壤。

在 37°N 以北的柴达木盆地南沿，海拔高度由 4000～5000 m 迅速下降至 2500 m 左右，该区域降水稀少，植被稀疏，形成了大面积的盐土。沿经度 95°往北的柴达木盆地的北沿，随着海拔的再次升高和纬度的继续上升，高山土壤中的冷钙土、寒钙土等开始大量出现。

在土壤分布的经度地带性上，从藏东南的纵向岭谷区到青藏高原的腹地——藏北高原地区，再到我国的最西部——帕米尔高原的东缘，海拔逐渐升高，距离海洋的距离越来越远，降水减少，气候带由湿润、半湿润向半干旱、干旱和极度干旱过渡，依次分布着淋溶土、高山土、初育土和干旱土等土纲。在土类方面，依次为砖红壤、黄壤、黄棕壤—褐土、棕壤—亚高山草甸土、草原土—高山草原、草甸土—高山寒漠土—干旱棕钙土、灰钙土。

由于水分、热量随纬度和海拔的变化，青藏高原土壤分布具有显著的垂直地带性特征。喜马拉雅山南侧属迎风坡，基带海拔较低，发育了最完整的土壤垂直带谱，即由基带的砖红壤、赤红壤和黄壤，逐渐过渡为黄棕壤、棕壤和暗棕壤，到海拔 4500 m 以上则为高山草毡土。藏东南地区山高谷深，地形相对高差大，气候和植被垂直变化明显，也形成了比较完整的垂直带谱。在海拔较低的河谷区，土壤多为褐土、棕壤、暗棕壤，随着海拔的升高，则为高山草毡土、高山寒漠土、黑毡土和寒冻土。

1.1.4 植被

青藏高原地处中、低纬的地理位置，高寒的气候特点形成了不同于其他地区的高原景观，如高寒灌丛、高寒草甸、高寒草原和高寒荒漠等。

1. 以草地植被类型为主

青藏高原的植物属于泛北极区的青藏高原植物亚区和中国喜马拉雅森林植物亚区。历史古老的喜暖湿成分占据东南部，而较年轻的耐寒旱种类则分布于高原内部。

根据我国 1∶100 万植被类型图，青藏高原上广泛分布着草原、草甸、荒漠及高山植被等类型（图1-12，见彩图）。面积分布最广的植被类型是草原，它集中分布于青藏高原腹地的藏北高原，面积达 70.82 万 km²，占高原总面积的 27.53%。其次为高寒草甸，主要分布在雅鲁藏布江、黄河、长江以及澜沧江等河流源头的高海拔地区，面积达 65 万 km²，占高原总面积的 1/4 以上。再次为荒漠和寒灌丛，面积占区域面积的比例分别为 8.96% 和 7.56%。

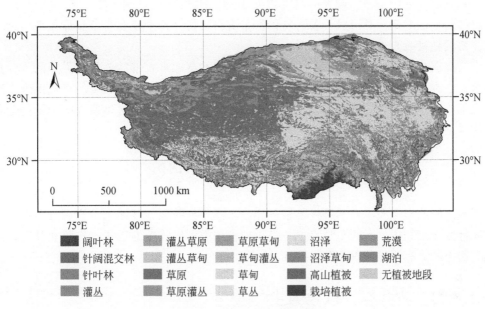

图 1-12　青藏高原植被分布图

喜暖湿的植被类型主要沿纵向岭谷区水汽的上行通道向河流源头延伸，但其在空间分布上也仅局限于高原东南部的低海拔区域，所占面积不超过区域总面积的 20%。其中分布最广的是针叶林，面积为 12.73 万 km^2，所占区域面积比例为 4.95%。阔叶林的面积较小，仅占区域面积的 2.36%（表 1-5）。

表 1-5　青藏高原植被类型及其面积和所占比例

代码	植被类型	面积（万 km^2）/［比例（%）］	代码	植被类型	面积（万 km^2）/［比例（%）］
I	针叶林	12.73（4.95）	VII	草丛	0.23（0.09）
II	针阔混交林	0.33（0.13）	VIII	草甸	65.00（25.27）
III	阔叶林	6.07（2.36）	VIII + IV	草甸灌丛	0.18（0.07）
IV	灌丛	19.45（7.56）	IX	沼泽	0.49（0.19）
IV + VI	灌丛草原	0.41（0.16）	IX + VIII	沼泽草甸	0.01（0.00）
IV + VIII	灌丛草甸	7.13（2.77）	X	高山植被	30.33（11.79）
V	荒漠	23.05（8.96）	XI	栽培植被	1.49（0.58）
VI	草原	70.82（27.53）	XII	无植被地段	14.41（5.60）
VI + IV	草原灌丛	0.21（0.08）	L	湖泊	3.83（1.49）
VI + VIII	草原草甸	1.08（0.42）		合计	257.24（100）

2. 水平地带性和垂直地带性分异明显

青藏高原的地势格局、地域范围和气候决定了高原内部热量、水分条件地域组合有着明显的水平变化，呈现出从东南暖热湿润向西北寒冷干旱递变的趋势，在自然景色上表现为由森林、草甸、草原、荒漠的带状更迭。同时，由于高原常常在短短几十公里的水平距离内，垂直高差达数千米，较大的高差以及山地的阻挡作用（图 1-2），使热量和水分组合随海拔高度而变化，并形成了各有特色的垂直自然带，特别是在青藏高原东南山地，发育了完整的植被垂直带谱。

青藏高原内部以高寒草甸、草原和荒漠为主体的高原垂直带结构具有强烈的大陆性高原特色，在本质上不同于低海拔相应的自然地带。研究认为青藏高原上的自然地带是欧亚大陆东部相应水平地带在巨大高程上的变体，地势和海拔引起的水热条件的不同是变异的主导因素（杨勤业和郑度，2003）。

1.2　土地利用现状

青藏高原面积广大、自然条件复杂多样、区域差异明显，各地土地资源分布不均。青藏高原地区土地利用具有两个特点：一是土地利用类型以牧草地为主、农牧业共存；二是土地利用方式具有明显的垂直分异特征。

1.2.1　农、牧共存，以牧为主

青藏高原的土地利用类型以牧草地为主，其次是未利用土地和林地。青藏高原是我国最大的草场分布区，可利用草场面积占全国草场总面积的 43.23%。其中，西藏牧草地占该区土地面积的 53.62%，而青海牧草地面积占该省土地面积的比例高达 56.30%（表 1-6）。西藏和青海存在大面积的盐碱地、裸岩石砾地等未利用土地，所占比例分别为 35.38% 和 34.31%。西藏和青海的林地面积也比较大，分别占该省（自治区）总面积的 10.55% 和 3.68%；再加上耕地和园地等农用地，西藏和青海农用地的累计比重分别达到 64.56% 和 60.75%。西藏和青海均属于地广人稀的区域，各类建设用地的面积累计比重不超过 0.5%。

表 1-6　西藏和青海土地利用类型的面积及比例（2005 年）

类型		西藏自治区		青海省	
		面积（km²）	比例（%）	面积（km²）	比例（%）
农用地	耕地	3 607.68	0.30	5 422.48	0.76
	林地	126 804.19	10.55	26 383.04	3.68
	牧草地	644 599.81	53.62	403 956.68	56.30
	其他	1 185.74	0.10	74.35	0.01
	合计	776 198.02	64.56	435 836.55	60.75
建设用地	居民点及工矿用地	396.07	0.03	2 432.73	0.34
	交通运输用地	225.73	0.02	290.58	0.04
	水利设施用地	9.93	0.000 8	472.30	0.07
	合计	631.83	0.05	3 195.61	0.45
未利用土地		425 407.92	35.38	246 194.04	34.31
总计		1 202 237.77	100.00	717 483.87	100.00

数据来源：青海省数据来自《青海省统计年鉴（2006）》；西藏自治区数据来自西藏自治区国土资源厅（http://www.xzgtt.gov.cn/zygk/201008/t20100805_731612.htm）

根据土地利用类型的组合方式，可将青藏高原划分为三大区，即农区、牧区和介于两者之间的农牧交错区。农区土壤以山地草原土、灰钙土、棕壤和褐土为主，适合农、林、牧业利用，以农业为主，分布在"一江两河"地区、湟水谷地和藏东南的河谷两侧。"一江两河"地区是指雅鲁藏布江中游、拉萨河、年楚河流域，东起山南桑日县、西到拉孜县、南抵藏南河谷区、北达冈底斯山—念青唐古拉山脉南麓，包括拉萨、日喀则、山南三个地市的18个县（市）。海拔3500~4500 m，地形宽阔，水热条件较好，土壤肥沃、灌溉方便，年均温0~4℃，大于等于0℃积温2800~3200℃，最暖月均温10~15℃，年降水量400 mm左右，日照充足，适宜多种作物生长，青稞、油菜、蔓菁、马铃薯和春小麦占绝对优势。该区土地面积6.65万km²，仅占西藏土地总面积的5.41%，但有35.90%的人口集中于此。该区耕地总面积14.90万hm²，占西藏耕地总面积的67.00%，粮食产量占全区粮食总产量的72.00%。"一江两河"地区不仅是藏文化的发祥地，也是西藏最主要的农区和粮食生产基地，历来有西藏"粮仓"之称，同时也是西藏经济的核心地带。湟水谷地为典型的大陆性气候。年平均气温0.6~7.9℃，最高气温34.7℃、最低气温–32.6℃。年降水量300~500mm，局部地区可达600mm。湟水干流河谷宽阔、水力资源丰富、灌溉便利、农业资源优越，流域面积1.6万km²，仅占青海全省面积的2.2%，耕地面积却相当于全省的面积的56%，并养育了全省61%的人口，是青海粮食主产区和国民经济发展的主导地区。藏东南的河谷区山高、谷深、河窄，气候、植被、水、热、土壤等条件优越，河谷农业发达，农作物一年两熟；农产品种类较多，以玉米、小麦、水稻等作物为主；部分河谷低地还有甘蔗和亚热带水果种植，是西藏独特的热带、亚热带经济植物区。

由于青藏高原所处的特殊地理位置、复杂的自然环境和气候条件，因此其草地类型复杂多样，全国18个草地类型中西藏就有17个。除干热稀树灌草丛外，从热带、亚热带的次生草地到高寒草原，从湿润的沼泽、沼泽化草甸到干旱的荒漠化草原，青藏高原地区均有分布。从面积上来说，青藏高原大部分为高山草甸和高山草原，牧草营养价值较高，为高原上最主要的放牧利用草地资源类型，也是青藏高原发展畜牧业生产的基础保证。在雅鲁藏布江的河谷地带，还有少量的暖性灌草丛类草原垂直分布。受青藏高原自然资源条件的严重制约，青藏高原的社会经济发展对高原上的资源与生态环境形成了很强的依赖性，草地畜牧业生产成为青藏高原社会经济发展的主体产业之一。牧业在青藏高原经济中占据着重要的地位，牧区也在青藏高原总面积中占有相当大的比例。藏北高原及青海的玉树和果洛藏族自治州的大部分地区是青藏高原的传统牧区，占青藏高原1/2以上的土地和2/3的草场资源。青藏高原牧区多在海拔4000 m以上，气候寒冷，地表植被以高山草原、草甸、灌丛草原和草甸为主，其生长季短，牧草生长缓慢、稀疏，产草量低。牦牛是该区的优势家畜，世界上约有85%的牦牛分布在中国，而以青藏高原牧区最为集中，是国内外牦牛的集中产区；其次为藏系绵羊和马。由于长期存在管理粗放、冬场缺乏、过牧等现象，草场退化。当前正在实施的轮牧、围栏封育及生态移民等措施在一定程度上缓解了草场退化、土地沙化的现象。

农牧交错区是农区和牧区之间的过渡区域，主要分布在高原东南部和东北部的部分区域，其土地利用特点是河谷地区以农业为主、山地则以牧业为主，具有农林并举的特征。

藏东南地区海拔高、相对高差大，从山麓到山顶气候垂直变化显著，气候带从亚热带、温带、亚寒带向高山寒带过渡，形成"一山有四季，十里不同天"的气候环境。多种多样的气候条件，为发展多种农业经济奠定了基础，形成了典型的"立体"农业。山地牧业饲养的牲畜主要有马、骡、驴等牲畜，高原常见的牦牛在这里分布较少。青藏高原东北部的农牧交错区以牦牛最多，农垦历史短，作物以青稞为主。

1.2.2 土地利用的垂直分异明显

由于海拔的差异而导致气候条件、植被和土壤类型发生的系列变化，形成了青藏高原上典型的垂直自然带。而在此基础上发展起来的农业经营活动使土地利用具有显著的垂直变化特征，这一点在地势高差较大的藏东南高山岭谷区和藏南的拉萨河谷两侧表现比较明显。

在青藏高原东南部，高山峡谷（盆地）相间分布，不同的资源环境条件使得在山地和河谷区的农业土地利用也有明显的差别。林地主要分布于藏东和藏东南地区，以及青海东北部山地，分布海拔一般在 4300 m 以下；耕地主要分布于海拔 4300 m（局部地区可达4750 m）以下的河谷地区，包括西藏一江两河、藏东尼洋河和青海湟水河谷地等；在海拔4300 m 以上的高寒地区，林地和种植业很少，植被类型主要为灌丛草原、灌丛草甸和荒漠草原，主要以放牧为主（表 1-7）。一般海拔超过 5300 m、气候寒冷的地区，植被发育很差，一般不适宜农业利用。

表 1-7 青藏高原农业的垂直和水平分布特征

海拔高度（m）	西部	中部	东部	南部
>5000	纯牧，放牧上限 5500 m、寒漠、高山草原、荒漠	纯牧，放牧上限 5500 m，寒漠、高山草原	纯牧，寒冻草甸，高山草甸	—
4500~5000	纯牧，高山草原、荒漠草原，在河谷有少量耕作，可达上限 4700 m	纯牧，高山草原、灌丛草原、荒漠，河谷有少量耕作，可达上限 4750 m	纯牧，高山草甸	放牧，灌丛草甸
4300~4500	以牧为主，灌丛草原、草原化荒漠，河谷地区有少量春作	以牧为主，灌丛草原、局部灌丛草甸，河谷地区有少量春作	以牧为主，灌丛草甸，4400 m 以下有少量林地	放牧，灌丛草甸
4000~4300	放牧，灌丛草原、草原化荒漠，河谷以农为主，春作一熟	放牧，灌丛草原、局部灌丛草甸，河谷以农为主，春作一熟	放牧，灌丛草甸、暗针叶林，4300 m 以下的河谷平地以农为主，春作一熟	森林上限 4000~4200 m，暗针叶林
3500~4000	放牧，灌丛草原、草原化荒漠，河谷地区春作一熟	放牧，灌丛草原；河谷春作或冬作一熟	暗针叶林，河谷春作或冬作一熟	暗针叶林

续表

海拔高度（m）	西部	中部	东部	南部
3000~3500	零星放牧，灌丛草原，河谷春作或冬作一熟	零星放牧，灌丛草原，河谷冬作一熟为主	暗针叶林为主，局部为针阔混交林，河谷春作或冬作一熟，局部复种	暗针叶林、针阔混交林，河谷局部耕种，春作一熟
2500~3000	—	—	针阔混交林，亚热带针叶林，河谷冬作一熟，旱地复种	针阔混交林、亚热带针叶林，河谷冬作一熟，旱地复种
<2500	—	—	河谷地区有少量春作，河谷地区有少量春作	常绿阔叶林、季雨林，河谷旱地复种，水田复种

数据来源：地球系统科学数据共享网（http://www.geodata.cn/）

1.3 社会经济概况

青藏高原是我国人口密度最低、社会经济发展相对落后的地区。旅游业发展基础好，是区域经济的主要支柱产业，但工业基础差、发展水平低。

1.3.1 经济发展落后

受自然条件和边远的交通区位制约，青藏高原是我国开发程度较低的区域，经济发展比较落后。以西藏为例，反映区域经济整体水平的关键经济指标在全国 31 个省级行政单元中位次均比较靠后。例如，2005 年西藏国内生产总值为 251.21 亿元，仅为全国的 1.27‰，人均国内生产总值 9114 元，为全国平均值的 70%，在全国的省级单元中排 25 位，居民消费水平在 31 个省级行政单元中排在最后一位。另外，西藏也是我国城乡居民消费水平差距最大的地区之一，平均城乡居民消费差距接近 5 倍；人口受教育的水平也较低，每 100 人中只有1 人接受了大专以上教育，是全国平均受教育水平的 1/6（表 1-8）。西藏人口增长率与全国其他省份相比是比较高的，排在第 3 位，反映西藏正承受着逐渐增大的人口压力。

表 1-8 新中国成立以来西藏经济发展及人民生活状况

年份	经济状况		产业结构（%）			居民消费水平		
	GDP（亿元）	人均 GDP（元）	第一产业	第二产业	第三产业	全区居民（元/人）	农村居民（元/人）	城镇居民（元/人）
1951	1.29	114	98	00	02	—	—	—
1952	1.32	115	98	00	03	—	—	—
1959	1.74	142	74	13	14	—	—	—
1965	3.27	241	71	07	22	—	—	—

续表

年份	经济状况		产业结构（%）			居民消费水平		
	GDP（亿元）	人均GDP（元）	第一产业	第二产业	第三产业	全区居民（元/人）	农村居民（元/人）	城镇居民（元/人）
1970	3.69	247	66	10	24	—	—	—
1975	5.14	307	55	21	24	—	—	—
1978	6.65	375	51	28	22	—	—	—
1979	7.30	404	48	28	24	218	147	620
1980	8.67	471	54	25	21	276	210	635
1981	10.40	560	61	16	23	301	198	878
1982	10.21	544	57	20	23	319	209	968
1983	10.29	538	53	25	21	293	215	814
1984	13.68	702	47	20	33	359	268	971
1985	17.76	894	50	17	33	422	309	1 182
1986	16.93	842	47	13	40	438	296	1 387
1987	17.71	863	46	12	42	499	374	1 478
1988	20.25	964	48	12	40	543	382	1 519
1989	21.86	1 021	46	13	41	647	412	2 078
1990	27.70	1 276	51	13	36	735	484	2 329
1991	30.53	1 358	51	14	36	839	554	2 721
1992	33.29	1 468	50	13	37	903	594	2 825
1993	37.42	1 624	49	15	36	931	591	3 083
1994	45.99	1 964	46	17	37	1 110	694	3 700
1995	56.11	2 358	42	24	35	1 202	762	3 981
1996	64.98	2 688	42	17	41	1 312	873	4 023
1997	77.24	3 144	38	22	40	1 471	939	4 744
1998	91.5	3 666	34	22	44	1 551	981	4 169
1999	105.98	4 180	32	23	45	1 669	1030	4 579
2000	117.8	4 572	31	23	46	1 823	1 144	4 737
2001	139.16	5 324	27	23	50	1 939	1 223	4 992
2002	162.04	6 117	25	20	55	2 725	1 365	8 278
2003	185.09	6 893	22	26	52	2 825	1 272	9 112
2004	220.34	8 103	20	24	56	2 950	1 483	8 895
2005	251.21	9 114	19	25	56	3 019	1 532	9 040
2006	291.01	10 430	17	28	55	2 915	1 827	7 312

注：本表使用数据按当年价格计算，1993年以后为经济普查年度历史调整数据。数据来自《2007年西藏统计年鉴》

青海的经济实力在全国31个省级行政单元中位次也比较靠后。例如，2005年青海国内生产总值为543.32亿元，虽是西藏的两倍，但也仅为全国国内生产总值的2.6‰左右。人均国内生产总值为10 045元，低于全国平均水平，在全国的省级单元中排第22位。青海人民生活水平也较低，居民消费水平排在24位。青海也是我国城乡居民消费水平差距较大的地区，在全国排在第7位；人口受教育水平也较低，仅好于西藏。与西藏一样，青海省人口增长率高于全国多数省份，排在第4位，反映出青海省也存在较大的人口压力。

青藏高原区的经济结构以第三产业为主，其次是工业和农业。以西藏为例，2006年以旅游为主的第三产业占国内生产总值的55%、工业占28%、农业占17%。农业包括种植业、林业、牧业、渔业、副业5个部分，以牧业和种植业为主，其合计产值在西藏占农业总产值的90%左右，渔业和副业在青藏高原农业总产值中所占比例较小，如1980～2006年西藏渔业产值仅占全区的0.01～0.07%（表1-9）。

表1-9　西藏农业产业构成　　　　　　　　　（单位:%）

年份	种植业	林业	牧业	渔业	年份	种植业	林业	牧业	渔业
1980	46.69	1.44	51.86	0.01	1996	49.87	2.28	47.78	0.07
1985	46.84	2.09	51.03	0.04	1997	52.63	2.07	45.26	0.04
1986	44.14	1.64	54.19	0.03	1998	52.94	2.08	44.92	0.06
1987	44.04	1.47	54.46	0.03	1999	54.06	1.91	43.98	0.04
1988	46.09	1.35	52.51	0.05	2000	51.48	2.56	45.94	0.02
1989	46.73	1.16	52.07	0.04	2001	52.31	2.43	45.23	0.03
1990	50.32	1.67	47.98	0.03	2002	52.03	2.19	45.77	0.02
1991	45.58	1.40	52.97	0.04	2003	43.11	9.05	46.20	0.01
1992	45.02	1.55	53.38	0.04	2004	42.34	9.12	46.42	0.01
1993	43.70	2.46	53.80	0.04	2005	44.12	8.41	44.36	0.02
1994	48.96	2.42	48.59	0.04	2006	43.27	8.54	44.98	0.25
1995	49.57	1.99	48.41	0.03					

注：数据来自《2007年西藏统计年鉴》

1.3.2　改革开放以来，社会经济发展较快

新中国成立以来，特别是改革开放以来，在国家支持下，青藏高原的经济取得了长足发展，人民生活水平也得到明显的改善。例如，1951年西藏的国内生产总值仅为1.29亿元，到改革开放之初达到了6.65亿元；1978年改革开放之后，经济发展更为迅速，到2006年国内生产总值已达291.01亿元，是1978年的43.76倍。

产业结构明显改善。1951年西藏的经济收入几乎全部来自农业，基本没有任何工业，旅游业也很落后。到2006年，西藏的非农产业比重已经占到国民经济的83%，第二产业、第三产业的比重分别为28%和55%。随着经济的发展，人民的生活水平也有明显的改善，全区居民消费水平从1979的218元上升至2006年的2915元，增长了12倍多（表1-8、表1-9）。

第 2 章　青藏高原植被变化

植被是地表植物群落的总称，是生物圈中最活跃的部分。它通过光合作用固定大气中的 CO_2，减缓大气温室气体浓度的上升，不仅在生物地球化学循环中起着重要作用，而且具有维持生态系统平衡和全球气候相对稳定的重要作用（Field et al. ，1998），是地球生命系统的关键组成部分。

地表植被是一定水分、气温及其他要素共同作用下的产物，植被之间的差异直接反映了不同水热组合及其差异性，因此气候的变化和波动会影响区域生态系统类型及其结构，导致植被分布范围的变化。植被的蒸腾作用、光合作用、物质分解及再循环作用是全球物质循环和能量转化的重要环节，这些过程可在一定程度上减缓、迟滞气候波动带来的影响。植被变化可能通过地表反照率、粗糙度、土壤含水量等下垫面状况来影响区域的土地 – 大气系统的水分、物质循环和能量收支平衡，从而影响区域气候（Pyke and Andelman，2007），而区域气候变化的累积效应最终影响全球的植被与环境变化。

青藏高原在区域生态环境变化、全球气候演化方面扮演重要角色。首先，青藏高原面积广大，它的能量和水循环在亚洲季风系统中起着非常重要的作用。青藏高原边界的动力和热力的强迫作用改变了大气环流，对我国乃至欧亚大陆的气候产生了深刻影响，被称为全球气候变化的驱动器和放大器（赵昕奕等，2002）。植被是影响地面能量过程的关键因子（胡晓等，2006），青藏高原生态系统的变化必将影响到区域，甚至全球的气候（周华坤等，2006）。

其次，高原生态系统极其脆弱，对全球气候变化极为敏感，易于受气候变化的影响（Zavaleta et al. ，2003），因此高原植被系统往往比周围地区更早、更明显地预兆全球变化（莫申国等，2004；郑度等，2002）。青藏高原高寒草地草甸面积占区域总面积的 80%，是高原最主要的生态类型，在水源涵养、气候调节和维持生物多样性方面有着不可替代的作用。近年来，青藏高原部分地区高寒草地大面积退化，生产力、植被盖度下降，毒杂草比例上升（王根绪和程国栋，2001；孙海群，2002）；同时，人们生存、生活和生产活动给当地脆弱的生态系统造成了越来越多的压力，人口、资源、环境与发展之间的矛盾日渐突出，生态保护与自然资源开发利用的形势日益严峻。逐渐退化的生态环境不仅成为地区社会经济持续发展的严重隐患，而且威胁到我国的生态安全。

最后，高原草地是全球独特的高寒生物物种资源库，一经破坏极难恢复（闵庆文和成升魁，2001；成升魁和鲁春霞，2000；牛亚菲，1999）。因此，鉴于青藏高原的特殊性及高原植被在稳定全球气候方面的重要作用，加强高原植被动态变化研究、分析植被变化与主要气候因子和关键人类活动之间的关系及人类的政策响应策略，具有特殊的科学意义和现实意义。

　　针对青藏高原部分地区生态系统退化严重和恢复困难、人类活动逐渐加剧及气候变暖的现实，借助遥感影像提取植被活动的重要参数——归一化植被指数（NDVI），从区域尺度上阐明高原植被变化的时空特点及其与气温、降水等气候因子及与社会经济发展等因子的联系程度，辨识对气候或其他因子敏感的植被类型及区域，诠释高原植被活动与植被变化的原因，为我国青藏高原植被保护与恢复及生态治理提供技术支撑。

2.1　青藏高原植被变化的研究进展

2.1.1　植被变化

　　鉴于青藏高原在全球生态环境中的重要地位，以及高原植被对全球变化的影响和作用，国内外有关青藏高原植被变化对气候变化的响应和适应性研究成为近年来全球变化领域研究的重点内容之一，并取得了一系列的成果。

1. 青藏高原植被变化

　　在过去的 30 年里，青藏高原地区的植被发生了明显变化，遥感成为开展大区域植被研究的必备手段。李晓兵等利用逐月 8 km 空间分辨率 NOAA（national oceanic and atmospheric administration，USA）/AVHRR（advanced very high resolution radiometer）NDVI 数字影像，建立了中国土地覆盖动态变化幅度指数（D），并研究了中国土地覆盖动态变化的区域分异规律，认为 1983～1992 年西北内陆及青藏高原变化幅度较小，广大的东南部地区（东南、西南季风区）变化幅度较大。王谋等（2004）认为青藏高原腹地高寒草甸植被呈现向高寒草原植被退化的特征，退化速率为 14.2 km/10a；相应地，退化区内生物总量亦呈下降趋势（李晓兵等，2004）。

　　梁四海等定量分析了 1982～2002 年青藏高原植被覆盖随时间和空间的变化规律，认为 21 年来青藏高原植被覆盖呈增加趋势，增加幅度从东部、南部向西部和北部逐渐减弱，表明由东南向西北逐步减弱的有利气候条件具有经向和纬向的变化规律。仅高原中部和西北地区出现退化现象，强烈退化的地区集中在长江、黄河、澜沧江和怒江的源头地区（梁四海等，2007）。

　　王根绪等选择高寒生态系统植被覆盖度、生物生产力和土壤养分与组成结构等要素，以及冻土环境的冻土上限深度、冻土厚度和冻土地温等指标，分析了冻土环境与高寒生态系统之间的相互关系，认为青藏高原冻土环境变化对高寒草甸和高寒沼泽草甸影响强烈；并随冻土上限深度增加，高寒草甸植被覆盖度和生物生产量均呈现较为显著的递减趋势，导致高寒草甸草地土壤有机质含量呈指数下降、土壤表层砂砾石含量增加而显著粗砺化；全球气温整体变暖、冻土层气温升高导致该区域近 15 年来高寒沼泽草甸生态系统分布面积锐减 28.11%、高寒草甸面积减少 7.98%（王根绪等，2006）。

2. 热点区域植被变化

　　青藏高原面积广大，不仅其整体变化对全球环境有重要影响，而且高原内部多个关键生态区植被状况对我国内陆生态系统变化有决定影响，这引起了人们的普遍重视。其中三江源、高原腹地植被变化，以及重大建设工程对周围植被的影响成为高原植被变化研究的核心议题。

王根绪等以国家自然科学基金重大研究计划面上项目"长江黄河源区高寒生态系统对全球气候变化的响应及其水文效应"为依托，选择青藏高原长江源区、黄河源区及若尔盖地区等典型高寒湿地分布区域，利用1969年、1986年、2000年和2004年多期航片和卫星遥感数据，获取湿地主要组分分布、空间格局及水生态等方面的信息，分析了近40年来典型高寒湿地系统动态变化特征及其区域差异性。研究结果表明：青藏高原典型高寒湿地退化具有普遍性，湿地面积萎缩在10%以上，其中长江源区退缩幅度达29%，同时大约有17.5%的长江源区内河流、小湖泊干涸消失；黄河源区和若尔盖地区湿地系统由于萎缩和干涸加剧了湿地系统的破碎化（王根绪等，2007）。

杨建平等使用8 km分辨率Pathdfinder NOAA/AVHRR NDVI时间序列数据，对青藏高原长江、黄河源区1982～2001年地表植被覆盖的空间分布和时间序列变化分析表明：植被指数记录的长江黄河源区过去20年植被覆盖整体保持不变，局部呈现恶化趋势；而黄河源区的扎陵湖、鄂陵湖周边及其东部地区、巴颜喀拉山北麓的多曲源头地区、长江源区的曲麻莱和治多一带、托托河沿至伍道梁之间的青藏公路两侧一定范围、格拉丹冬局部地区年NDVI明显减小，植被盖度降低（杨建平等，2005）。

丁明军等利用1981～2001年的8 km分辨率Pathdfinder NOAA/NDVI数据，对青藏公路与铁路沿线区域进行了像元水平的线性趋势分析、区域植被覆盖的空间分布和动态变化分析（丁明军等，2005；Ding et al.，2007），结果表明：过去20年覆盖程度呈减少趋势的区域明显高于增加的区域，并且植被覆盖增减具有显著的地域性特征；植被覆盖程度增加和显著减少的地区主要分布在农作区和高寒草甸区，轻微减少地区主要分布在高寒草原和荒漠草原区。

也有研究从荒漠化的角度分析了西藏植被变化的情况。王晓燕等在全国第三次沙化与荒漠化监测项目的基础上的研究结果表明，西藏荒漠化的趋势是总体恶化、局部逆转。1999～2004年，西藏荒漠化面积增加了6.47万hm²，干旱区荒漠化面积减少了11.17万hm²，而半干旱区和亚湿润干旱区的荒漠化呈一定的扩展趋势，其中阿里、日喀则地区荒漠化面积扩大，其他地区的荒漠化面积则有不同程度的减少（王晓燕和徐志高，2007）。

2.1.2　植被变化的原因

植被是气候的产物，会对气候的变化作出响应；同时，植被对气候的调节作用也会改变地表的水热分配，对地方气候产生影响。虽然青藏高原人口密度较低、人类活动较弱，但随着人类活动的加强，人为因素对高原植被的影响正吸引越来越多的研究力量。

罗磊等认为青藏高原荒漠化加剧是一个受气候因子、人为因子及下垫面状况等多种因素综合影响的极为复杂的过程，气候因子是主导因子。王谋等（2004）提出气候暖干化是引起青藏高原腹地高寒草甸植被向高寒草原植被转化的原因。涂军和石德军（1999）认为气候因素是青藏高原草地退化的主要内因，而气候因素中的土壤冻融作用居于主要地位，水蚀和风蚀居于次要地位。

在气候因素中一年内降水时间上分配不均衡趋势的增强对青藏高原北部荒漠化加剧起到了关键作用（罗磊和彭骏，2004）。李才等（2003）认为影响藏北高原草地的破坏因素有高寒、冻融作用、地下水位下降、雪线上升和冰川萎缩、鼠害、超载过牧，其中高寒、缺水、鼠害和超载过牧是高原植被（草地）退化的主要因素。

1. 气候因素

植被覆盖变化受气候波动的影响已经得到多方验证。朴世龙和方精云（2001）利用 NOAA/AVHRR 数据对我国最近 18 年来（1982～1999 年）植被覆盖的动态变化进行分析后认为，我国植被覆盖的动态变化受气候波动的影响十分显著。陈云浩等（2002）也证明东北地区、内蒙古东部及青藏高原植被覆盖对降水的敏感度较高。孙睿等（2001）在黄河流域的相关研究结果认为，NDVI 与降水有很好的相关性，NDVI 变化是降水年际变化的很灵敏的指示器。

在青藏高原区，温度对植被的影响显著。梁四海等（2007）的研究结果认为，高原植被变化具有 7 年、3.5 年两个显著周期，均为温度所致，表现出对温度变化的敏感性。王根绪等（2007）的研究结果认为湿地系统变化与区域气温显著升高有关，20 世纪 80 年代以来区域增温幅度升高到过去 40 年平均增温幅度的 2.3 倍，湿地系统退化程度在 80 年代中期以后明显加剧。在降水量呈现增加及冰川趋于消融的背景下，高寒湿地退化是导致长江源区、黄河源区、洛尔盖黑河流域径流持续递减的主要因素之一。杨建平等（2005）通过对江河源区年 NDVI 变化的研究，认为植被覆盖状况的好坏主要受温度，尤其是 40 cm 附近地温的影响，NDVI 对 40 cm 的地温变化极为敏感。在江河源多年冻土区，冻土冻融过程不仅与地温变化息息相关，而且影响土壤含水量的多少、冻土的退化将直接影响该区植被的生长。

植被变化对降水的响应有一定的滞后性。张井勇等利用 1981～1994 年 NOAA/AVHRR 的 NDVI 资料和中国 160 个标准气象台站的气温、降水资料，对我国不同区域植被对气候影响的滞后分析表明，在多数地区前期 NDVI 与后期降水存在正相关，说明 NDVI 与降水具有很好的响应关系，这种响应关系需要一定的传递过程，因此存在滞后效应。由于自然地理条件的差异，传递过程受到不同程度的干扰，因此滞后相关存在明显的区域差异，具体表现在：上年冬季 NDVI 与夏季降水的相关性，以华中和青藏高原地区的相关最明显；而春季 NDVI 与夏季降水则以东部干旱 - 半干旱区和青藏高原更明显。在华中、青藏高原和东部干旱 - 半干旱地区植被变化对气候有更敏感的作用，NDVI 与降水的滞后相关也表明植被覆盖在年际尺度上对后期降水有一定的影响。前期 NDVI 与温度的相关比较复杂，同时温度较之降水对植被的滞后响应更弱一些（张井勇等，2003）。对高寒草地（高寒草甸和高寒草原）的分析也发现，植被夏季 NDVI 与春季降水显著正相关，表明两者之间存在滞后效应（张井勇等，2003）。

由温度和降水变化引起的生长季变化对植被影响显著，是植被变化的直接原因。杨元合和朴世龙（2006）认为导致北半球陆地植被生长季 NDVI 增加的因素理论上主要来自 3

个方面：生长季的提前、生长季的生长加速及生长季的延长。青藏高原高寒草甸、高寒草原、温性草原春季 NDVI 均显著增加，秋季 NDVI 则没有明显的变化趋势，其原因是由春季温度上升所致。高寒草地（高寒草甸和高寒草原）夏季 NDVI 的增加是夏季温度和春季降水共同作用的结果。温性草原夏季 NDVI 变化与气候因子并没有表现出显著的相关关系。

2. 人类活动

人类活动对青藏高原植被变化的影响，因研究尺度及研究区域的不同，结论有较大差异。张镱锂等（2007）分析了三江源地区 NDVI 变化与植被类型、冻土类型、居民点、道路等因子的关系，发现 67.09% 的区域植被指数相对稳定、18.92% 的区域下降，而 13.99% 的区域上升；在下降区域，NDVI 下降程度与各类型区内居民生计方式有关，表现为随距道路、水源的距离增加，植被指数下降率逐渐减少；但在与居民点的距离上，下降率在 16～24 km 的缓冲带上达到最高而后下降；在海拔高度上，下降率随高程的升高呈"低—高—低—高"态势，植被指数下降率与居民点的分布高度相关系数达 0.78。

王晓燕和徐志高（2007）认为气候暖化和降水变化是西藏荒漠化变化的主要原因，人为因素对西藏植被退化和荒漠化的发展起了一定的促进和缓解作用。人类活动中，过度放牧是对高原草地影响最大的一种人类活动（仁青吉等，2004）。周华坤等（2004）通过对青藏高原放牧第 18 年的植物物种多样性、群落结构、地上现存生物量和草场质量的研究结果表明，随放牧率增加，植物物种多样性指数的变化是一个典型的单峰曲线模式。长期过牧使高寒灌丛群落结构简化，地上现存生物量特别是优良牧草的现存量减少、草地退化。植物群落的高度、总盖度和枯草盖度随着放牧强度的降低而增加，绿色植物的盖度在中度放牧样地最高。从轻牧到重牧，灌木和禾草的优势地位被典型杂类草替代。长期过牧在青藏高原草场退化过程中起重要作用，在青藏高原实施"取半留半"的放牧原则，对防止草场退化、提高牧草利用率、维持较高的生物多样性都有益处。

另外，一些研究认为放牧与草地退化及恢复并没有必然联系，禁止放牧也不一定使植被恢复（Curtin，2002；Jones，2000；Stohlgren et al.，1999）。梁四海等（2007）认为，从总体上看人类活动对高原植被覆盖未造成破坏性影响，至少目前人类活动的破坏性后果尚未表现出来。

2.1.3　植被变化的研究方法

目前，常用的植被覆被研究方法有空间叠置法和趋势线法，探讨植被变化与相关因子关系的方法为空间相关分析方法。无论上述哪种方法，其使用的数据或是通过遥感影像解译的植被类型图，或是利用影像中的红外和近红外波段对植被较敏感的特点而生成的 NDVI。

由于叶绿素对近红外和可见光吸收率的不同，近红外波段叶绿素吸收比较强，使得植物的叶片在近红外波段反射率要明显高于可见光波段。因此，随着植被覆盖度的增加，近红外和可见光的植被反射率之间的差值也会逐渐升高，而两个波段之间的差值除以它们的和就是 NDVI。NDVI 的计算公式为

$$NDVI = （BAND_{NIR} - BAND_{Red}）／（BAND_{NIR} + BAND_{Red}）\qquad（2\text{-}1）$$

式中，$BAND_{NIR}$ 为近红外波段的反射率；$BAND_{Red}$ 为可见光红波段的反射率。NDVI 为 $-1 \sim 1$，负值表示地面覆盖为水体；0 表示裸岩或裸地等；正值表示有植被覆盖，且随覆盖度增大而增大；值为 0.7 以上则表示高密度植被，如森林、生长期的水稻等。

在大区域植被或生态环境监测中，因利用 NDVI 进行植被覆盖变化监测具有不可比拟的优势而得到广泛的应用：一是因为 NDVI 在表示植被活动和覆盖状况方面简单易用、物理意义明显，通过简单的波段运算就可获取 NDVI；二是因为存在长时间序列的 NDVI 数据产品，如 AVHRR/NDVI 即为借助 AVHRR 影像生产的植被产品。另外，利用 NDVI 还有以下两个优点：一是太阳高度角的影响大大地减小了；二是 NDVI 最大值的选取减小了远离星下点的像元点被选中的概率（王江山等，2005）。

NDVI 与植被盖度密切相关，其时序变化对应着植被的不同生长周期，反映植被的活动程度；在同一地区、同一时间内，相同的植被类型具有一致的 NDVI 变化趋势（Moshou et al.，2001；Wang et al.，2004），这一点成为利用 NDVI 进行植被分类的根本依据（汪权方和李家永，2005；Zhan et al.，2002；宫攀等，2006）。

因此，NDVI 成为应用最为广泛的植被遥感参数，它是植物生长状态及植被空间分布密度的最佳指示因子，与植物分布密度呈线性相关，是指示大尺度植被覆盖和植被生产力的良好指标（方精云等，2003），被广泛应用于大尺度植被活动状况的研究（朴世龙和方精云，2001；Slayback et al.，2003）。其可探讨一定时期内植被的空间变化规律，表现出既有时间序列的分析方法又有空间序列的分析方法，或表现出时间序列分析结果在空间上的显示。

1. 植被变化的空间分析方法

空间分析方法是将两个时期的影像通过叠加相减的方式来获取研究时段植被变化的空间规律。选取的时期存在多种方式：有的是以研究末期的植被图与初期植被图相叠加来获得植被的变化情况；有的通过比较研究时段内前 3 年和后 3 年植被状况的平均值（方精云等，2003）来判断区域植被的变化情况；有的是以 1981~1989 年的 NDVI 均值作为区域 20 世纪 80 年代植被状况的代表，而以 1991~2000 年的 NDVI 均值作为区域 90 年代植被状况的代表，然后再以 90 年代 NDVI 均值与 80 年代均值相减获得区域植被变化的状况（梁四海等，2007）；有的以后一个植被周期的均值减去前一个植被周期的均值。然而，植被是动态变化的，既可能在一定时间内覆盖度上升，也可能下降；更可能存在一定的变动周期。

上述方法虽然通过多年平均的方式来降低植被变化的偶然性，但均存在不足之处，即无论是首末期、还是 3 年甚至 10 年的研究时段，都是人为地割裂了植被的自然变动过程和活动周期，其研究结论也值得商榷。

尽管 3 年或 10 年的均值能在一定程度上消除植被波动的偶然性，反映植被变化的某些周期，但是时段分割过于主观、随意性太强，这类研究的结果严重依赖于时段的选择，时段选择的不同可能会得到不同的研究结果。即使是寻找植被的活动周期，通过不同周期之间的植被活动的比较，会获得比较理想的结论，然而，这依赖于数据时间序列的时间长短。如果数据时间序列过短，研究时段内没有完整的两个植被变化周期，不能采用此方法。更深一步来说，即使获得了两个完整的植被状况波动周期，但陆地植被在不同的周期内也可能有不同的表现，研究结果所反映的也仅是这两个周期之间的植被变化情况。因此，利用空间叠加方法获得植被变化存在较多的不确定性因素，难以反映植被变化的真实状况。

2. 植被变化的时间序列分析方法

时间序列分析方法多用线性趋势线来模拟植被的时间变化特征，即以每个栅格逐年的 NDVI 为自变量进行回归分析（或称为趋势线分析）。如果回归系数为正，则说明该地区植被指数上升、植被状况逐步改善，反之说明该地区植被盖度在下降。然后，将回归方程的系数在对应的栅格中以属性的形式在地图中显示出来，以此来判断区域植被变化状况。

回归分析是探讨一系列数据随时间变化的方法，简单地说就是研究样本随着时间的变化是趋于上升还是趋于下降。近年来，趋势线分析常被用于进行长时间序列的植被遥感分析，它是对多年植被指数影像中各像素点 NDVI 进行一元线性回归分析，以单个像元的时间变化规律反映整体的空间变化规律（梁四海等，2007；马明国等，2006）。回归方程斜率的正负及大小则反映了植被覆盖是上升还是下降，以及上升和下降的程度。其计算公式如下：

$$\text{SLOPE} = \frac{n \times \sum_{i=1}^{n} i \times \text{NDVI}_i - \left(\sum_{i=1}^{n} i\right)\left(\sum_{i=1}^{n} \text{NDVI}_i\right)}{n \times \sum_{i=1}^{n} i^2 - \left(\sum_{i=1}^{n} i\right)^2} \tag{2-2}$$

式中，SLOPE 为回归方程的斜率；i 为从 $1 \sim n$；n 为研究时段内年份的序号，研究时段内的第一年为 1，以后依此类推。SLOPE 值为正数是表示随着时间变化植被指数数值升高，即当地植被存在增加的趋势，且数值越大说明植被活动越强，植被盖度增加的趋势更加明显。反之，当 SLOPE 值为负时，表示随着时间变化植被指数呈下降趋势，该地区植被活动能力在下降，植被盖度可能存在下降趋势。因此，通过 SLOPE 值的正负及大小，可以判断地表植被的生长状态和活力。

也有采用统计学中的标准差（standard deviation）来分析植被变化的统计学规律。标准差表示各数据偏离平均数的距离（离均差）的平均数，它是离差平方和平均后的方根，能反映一个数据集的离散程度，即数据偏离平均值的程度。因此，在该研究中标准差越大，说明该地区在研究时段内各像素的 NDVI 距离平均值越远，即该时段内植被活动的波动性较强、植被覆盖的年际变化较大。

但标准差是一个大于等于 0 的数值，只能表征变化的幅度，无法表征变化的方向，即无法反映地表植被覆盖究竟是上升还是下降。在这一点上，采用标准差来描述植被变化不如 SLOPE 简单明确、物理意义明显。标准差的计算公式如下：

$$S = \sqrt{\frac{\sum_{i=1}^{n} (x_i - \bar{x})^2}{n-1}} \tag{2-3}$$

3. 植被影响因子分析的空间相关分析方法

空间相关分析（spatial correlation analysis）来自统计学中的相关分析方法，统计学中的相关分析是对两个变量之间的不确定、不规则的变化关系进行研究，了解两者之间的依存关系和相关程度的方法，并将通过相关系数来描述两个变量相互之间变化方向及密切程度的数字特征量称为相关系数。

目前，该方法被广泛应用于地理、生态和人类学等研究领域，能有效地探讨某一随机变量在二维空间中与位置以及与位置有关的其他变量的相关分布状态。相关系数的计算公式如下：

$$r = \frac{\sum xy - n\bar{x}\bar{y}}{\sqrt{\left(\sum x^2 - n\bar{x}^2\right)\left(\sum y^2 - n\bar{y}^2\right)}}$$

$$= \frac{n\sum xy - \sum x \sum y}{\sqrt{n\sum x^2 - \left(\sum x\right)^2}\sqrt{n\sum y^2 - \left(\sum y\right)^2}} \tag{2-4}$$

相关系数从 $-1 \sim 1$，即 $-1 \leqslant r \leqslant 1$，当 $r = 1$ 为完全正相关、$r = -1$ 为完全负相关、$r = 0$ 为不相关。$|r|$ 的数值越大、越接近 1，表示 x 与 y 直线相关的程度越高；反之，$|r|$ 的数值越小、越接近于 0，表示 x 与 y 直线相关的程度越低。通常判断的标准是，$|r| < 0.3$ 称为弱相关、$0.3 \leqslant |r| < 0.5$ 称为低度相关、$0.5 \leqslant |r| < 0.8$ 称为显著相关、$0.8 \leqslant |r| < 1$ 称为高度相关。在本研究中 n 表示研究时段内的年数，x 为 NDVI，而 y 为降水或温度，代表的是同一像素点两者的值。

罗磊和彭骏（2004）通过空间相关分析方法，对近 50 年来高原北部有代表性的 5 处荒漠化地区的降水、风速等气候因子在年内的时间分配格局及变化趋势进行了研究，并结合当地影响荒漠化的人为因素，与实地监测得到的荒漠化现状和动态指标进行了关联度分析。空间自相关分析结果显示近 20 多年降水事件在年度内时间尺度上呈高度自相关，说明降水年度内时间上分配的不均匀性在显著增加，这将导致干湿极端化趋势，必然有助于荒漠化的发展。其研究结果证明 Moran 方法是研究气象要素时空分配状态的有效手段，降水 Moran 指数、连续无降水日数、起沙风日数等指标对高原荒漠化趋势具有明显的指示意义。

Anyamba 和 Tucker（2005）探讨了萨赫勒地区的降水与植被生长之间的强耦合，使利用 NDVI 数据作为地表对降水变化的响应研究成为可能。考察时间序列数据揭示了两个阶段：①1982 ~ 1993 年阶段，这一阶段以低 NDVI 和持续干旱为特征，特别是 1982 ~ 1985 年的大范围干旱；②1994 ~ 2003 年阶段，以湿润化为特征，全区 NDVI 也高于平均水平，并在 1994 ~ 1999 年达到最大值。这些模式与萨赫勒地区的区域整体变化模式相符。然而，总体看来在萨赫勒地区长时间气候变化的历史中，这些状况仍远低于 1930 ~ 1965 年的全区最湿状况。因此，仅可认为这些状况是从 1983 ~ 1985 年的极端干旱阶段的逐渐回归。

Hernández-Leal 等（2006）利用全球土地 1 km AVHRR 数据集，分析了加勒比海地区逐年的月 NDVI 和地表温度变化趋势，并进行了国别之间的对比，探讨因传统文化和环境政策造成的边境地区的植被动态差异。研究结果确认，在多米加共和国一侧具有较高的月 NDVI，而在海地一侧自然森林 NDVI 快速减少。

总体而言，探讨 NDVI 与气候因子关系的研究可以大致分为两类：一类是基于 NDVI 与气候因子空间变化的空间相关模型；另一类则是基于 NDVI 与气候因子时间变化的时间相关模型（杨元合和朴世龙，2006）。国内外植被遥感研究从简单的时间过程分析过渡到空间定位分析、从粗分辨率 AVHRR 数据的应用到多源遥感数据的综合分析。

2.1.4 问题与展望

综上所述，近年来国内外对青藏高原植被变化的研究已经积累了比较丰富的成果。由于该地区地域辽阔、自然条件恶劣、社会发展水平落后，虽然国家对高原研究投入了大量的经费，但早期研究基础薄弱、数据积累较少，更不可能获取大面积的生态环境监测数据，造成对高原植被动态变化状况认识不足。

利用遥感覆盖面积大、实时性和动态性强等特点，从区域尺度监测植被变化是当前研究青藏高原环境问题的重要技术手段。其中，由于 NOAA/AVHRR、MODIS 等粗分辨率的卫星数据观测范围广、时间序列长、重复性好等优点，其已经成为研究高原植被动态趋势最主要的数据源之一；而利用 LANDSAT TM/ETM +、中巴资源卫星等中高分辨率的卫星探讨热点区域的植被状况及其机制具有不可替代的优势。

借助多源、多光谱遥感影像探测气候因子对大区域植被状况的影响，以及探测典型区人类活动与气候变化对地表植被的综合影响，是深入开展生态系统的退化特征及其对气候和人类活动的响应研究的重要技术手段（Neigh et al.，2008），对研究青藏高原地表过程、西藏草地生态系统的恢复与重建具有重要的科学和实践意义。

从目前的研究现状来看，以下几个问题有待进一步研究：第一，高原植被活动究竟是增强了还是下降了；第二，什么是影响高原植被变化的主因；第三，气候因子中的气温和降水在高原植被变化中分别扮演什么角色；第四，部分地区植被变化与降水/温度存在密切联系已经基本明确，但究竟是植被变化滞后于降水/温度，还是降水/温度的变化滞后于植被变化，其中的机制和过程还有待于进一步地深入研究。

然而，区域植被对气候的响应常因区域之间自然条件的不同，以及在全球大气循环和水循环的地位不同而存在较大差异，甚至在同一区域内也因地表过程不同，植被的响应也不同，这依赖于区域关键的气候条件。对这种多变性的解决方法只有在世界的不同地方开展细致的区域研究，来评估植被对气候以及人为影响的响应，才能深入了解植被对全球气候的影响。

2.2 基于 NDVI 的青藏高原植被变化特点

本节利用 1981～2006 年的 NDVI 数据，分析青藏高原区的植被变化特点、区域差异与变化趋势。

2.2.1　植被指数的空间分布与差异

青藏高原 NDVI 的空间分布呈现从东向西逐步递减的趋势（图 2-1），说明植被状况逐渐变坏。NDVI 的高值区，即植被活动较强、植被覆盖较好的地区主要分布在喜马拉雅山南麓和藏东地区，以及青海、四川和西藏三省区交界处。例如，位于喜马拉雅山南麓的错那和墨脱两县，其 NDVI 均在 0.60 以上，其中错那县的 NDVI 均值达 0.6478，最高可达 0.8783；墨脱县 NDVI 为 0.6894，最高值 0.8839。三省交界处的 NDVI 也较高，多数栅格的属性值在 0.70 以上，表明这些区域的植被覆盖状况良好。

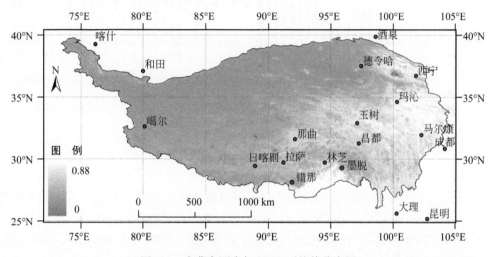

图 2-1　青藏高原多年 NDVI 平均值分布图

随着从东南方向向高原内部深入，NDVI 逐渐减小，呈现顺河流源头向上延伸的现象。其中，在长江、黄河和澜沧江三条大河共同的三江源地区形成明显的三角形，三角的顶点指向河流的源头，而雅鲁藏布江则表现为向河源延伸的现象。至高原中部，NDVI 已缩减至 0.30~0.40，表明该地区植被正变得越来越稀疏；到高原西部的藏北高原地区，NDVI 低至 0.10 以下，地表已基本无植被覆盖，多为裸土、裸岩、戈壁、沙漠等（申广英和王人潮，2001；Shabanov et al.，2002；宋怡和马明国，2007）。在高原中部的河流源区及柴达木盆地的大面积 NDVI 低值区镶嵌着部分点状 NDVI 高值区，为山前绿洲。

2.2.2　植被指数时间变化规律

1. 整体趋势

高原植被指数年变化规律是指全区 NDVI 年均值随时间变化的规律。我们根据最大值法获得高原年 NDVI 均值，制作年均 NDVI 变化曲线图，并利用一元回归方法探讨其变化趋势。从图 2-2（a）中可以看出，1981~2006 年，高原植被波动明显，全区年均 NDVI 为 0.2915~0.3237；其中，1981 年、1988 年、1994 年、2002 年的 NDVI 均接近或高于0.32。上述几个时间点将整个研究时段分成4个阶段，初步可以判断高原植被变化存在7～10年的波动周期。从高原年均NDVI的趋势线来看，虽然年际NDVI差异明显，但从多年平均趋势来看没有明显变化，说明从总体情况来讲高原植被活动平稳、植被状况基本没有变化。

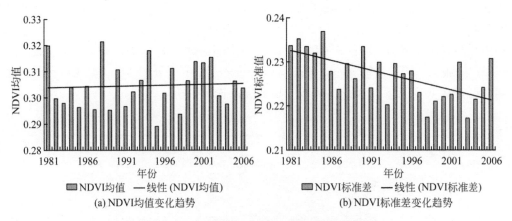

图2-2　1981～2006年青藏高原植被变化趋势图

1981～2006年高原NDVI年均值的标准差变化呈明显的下降趋势［图2-2（b）］（趋势线方程为 $y = -0.0004x + 0.233$，决定系数为 $R^2 = 0.3877$）。标准差反映的是当年高原NDVI的变化范围和幅度，标准差数值越大说明植被活动状况的差异越大、覆盖度的变化幅度越大，即植被密集区和无植被地区之间的差别越大；反之亦然。

从1981～2006年高原NDVI标准差的统计结果来看，1981年以后，全区NDVI变化的平均标准差逐渐下降，表明随着时间的推移，植被盖度围绕均值波动的幅度减小，高原上各地区植被覆盖度有趋同化的态势，即植被覆盖度高的地区植被在减少，而覆盖度低的地区植被在增加。

2. 区域特征

图2-3显示青藏高原1981～2006年NDVI的标准差为0～0.23。从标准差的空间分布来看，高原东南部的标准差数值较大，特别是中国、印度东部边界争议区的中国、印度边境实际控制线两侧标准差较高、面积较大，表明该区域植被的年际波动较大；而藏西和藏北高原区标准差数值较小，说明该区植被覆盖的年际波动小、长年保持稳定。

从图2-3中可以看出，有6个区域值得我们关注：①高原中部偏东方向存在一个40～60 km宽的区域，该带状区域内标准差显著高于其两侧区域；②错那县和墨脱县的西北部，与中国、印度实际控制线重合；③呈线状的雅鲁藏布江中上游的河谷区；④柴达木盆地南缘，在盆地标准差比较低的背景下，存在5个点状的异常高值区，并呈半环形分布在盆地南缘；⑤三江源地区顶端向上游延伸构成的半环形边界；⑥青海南山北麓呈半环形的区域。上述6个区域在标准差方面具有与其周边区域明显不同的特征。根据标准差的含义，表明这些区域植被的年际变化较大，是1981～2006年植被覆盖变化最大的区域。

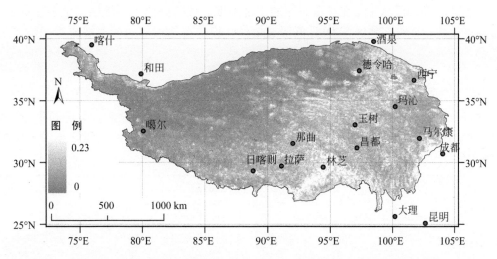

图 2-3　1981~2006 年青藏高原多年 NDVI 变化的标准差空间分布图

2.2.3　植被指数空间变化规律

1. 整体趋势

在研究时段内，1981 年的数据是研究时段内的次高值（第二高值），2006 年的植被指数均值低于研究时段内的平均值，也小于 1981 年的 NDVI 均值，如果仅以首末期的植被状况进行分析，显然应该得出高原植被活动减弱或增强的结论，但其结果不能反映研究区植被变化的真实情况。因此，该研究采用了趋势线分析方法，计算每个栅格单元的 SLOPE 值，即趋势线的斜率，以此来判断这一栅格处植被变化的趋势。

图 2-4 显示 SLOPE 值在空间分布上具有显著的地域分异特征，即高原植被状况存在明显的区域差异，表现为从南部和东南部向北、西北部"降低—增加—不变"的规律。

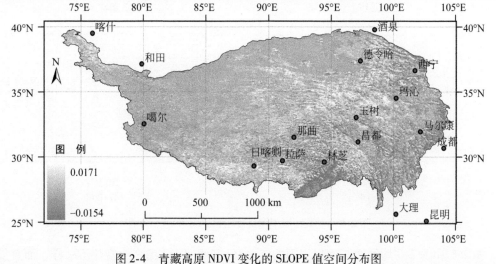

图 2-4　青藏高原 NDVI 变化的 SLOPE 值空间分布图

SLOPE 值比较高的区域主要在青藏高原的中部地区，说明高原中部地区的植被指数上升、植被盖度提高；而东部地区 SLOPE 值明显偏低，说明高原东部地区植被覆盖度整体呈下降趋势。

2. 沿经纬度变化特征

为进一步揭示 26 年来植被变化的区域差异，我们分别按照 30°N、35°N 和 85°E、90°E、95°E、100°E 对图 2-4 进行切割，分析 SLOPE 值随经纬度变化的空间分布规律（图 2-5、图 2-6）。

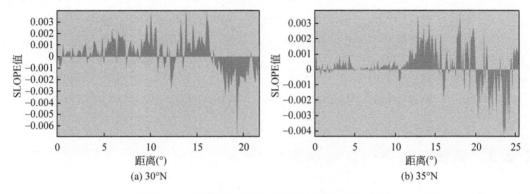

图 2-5　青藏高原不同纬度沿线 SLOPE 值分布图

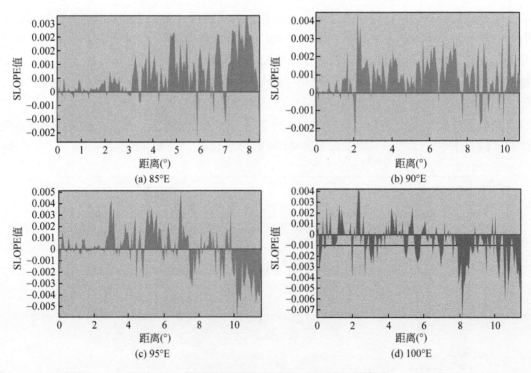

图 2-6　青藏高原不同经度沿线 SLOPE 值分布图

图 2-5 和图 2-6 均显示，不仅不同的纬度/经度间 NDVI 的变化规律不一样，而且即使

同一纬度/经度具有相似水热条件的区域，NDVI 的变化规律也显著不同。虽然同纬度或同经度地区具有相似的热量特征或降水特征，但是它们都具有不同的植被变化特征，其中可能的原因是降水多寡、海拔的高低、地貌类型的差异，以及人类活动方式的影响。

2.2.4 植被指数变化的分级特征

1. 分级的方法

为进一步探讨植被空间变化的特点，必须对 SLOPE 值进行分级。在这一过程中有两个要求。一是植被基本无变化的 NDVI 阈值判定。首先，在长达 20 余年的研究时段中，由于气候变化或人类活动的影响，完全没有发生变化的地表植被覆盖是不可能的。其次，即使存在完全没有变化的植被，但由于大气环境、水文状况及传感器等因素的影响，植被状况在 NDVI 上的表现也会发生变化。因此，必然存在一个正常的、合理的自然波动范围。如何确定这个范围的阈值是植被指数变化分级的关键点。

信忠保等在研究黄土高原植被变化时，将 $-0.05 \sim 0.05$ 作为植被无明显变化的 NDVI 波动范围的区间，即 NDVI 在 $-0.05 \sim 0.05$ 的地区均认为该地区的植被没有发生变化（信忠保等，2007）。同时，该研究中已经将 NDVI 的变动范围转化为 SLOPE 值的变动范围，如何判断一定斜率的波动范围所反映的植被是没有变化的，尚没有依据可循。可能存在的情况是，SLOPE 的取值以 0 为中心基本对称，并在这一范围内上下波动。

分级方法科学、合理是该部分内容的第二个要求，它直接关系研究结果是否合理。为寻找植被空间变化的合理分级方法，该研究分别尝试了 Jenks' natural breaks、Quantile、Equal interval、Defined interval 和 Standard deviation 等方法，并尝试将 SLOPE 值分成 5 ~ 9 个级别。经过对比分析，认为采用 Jenks' natural breaks 方法将 SLOPE 值分成 7 个级别比较合理。Jenks' natural breaks 的基本原理是将所有的样本数据排序，借助统计学方法寻找样本的自然"断层"或"间断点"（break）达到科学分类的目的。此方法完全依据数据的统计学规律划分级别，不掺杂人类主观因素的影响。采用下列公式寻找间断点：

$$\text{SSD}_{i,j} = \sum_{n=i}^{j} (A[n] - \text{mean}_{i,j})^2 \tag{2-5}$$

或表示为

$$\text{SSD}_{i,j} = \sum_{n=i}^{j} A[n]^2 - \frac{\left(\sum_{n=1}^{j} A[n]\right)^2}{j-i+1} \tag{2-6}$$

该方法的基本原理是借助统计学方法寻找样本的自然"断层"或"间断点"（breaks），并通过对比类别内部和类与类之间的误差来优化分类，达到科学分类的目的。主要步骤是：第一，将所有的数据按大小顺序进行排序，并分类；第二，计算类与类之间的差方和（sum of squared difference，SSD），生成矩阵；第三，计算该矩阵的差方和；第四，用第三步的结果减去第二步的结果；第五，在检验每一个类与类之间的差方和之后，来确定是否将一个数据从类与类之间的差方和较大的类别中移到差方和较小的类别中，并形成了新的分类。重复上述步骤，直到类别内部的偏差之和达到最小。

2. 植被变化分级结果

根据 Jenks' natural breaks 方法的 SLOPE 值的统计学特征，将青藏高原的植被变化分为 7 级（表 2-1）。由分级结果可以看出，基本无变化的斜率为 −0.0009~0.0005，与青藏高原整体 SLOPE 值分布趋势一致，符合统计学特征，可以认为上述分级结果能够满足第一个要求。所采用的 Jenks' natural breaks 分级方法是基于原数据而没有人为干扰的分级结果；除"基本无变化"的等级以外，植被指数下降和上升均被分为 3 个层级（轻微、明显和显著），符合传统习惯。各级的空间分布情况见图 2-7（见彩图）。

表 2-1 根据 SLOPE 自然间断点进行的等级划分

类别	下限	上限	面积（万 km²）	比例（%）
显著下降	—	−0.005 4	5.20	2.02
明显下降	−0.005 4	−0.002 7	17.36	6.75
轻微下降	−0.002 7	−0.000 9	38.35	14.91
基本无变化	−0.000 9	0.000 5	102.57	39.87
轻微上升	0.000 5	0.002 1	59.86	23.27
明显上升	0.002 14	0.004 2	27.06	10.52
显著上升	0.004 2	—	6.84	2.66

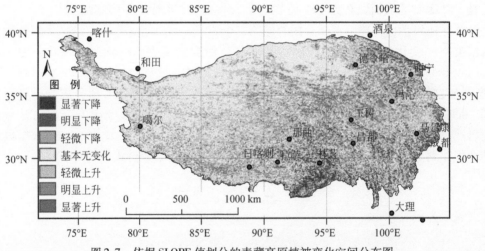

图 2-7 依据 SLOPE 值划分的青藏高原植被变化空间分布图

高原植被指数显著下降的区域主要分布在喜马拉雅山南麓的错那县和墨脱县，以及青海湖南部呈条带状分布的部分区域。其他显著下降的区域则零散分布，面积为 5.20 万 km²，约占全区总面积的 2.02%。

高原植被指数明显下降的区域分布在长江、怒江和黄河的三江源地区，面积约 17.36 万 km²，占区域总面积的 6.75%。植被指数下降情况在该区域比较普遍，结合三江源地区在我国江河流域中的重要地位，这一地区植被变化的趋势应引起我们的足够重视。

植被指数轻微下降的区域主要分布在高原西部的阿里高原、三江源地区的北部、青海省的南部，其他则零星分布在显著下降区和明显下降区的周边，面积为 38.35 万 km²，占区域总面积的 14.91%；通过青海省玉树地区 1992 年和 1999 年 Landsat TM 影像的对比结果也证明了该区域存在植被盖度降低的现象。

26 年来，植被指数基本没有发生变化的区域主要分布在藏北高原和柴达木盆地，这里 SLOPE 值的范围在 0 附近；面积约 102.57 万 km²，接近区域总面积的 40%。但柴达木盆地南缘存在数个植被指数下降与上升并存的异值区，镶嵌在祁漫塔格山和布尔汉布达山北麓向盆地中央过渡的地区，这一现象在图 2-7 中也有明显体现。在这些与周边区域显著不同的异值区，无论是植被指数下降还是上升，SLOPE 绝对值都显著高于其周边区域。根据地形图，这些多是盆地和沙漠周边的绿洲地带。绿洲借助相对充足的水源，植被总体生长良好。但镶嵌在裸地里的绿洲一般具有一部分植被指数上升、另一部分指数下降的特点，这是因为塔里木盆地南缘的部分地区天然绿洲退缩而人工绿洲异地扩张造成的（陈忠升等，2009；李婷，2008）。

NDVI 上升较高，植被覆盖度显著提高的区域主要集中在雅鲁藏布江河谷区，以及祁漫塔格山、布尔汉布达山、可可西里山和巴颜喀拉山之间的山间谷地地区，面积为 6.84 万 km²，占区域总面积的 2.66%。植被指数明显上升区主要分布在唐古拉山和念青唐古拉山之间的山间谷地区及青海高原等地，面积为 27.06 万 km²，占区域总面积的 10.52%。

植被指数轻微上升的区域分布零散，主要分布在沿怒江和通天河等河流向上游延伸的地区、藏北高原东南部等地，面积为 59.86 万 km²，所占区域总面积的比例为 23.27%。

从面积而言，基本无变化、轻微上升和轻微下降的区域所占面积超过区域总面积的 78.05%，说明 26 年来青藏高原植被活动保持原有稳定状态是高原植被变化的主体。显著下降和显著上升的区域合计面积为 12.04 万 km²，仅占高原总面积的 4.68%。

2.2.5　植被指数变化的分区特征

1. 分区的方法

借助栅格功能可将植被指数变化真实地反映在地图上（图 2-4、图 2-7），较好地反映了 26 年来植被在区域间的差异。但由于青藏高原自然环境情况千差万别，利用栅格数据来进行分级并描述其特征也存在较大的缺点，如栅格分散、相邻栅格属性差异较大，因此无法表现区域特征。

为更好地探讨植被指数变化的空间分异特征，我们按照 SLOPE 值的大小，对所有栅格进行概括归类。这一过程主要借助 ArcGIS 中的空间分析（spatial analysis）模块来实现 SLOPE 值的概化和平滑，清理栅格中的小误差像元或无需表达的细节。具体步骤如下所述。

1）利用再分类（reclassify）命令，将图 2-7 分级之后的 SLOPE 值空间分布图进行再分类，其目的有两个：一是将连续的 SLOPE 值转换为离散的分区值；二是转换数值类型，从浮点型转换为整型。

2）利用主成分过滤（majority filter）命令将空间分布上过于分散的栅格过滤掉，其属性值用其周围的多数栅格的属性值代替。

3）将属性一致、空间连续的栅格合并（aggregate）。

4）经过上述处理过程后，再利用边界清理（boundary clean）命令，通过扩张和收缩过程平滑各分区的边界。为提高栅格概括的效果,可重复上述步骤。

5)将栅格分区结果转成矢量格式(rasters to features),再对矢量边界平滑(smooth)、将线状分解转换成区域样式(poly)。结合图2-7,手工清理破碎图斑,产生分区界限。

6)为验证分区效果,统计分区内SLOPE值的空间分布情况,统计分区内SLOPE值的分级特征。

2. 植被变化分区结果

根据SLOPE值的区域差异,将青藏高原划分为4个区(图2-8,见彩图),各区面积和植被变化特征见表2-2和表2-3。

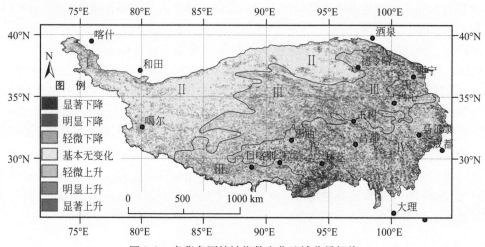

图2-8 青藏高原植被指数变化地域分异规律

表2-2 各分区SLOPE值统计表

分区	面积(万 km²)	最小值	最大值	极差	平均值	标准差
Ⅰ	4.54	−0.005 74	0.007 48	0.013 22	0.001 04	0.001 52
Ⅱ	81.53	−0.006 98	0.008 29	0.015 27	−0.000 08	0.000 91
Ⅲ	88.51	−0.012 57	0.017 12	0.029 69	0.000 98	0.001 95
Ⅳ	82.66	−0.015 44	0.015 68	0.031 12	−0.000 87	0.002 72

表2-3 各分区中植被变化情况所占的比例　　　　　　　　　　　(单位:%)

分区	Ⅰ	Ⅱ	Ⅲ	Ⅳ
显著下降	0.43	0.01	0.38	5.43
明显下降	0.86	1.02	2.25	17.63
轻微下降	6.90	11.17	9.48	24.63
基本无变化	27.59	70.49	27.93	23.22
轻微上升	40.09	15.27	35.92	16.88
明显上升	22.41	1.80	19.05	9.72
显著上升	1.72	0.24	4.99	2.49

Ⅰ区（植被指数上升区）：位于青藏高原的西北角、和田至喀什一线西部、帕米尔高原在中国的部分，面积约 4.54 万 km²。该区域人迹罕至，植被类型主要是草原、高山植被和部分无植被区，SLOPE 平均值为 0.001 04，表明该区域植被指数呈上升趋势、植被活动增强、植被盖度改善。该区域内 SLOPE 值上升的面积约 2.92 万 km²，占该区域面积的 64.32%。区域内还分布有较大面积植被无明显变化的地区，面积约 1.25 万 km²，占该区域面积的 27.53%；区域内 SLOPE 值为负，即 NDVI 呈下降区域的总面积为 0.37 万 km²，不足该区面积的 8.15%。

Ⅱ区（植被指数稳定区）：主要分布在藏北高原、阿里高原和柴达木盆地地区，面积 81.53 万 km²。这里气候干旱，是青藏高原地区沙漠和荒漠的主要分布地区，植被类型以荒漠、草原、草原草甸为主。在过去的 26 年，该区域植被指数总体保持不变，SLOPE 均值为 −0.000 08。全区 SLOPE 值基本无变化的面积约 57.47 万 km²，占该区域面积的 70.49%。其次为轻微下降和轻微上升的区域，面积分别为 9.11 万 km² 和 12.45 万 km²，占该区域总面积的比例分别为 11.17% 和 15.27%。而 NDVI 发生明显和显著变化区域面积较小，累计比例仅达 3.07%。在柴达木盆地的南部和东南部及阿里高原，部分地区 NDVI 下降比较明显。

Ⅲ区（植被指数上升区）：主要分布在青藏高原中部和雅鲁藏布江中上游河谷区，面积约 88.51 万 km²，植被类型主要以草甸、草原草甸为主。该区域平均海拔较高，多数地区在 5000 m 以上，SLOPE 均值为 0.000 98，区域内植被指数呈上升趋势，植被盖度提高。尤其是在雅鲁藏布江上游、昆仑山和唐古拉山之间的地区，其 SLOPE 值较高，植被指数上升趋势明显。区域内面积最大的是轻微上升的区域，面积约 31.79 万 km²，占该区域面积的 35.92%；其次为基本无变化的区域和明显上升的区域，面积分别为 24.72 万 km² 和 16.86 万 km²，所占的比例分别为该区域面积的 27.93% 和 19.05%。

Ⅳ区（植被指数下降区）：日喀则—拉萨—那曲以东、玉树—那曲以南及青海的部分地区，包括三江源地区、横断山区的部分地区等，面积约 82.66 万 km²，该区域植被类型主要是针叶林、阔叶林、灌丛、草甸、灌丛草甸等。该区域平均海拔相对较低，是青藏高原主要居民点分布区和人口集中区，人口较多、人类经济活动密度较大是造成该区域植被指数下降的原因之一。区域内面积最大的是轻微下降区，面积约 20.36 万 km²，占该区域面积的 24.63%；其次为基本无变化和显著下降的区域，面积分别为 19.19 万 km² 和 14.57 万 km²，所占比例分别为该区域面积的 23.22% 和 17.63%；轻微上升的区域所占比例也较高，达该区域面积的 16.88%。

2.3 小　结

多年 NDVI 平均值显示植被活动能力最强的区域在喜马拉雅山南麓的错那县和墨脱县，其次在青海、四川和西藏交界处，再次为横断山区和三江源地区，而雅鲁藏布江河谷地区的植被活动能力也较强。广袤的藏北高原、柴达木盆地和阿里高原植被活动较弱。

1981～2006 年青藏高原年均 NDVI 呈微弱的上升趋势，反映了高原植被活动总体增强、植被盖度提高的趋势。而区域内年 NDVI 变化的标准差逐年降低，说明年内区域植被活动和覆盖度的差异降低，即植被覆盖度高的地区植被在减少，而覆盖度低的地区植被在增加。标准差比较大的区域主要分布在雅鲁藏布江河谷区、错那县和墨脱县的西北部、柴达木盆地南缘、三江源地区的顶端和青海南山北麓。

SLOPE 值具有从南部和东南部向北、西北部"降低—增加—不变"的规律，说明植被活动能力和盖度也具有类似的趋势。植被活动和盖度下降显著的区域主要分布在喜马拉雅山南麓的错那县和墨脱县和青海湖南部，明显下降的区域分布在三江源地区，轻微下降的区域分布在阿里高原、三江源地区的北部和青海省南部。

植被指数没有明显变化的区域主要分布在藏北高原和柴达木盆地，约占全区总面积的40%。植被指数显著上升的区域集中在雅鲁藏布江河谷区，植被指数明显上升区主要分布在人迹罕至的唐古拉山和念青唐古拉山等山间盆地区，轻微上升的区域分散在明显上升区的周围。

依据 SLOPE 值（NDVI 变化）的空间分异特征将整个高原划分为 4 个一级区，分别是帕米尔高原植被指数上升区、藏北高原 – 阿里高原 – 柴达木盆地植被指数稳定区、高原中部 – 雅鲁藏布江中上游河谷植被指数上升区和三江源 – 横断山区植被指数下降区。通过统计不同分区和分级内的 SLOPE 值验证分区效果，分区符合 SLOPE 值空间分布规律。

第3章　青藏高原植被变化的影响因素

植被是一定自然条件下的产物，植被系统的形成与演化与当地的自然环境密切相关，同时还受人类活动的影响。因此，植被变化的影响因子可分为自然因子和人类活动两个方面。自然因子主要包括降水、温度、高程和植被的类型。人类活动主要包含两个方面：一是人类的经济活动，以道路密度来反映经济活动的强度；二是人类利用地表资源的主要方式，在青藏高原主要指的是农业活动。

3.1　植被变化与自然因子的关系

3.1.1　植被变化与降水的关系

1. 降水变化趋势

1981～2000年青藏高原降水呈增加趋势，降水变化的空间分异特征显著高于气温。降水增加的区域集中分布于青藏高原河谷区并向东延伸高原边界，广大的藏北高原区、阿里地区降水量变化不大，但是在三江源地区的北部和东北部降水呈减少趋势。

从1981～2000年青藏高原降水量变化SLOPE的取值范围（图3-1）可以看出：SLOPE值的最高值可达1.14，最低值为−0.86；栅格属性值大于0的栅格数量要大于小于0的栅格数量。表明在此时间段内青藏高原降水量总体呈增加趋势。但这一趋势也有明显

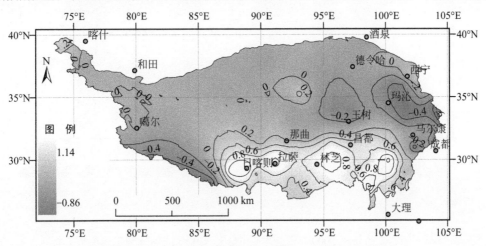

图3-1　1981～2000年降水量变化的SLOPE值空间分布图

的区域差异，高值区分布在日喀则 - 拉萨 - 林芝所在的雅鲁藏布江河谷区，SLOPE 值通常在 0.5 以上，说明这一地区 20 年的降水量增加明显。

根据这一区域 SLOPE 等值线的形状，存在着自日喀则向西北延伸的"尖角"和在横断山区向东北方向的延伸。其原因是：在这 20 年中来自印度洋的气流增强，气流顺河谷向西（雅鲁藏布江上游）延伸并向两侧扩散，但随着距离的增加，其影响力逐渐减弱；同时，气流穿越横断山脉向东北方向传输，但由于受到昆仑山 - 巴颜喀拉山的阻挡，此山系西南地区降水量增加明显，而山系东北方向降水没有明显的增加，结果是通天河的上游地区、若尔盖高原和松潘高原所在地区降水没有明显增加，甚至减少；如果此地区人类活动用水量增加或其他自然条件发生改变，则该地区生态用水量会减少，地方植被会受到缺水威胁。

2. 植被变化与降水变化之间的关系

通过两种方式来探讨植被与降水变化之间的关系。第一，将 NDVI 变化的 SLOPE 值与降水变化的 SLOPE 值做相关分析，其物理意义是反映高原总体植被变化与降水量变化之间的关系。两者的相关系数为 0.1332，说明从青藏高原的总体来看，降水与植被变化呈弱的正相关，即降水增加、植被覆盖度提高。第二，图中的每一个栅格均有 20 年的 NDVI 和 20 年的降水量值，构成 20 组数据。

我们通过 ArcGIS 中的栅格计算器计算图中每一个栅格 NDVI 数值变化和降水量变化之间的相关系数，得到图 3-2（见彩图）。从图中可以看出青藏高原年最大 NDVI 与年降水量的相关系数相差较大，跨度为 - 0.8 ~ 0.9，但它们的空间分布具有明显的地域分异规律，这也是由高原内部较大的地理环境差异造成的。

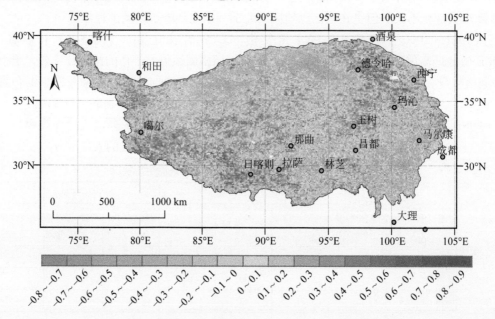

图 3-2 1981 ~ 2000 年青藏高原年最大 NDVI 与年降水量的相关性

年最大 NDVI 和年降水量呈正相关的区域主要分布在青海南山地区、三江源的玉树地区、藏南谷地的西部以及藏北高原南部，这些地区相关系数通常为 0.3 ~ 0.6，说明这些地区随着降水量的增大，植被活动和植被盖度呈上升趋势。年最大 NDVI 与年降水量呈负相关的地区主要分布在藏东的高山峡谷区、柴达木盆地以及藏北高原的北部地区，这些地区的相关系数通常为 −0.5 ~ −0.2，说明这些区域随着年降水量的增大，植被盖度呈降低趋势。对比负相关地区和正相关地区的地域分异特征，我们不难发现二者呈正相关的地区大多分布在高海拔的山地或高原区，而呈负相关的地区主要是低海拔的平原或盆地，或者是降水较为丰富的低海拔高山峡谷区（三江源地区的中下部）。

3.1.2　植被变化与气温的关系

1. 气温变化趋势

在全球变暖的背景下，近 100 年来我国年地表气温明显增加。升温幅度为 0.5 ~ 0.8℃，比同期全球平均值 [（0.6 ± 0.2）℃] 略高（《气候变化国家评估报告》编写委员会，2007）。作为一个相对独立的地理单元，青藏高原气候及其变化具有与同纬度地区显著不同的特点。

1981 ~ 2000 年青藏高原气温总体呈增温趋势，但增温效应具有明显的区域差异。增温较明显的区域处在青藏高原的中北部地区，气温平均增幅为 0.25℃/10a；增温幅度较低的区域主要分布在雅鲁藏布江河谷区和三江源地区。这 3 个区域的生态系统比较特殊，一个是典型的干旱荒漠植被区、另一个是人工植被的集中分布区、第三个是"中华水塔"的所在地。增温对这些区域而言具有不同的含义，对内陆干旱区而言增温可能造成该区域环境更趋恶劣，并可能对周边环境产生不利影响；对人工植被区而言，农业与人们的生产和生活关系极为密切，增温可能会造成病虫害的增加、农业结构的改变；对三江源地区而言，增温可能造成该区域蒸散发作用增强、地表湖泊干涸和高寒草地破碎化，并可能引起河流补给减少。

从图 3-3 1981 ~ 2000 年青藏高原气温变化 SLOPE 的取值范围可以看出，SLOPE 值的范围明显偏向正向，最高值可达 1.73，而最低值仅为 −0.25，表明在此时间段内青藏高原气温呈增加趋势。高原气温增加的趋势有明显的区域差异，增温明显的区域主要分布在柴达木盆地西部、青藏高原的西部，SLOPE 值通常在 0.8 以上，说明这一地区 1981 ~ 2000 年增温效应明显。可以看出这些地区气温增加了 0.5℃左右，平均增幅为 0.25℃/10a；增温区域最高可达 1℃以上，增幅为 0.5℃/10a。

气温变化 SLOPE 低值区主要分布在雅鲁藏布江河谷大转折处和三江源地区，这些地区的 SLOPE 值在 0℃附近徘徊，但大部分地区也在 0℃以上，说明 1981 ~ 2000 年这些地区也存在不是很明显的增温现象。结合当地的自然环境特征，气温上升和下降均应引起足够的重视。对于增温明显的内陆干旱区，其生态系统多为沙漠、荒漠或沙漠中的绿洲，这些生态系统结构简单、极度脆弱，气温的显著变化可能会对生态系统产生严重的负面影响。

对于 20 年内增温现象不是很明显的雅鲁藏布江河谷区和三江源区而言：前者是西藏主要的农作物，种植业比较发达，气温的变化可能对该区域农作制度和产业结构产生潜在

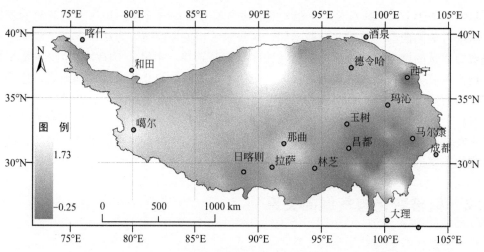

图 3-3　1981～2000 年青藏高原气温变化 SLOPE 值空间分布图

的影响；三江源地区是青藏高原高寒草甸草地集中分布的典型区，高寒草地对气温变化比较敏感，易引起沼泽干涸、草地退化和破碎化，这已经得到了部分研究的确认（张镱锂等，2007）。

2. 植被变化与气温变化之间的关系

植被是一定温度和降水条件下的产物，温度发生了改变，地表植被也会发生相应的变化。通过将高原气温变化 SLOPE 值与 NDVI 变化 SLOPE 值做相关分析，可以反映高原气温变化与植被覆盖变化的相关性（图 3-4，见彩图）。

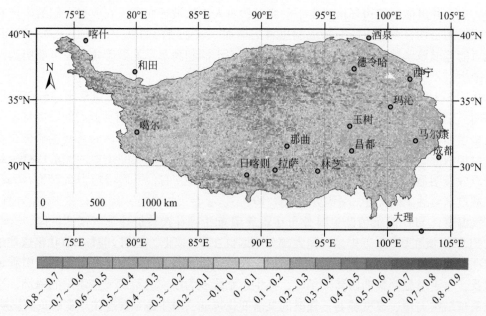

图 3-4　1981～2000 年青藏高原年最大 NDVI 与年均气温的相关性

气温变化 SLOPE 值与植被变化 SLOPE 值的相关系数为－0.037 92，说明从总体来讲高原气温变化与植被变化基本不相关，两者的变化没有明显的关联。但以 1981～2000 年逐年的气温与植被组成的数组进行相关分析，发现气温与植被的相关系数具有明显的区域差异。

呈负相关的区域，主要分部在三江源区、若尔盖湿地高原地区，说明这些区域气温的升高，会造成 NDVI 呈下降趋势、植被盖度降低。呈正相关的区域主要分布在雅鲁藏布江的上游地区、青藏高原的腹地藏北高原的东部、昆仑山脉以南的地区，说明这些区域随着温度的升高，NDVI 呈上升趋势、植被盖度上升。

3.1.3　植被变化与高程的关系

为了分析植被变化与海拔之间的关系，利用 ArcGIS 中的 Zonal Statistics 命令对不同海拔的 SLOPE 值进行统计，分别计算各高程的 SLOPE 值的最小值、最大值、极差、均值和标准差。

在所有的高程分级中，SLOPE 值的最小值均在 0 以下（表 3-1），表示任何海拔均存在植被指数下降的现象；同样，在所有的高程分级，SLOPE 值的最大值均在 0 以上，表示在任何海拔均存在植被指数上升、植被覆盖度提高的现象。极差反映在各高程中 SLOPE 最大值和 SLOPE 最小值之间的差异情况，反映的是同一高程中 SLOPE 值的离散程度。

表 3-1　不同海拔 SLOPE 值分布统计

级别	高程范围（m）	最小值	最大值	极差	平均值	标准差
一级	<2500	−0.0100	0.0049	0.0149	−0.0019	0.0024
二级	2500～3000	−0.0082	0.0133	0.0215	−0.0001	0.0018
三级	3000～3500	−0.0089	0.0082	0.0171	−0.0004	0.0019
四级	3500～4000	−0.0091	0.0083	0.0173	−0.0004	0.0018
五级	4000～4500	−0.0107	0.0090	0.0197	0.0000	0.0018
六级	4500～5000	−0.0084	0.0095	0.0180	0.0006	0.0015
七级	5000～5500	−0.0080	0.0084	0.0164	0.0006	0.0012
八级	5500～6000	−0.0050	0.0064	0.0114	0.0005	0.0011
九级	>6000	−0.0021	0.0052	0.0073	0.0005	0.0010

我们对不同海拔 SLOPE 值分布的极差统计结果进行了聚类分析，发现处于高程表两端的 SLOPE 值的极差较小，如八级、九级和一级，而五级和二级极差较大，其他处于中等水平。无论是最小值、还是最大值反映的都是样本中的极端情况，而由此得出的极差也是样本中的极端情况，只能从一个角度反映 SLOPE 值变化的情况，而无法反映区域总体的趋势。因此，我们对代表区域一般情况的各高程 SLOPE 的均值进行了统计（图 3-5）。

SLOPE 均值在不同的海拔有较大的差异（图 3-5）。4000 m 以下的区域 SLOPE 值的平均值小于 0，表明这些区域的植被指数下降、植被覆盖在降低，而海拔在 4500 m 以上的区域 SLOPE 均值显著大于 0，说明这些区域的植被指数上升、植被覆盖在提高；4000～4500

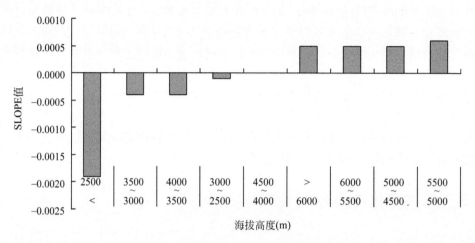

图 3-5　不同海拔 SLOPE 均值分布情况

m 的区域 SLOPE 的均值接近 0。

青藏高原海拔 2500 m 以下的地区 SLOPE 均值最低，表明在海拔 2500 m 以下是青藏高原 NDVI 下降最明显的区域，其次为 3000~4000 m 的区域；而 4500 m 以上的区域 SLOPE 均值呈正数，说明这些区域的植被状况在改善。SLOPE 均值随高程发生变化的现象，尤其在 4000~4500 m 有明显的正负界限，说明植被变化与海拔有一定的关系，或者是与海拔有关的因子与植被覆盖变化有关。究其原因是因为这些区域海拔高、气象气候相对条件稳定，人烟稀少、人类活动影响较小。

标准差反映数据样本的离散程度。图 3-6 显示不同海拔 SLOPE 的标准差有较大的差异，标准差最小的是海拔在 6000~9000 m 的区域、其次为海拔 4500~6000 m 的区域、再次为 2500~4500 m 的区域，海拔 2500 m 以下是标准差最大的区域。从以上结果可以看出，SLOPE 标准差的分布与海拔高度关系密切，随着海拔的降低，标准差降低，并在 4500 m 附近形成明显的界限。

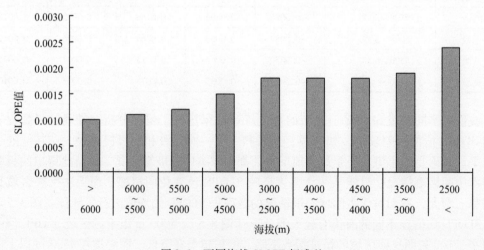

图 3-6　不同海拔 SLOPE 标准差

　　这一结果再次证明海拔 4500～5000 m 以下的植被状况易受到外界因素的影响，波动范围较大，在同一植被类型内栅格的属性值分布分散。而此界限以上，各自然因素的波动性较小、人类活动影响小，因此植被系统相对比较稳定，反映在遥感影像上是植被的光谱特征稳定。

3.1.4　植被变化与植被类型的关系

　　青藏高原的植被类型多样，既有亚热带、热带常绿针叶林，也有亚热带高山、亚高山灌丛，还有温带高寒草原荒漠；相应的 NDVI 则从 0 变化到 0.88 左右，跨度较大。在植被分布上既存在由东南向西北逐渐过渡的水平地带性规律，也存在垂直地带性规律；反映到空间分布上则表现为总体上的水平规律和局地的垂直规律。

　　本文依据我国 1:100 万植被图对不同植被类型 SLOPE 值的变化情况进行了比较（表 3-2 和图 3-7）。此过程在 ArcGIS 中通过 Zonal Statistics 命令来完成。

表 3-2　不同植被类型 SLOPE 值分布统计

代码	最小值	最大值	极差	平均值	标准差
I	-0.009 6	0.006 3	0.015 8	-0.001 12	0.002 1
II	-0.004 4	0.002 9	0.007 3	-0.001 01	0.001 6
III	-0.010 0	0.004 5	0.014 4	-0.002 13	0.002 2
IV	-0.010 7	0.008 9	0.019 6	-0.000 72	0.001 9
IV + VI	-0.002 0	0.003 9	0.005 9	-0.000 16	0.001 2
IV + VIII	-0.007 5	0.007 0	0.014 6	0.000 00	0.002 1
VI	-0.008 0	0.008 2	0.016 2	0.000 54	0.001 3
VI + IV	-0.001 9	0.002 6	0.004 5	-0.000 03	0.000 9
VI + VIII	-0.003 6	0.004 0	0.007 6	0.000 13	0.001 3
VII	-0.009 1	0.002 7	0.011 7	-0.001 85	0.002 6
VIII	-0.008 8	0.011 1	0.019 8	0.000 26	0.001 9
VIII + IV	-0.003 5	0.001 8	0.005 3	-0.000 95	0.001 5
IX	-0.003 5	0.003 8	0.007 3	0.000 09	0.001 4
IX + VIII	0.000 1	0.000 1	0.000 0	0.000 12	0.000 0
X	-0.006 8	0.009 5	0.016 3	0.000 49	0.001 5
XI	-0.007 2	0.008 8	0.016 0	0.000 02	0.002 6
XII	-0.006 7	0.009 0	0.015 6	0.000 38	0.001 2

　　通过提取不同植被类型 SLOPE 均值、标准差、最小值、最大值和极差，获取 SLOPE 的不同植被类型植被指数变化的统计学特征。从图 3-7 可以看出，最小值、最大值和极差体现植被类型内 SLOPE 的极端情况，对各类植被类型的统计分析表明，SLOPE 的最小值、最大值和极差与植被类型没有明显的关联特征，这可能是因为局地因素造成的差异。

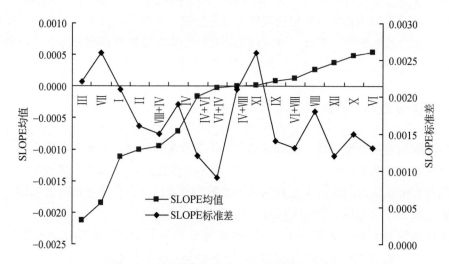

图 3-7　不同植被类型的 SLOPE 均值和标准差

在所有的植被类型中，SLOPE 均值明显上升的有草原、高山植被、草甸，以及两种过渡类型沼泽草甸和草原草甸，表明这些植被类型区 NDVI 呈上升趋势、植被覆盖度提高。

SLOPE 均值下降最明显的是阔叶林，其次为草甸、草丛、针叶林和针阔混交林，再次为草甸灌丛、灌丛、灌丛草原和草原灌丛，说明这些区域 NDVI 呈下降趋势，植被覆盖度降低。从上述分类结果可以看出，森林等覆盖度高的地区 NDVI 下降明显，而植被覆盖度低的植物类型的 NDVI 有所上升，说明这些低密度植被覆盖区的植被状况有所改善、而高密度植被区的覆盖度下降。

就曲线的分布来看，各植被类型 SLOPE 标准差的变化与 SLOPE 均值呈相反的趋势，即植被覆盖降低的植被类型区其波动范围越大，植被覆盖度提高的植被类型区其标准差越小。

3.2　植被变化与人类活动的关系

通过上一节，我们发现部分气候因子中的气温和降水与植被变化具有较好的相关性，说明气候变化是植被变化的重要影响因子。青藏高原人口密度低，人类活动对高原植被的影响显著小于我国的西北部地区，更小于我国的中东部地区。但随着人类活动强度的提高，人类活动对高原地表植被的影响越来越成为人们难以忽略的驱动因素之一。

对此，尽管有的学者提出人类活动对高原植被基本没有影响，至少这种影响现在还没有表现出来（梁四海等，2007），但在高原植被变化研究中，充分考虑人类活动对地表植被覆盖度的正、负面作用，已成为国内外相关研究必须考虑的因素。

人类活动有多种方式，结合青藏高原地区人们生产和生活的实践，对高原地表植被覆盖度可能产生影响的人类活动包括农业活动（种植业扩展、超载过牧）、工业活动（工厂和重大工程建设、矿产资源和水资源开发等）、基础设施建设（道路、城市建设等）及环保活动（植树造林、退耕还林等）。

青藏高原地区工业基础薄弱、工业发展缓慢，矿产资源和水资源开发强度低、影响范围有限，加之国家对高原环境的严格保护及矿产和水资源的限制，制造业和采掘业对高原植被的影响十分有限。高原人口稀疏、工商业不发达，因此作为工业的载体——城市也发展缓慢，城市和农村等居民点的发展难以影响大区域植被变化。

人类活动中具有面状空间分布特征的因子会对高原植被系统产生强烈的影响，如农业土地利用行为和广泛分布的道路交通网。农业是生活在高原上的人们主要的生活来源之一，也是改变高原地表状况的主要活动，包括"河谷农业"和广泛分布的畜牧业，其中种植业具有"点状"和"线状"特征，而畜牧业则具有"面状"特征。畜牧业的发展对地表环境影响较大。

道路系统与人类活动的密度和强度之间是相辅相成的关系，人类活动越密集、强度越大则需要的道路越多、等级越高；反之，密集的道路则进一步强化了人类在此地的活动强度和密度。因此，本部分内容主要讨论道路基础设施和农业生产活动对其周围植被盖度的影响。

3.2.1　植被变化与道路系统的关系

道路是人类活动的一种形式，也是人类影响自然环境的主要形式之一。道路对地表植被的影响分为直接影响和间接影响，直接影响又包括正面影响和负面影响。

直接的负面影响是道路建设必须降低路面的坡度，这就必然存在大量的挖填方工程，因此地表植被将被铲除，植被覆盖度降低；道路建设过程中还可能存在部分的弃土，这些弃土的存放方式和位置也可能掩埋地表植被，降低地表植被盖度；建设道路还要硬化地表，这将改变地表水循环和物质循环过程，阻断了植被自然生长与扩散的天然廊道，造成地表植被系统破碎化；道路建设之后会存在一个植被恢复过程，但是对于生态环境极度脆弱的青藏高原来说，这一过程比较缓慢。直接的正面影响是路旁的植被绿化和护坡工程会增加植被盖度，但这种影响是非常有限的，难以和地表原生植被相比。

间接影响是随着道路的延伸，人类在道路附近的活动强度逐渐增强，并以道路为中心向两边扩散。例如，城市和农村建设、农田扩散、放牧及其他的自然资源开发。同时，道路系统还加强了人类活动的地域联系，这将使人类活动对自然植被的影响成倍放大。总体而言，道路系统对植被的影响是局部的、少量的、暂时的，而间接影响则是具有全域特征，其影响力与直接影响相比要大得多，而其时间较长。

因此，道路系统对青藏高原地表植被的影响应该得到极大关注，它不仅是因为道路对周边植被可能带来的影响，更主要的是道路系统建设所引起的人类活动利益链的连锁反应，其带来的不利影响要远大于有利影响。

图 3-8 是青藏高原道路系统分布图，其中粗线表示的是国道，灰线表示的是县级以上道路。从图中可以看出，无论是国道还是县道，都主要分布在青藏高原的东部和南部，包括三江源地区、雅鲁藏布江河谷及其以北地区，而广袤的藏北高原和柴达木盆地地区的道路稀疏。

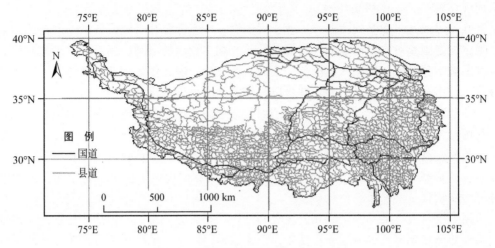

图 3-8　青藏高原道路系统空间分布图

　　道路密度图（图 3-9，见彩图）更能直观地反映道路的多寡及其在区域分布的差异。从图中可以看出，道路的密度数值跨度较大，为 0~0.13 km/km²。道路密度较高的区域一是分布在三江源地区，其中三江源的中西部区域的道路密度均在 0.08 km/km² 以上，昌都附近则高达 0.13 km/km² 左右；二是分布在雅鲁藏布江中上游及其以东、唐古拉山以南的区域，这里道路密度虽然没有三江源地区高，但一半以上的面积道路密度也达到了 0.07 km/km² 以上。道路稀疏的藏北高原、柴达木盆地及青海的西部，道路密度较低，通常为 0.02~0.04 km/km²，最高不过 0.05 km/km²，可可西里地区大面积范围内没有道路分布。

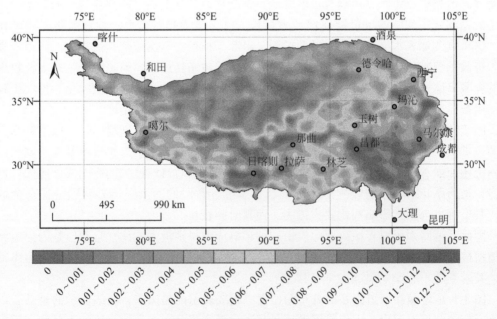

图 3-9　青藏高原道路密度图

　　为方便讨论道路系统与植被变化的关系，我们以 5 km 为间距对道路系统进行缓冲区分析，共建立 19 个缓冲区，然后分别计算不同缓冲区内 SLOPE 值分布的统计学特征。无论是缓冲区内的 SLOPE 最大值、最小值、极差还是标准差，以及 SLOPE 均值都具有明显的统计学特征（表 3-3、图 3-10、图 3-11）。

表 3-3　不同道路缓冲区 SLOPE 值分布统计表

缓冲区（km）	最小值	最大值	极差	平均值	标准差
0 ~ 5	− 0.010 74	0.011 05	0.021 80	0.000 06	0.001 79
5 ~ 10	− 0.009 80	0.008 77	0.018 57	0.000 22	0.001 70
10 ~ 15	− 0.009 97	0.013 32	0.023 29	0.000 37	0.001 47
15 ~ 20	− 0.006 56	0.005 68	0.012 24	0.000 37	0.001 19
20 ~ 25	− 0.006 87	0.005 54	0.012 40	0.000 37	0.001 13
25 ~ 30	− 0.003 63	0.006 34	0.009 96	0.000 47	0.001 02
30 ~ 35	− 0.003 19	0.005 33	0.008 52	0.000 49	0.001 04
35 ~ 40	− 0.004 23	0.004 69	0.008 93	0.000 51	0.001 13
40 ~ 45	− 0.003 29	0.004 37	0.007 66	0.000 71	0.001 08
45 ~ 50	− 0.002 31	0.003 51	0.005 82	0.000 68	0.001 07
50 ~ 55	− 0.001 16	0.004 50	0.005 67	0.000 81	0.001 08
55 ~ 60	− 0.004 00	0.004 87	0.008 87	0.000 88	0.001 27
60 ~ 65	− 0.002 61	0.007 60	0.010 21	0.000 96	0.001 17
65 ~ 70	− 0.001 11	0.004 82	0.005 93	0.001 02	0.001 22
70 ~ 75	− 0.001 78	0.003 29	0.005 07	0.000 80	0.001 08
75 ~ 80	− 0.001 41	0.004 30	0.005 71	0.001 64	0.001 42
80 ~ 85	− 0.001 05	0.004 65	0.005 71	0.001 71	0.001 53
85 ~ 90	− 0.001 01	0.003 34	0.004 36	0.001 98	0.001 31
90 ~ 95	0.001 06	0.002 68	0.001 62	0.002 03	0.000 59

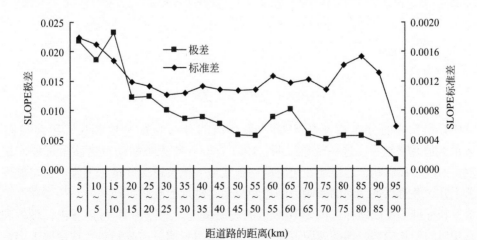

图 3-10　SLOPE 的极差和标准差与道路之间的关系

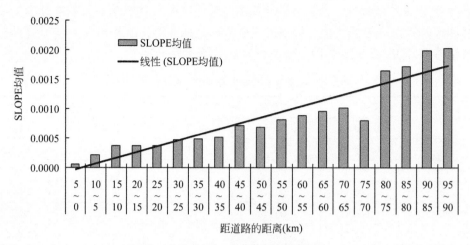

图 3-11 SLOPE 均值与道路之间的关系

SLOPE 最大值和最小值反映的是样本的极端情况。就 SLOPE 最小值而言，随着距离道路越远，各缓冲区内 SLOPE 最小值具有显著的上升趋势（图 3-12）；其中，距道路 90 km 以内 SLOPE 最小值均为负值，SLOPE 最小值分布在 0 ~ 5 km 缓冲区，SLOPE 最大值分布在 90 ~ 95 km 缓冲区，也是所有的缓冲区内 SLOPE 最小值唯一一个为正值的缓冲区。

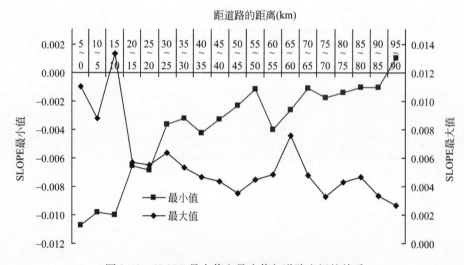

图 3-12 SLOPE 最大值和最小值与道路之间的关系

SLOPE 最大值的分布特征与 SLOPE 最小值的分布特征恰恰相反，距离道路越远 SLOPE 最大值越来越小。这一现象说明，1981 ~ 2006 年人类活动对道路附近地表植被可能产生负面或正面影响，即可能在短时间内造成地表植被覆盖度迅速下降，也可能促使植被显著上升，并且人类活动的影响力随着距离道路越远而衰减。

极差和标准差反映缓冲区内 SLOPE 值的波动情况。从图 3-10 可以看出，极差和标准差具有相似的变化趋势，即随着距道路距离的增加两者均呈递减趋势。这说明人类活动的影响可能造成区域内植被覆盖的大幅度波动，距离道路越近，人类活动的影响力越强，

SLOPE 值的波动范围越大；距离道路越远，人类活动的影响力越弱，SLOPE 值的波动范围就越小，植被指数的年际变化就小。

SLOPE 均值反映 1981～2006 年缓冲区内所有栅格 NDVI 随时间变化的情况，其值为正表示该缓冲区内 NDVI 上升，植被覆盖度提高，反之则表示植被覆盖度下降。图 3-11 表明随着距离道路越来越远，SLOPE 均值有上升的趋势，这说明在 1981～2006 年，随着距道路距离的增加植被指数存在比较明显的上升趋势，即植被覆盖度的变化与道路存在某种密切的联系。

SLOPE 极差和标准差反映的情况基本相似，说明随着距道路距离的增加，与道路密切联系的人类活动的影响力呈持续递减趋势，其对地表植被的影响也逐渐减小。这种影响表现在地表植被 NDVI 的变化上即为 SLOPE 均值随距离道路的远近而发生有规律的变化。

3.2.2 植被变化与农业经济活动的关系

农林牧业活动会影响和改变地表的覆被状况，导致 NDVI 的变化。种植业发展与植被覆盖度的关系体现在耕地面积的变化及作物的类别上。例如，由于灌溉和田间管理可促进植物生长，作物替代自然植被之后，NDVI 通常会明显上升；另外，不同的农作物品种在遥感影像上也会有不同的表现。

林业与 NDVI 的关系分为两种情况，一是植树造林会改善地表植被、提高地表覆盖度和 NDVI 表现，SLOPE 值为正值；二是砍伐森林会造成植被覆盖度下降，SLOPE 值表现为负值。

放牧影响植被长势和覆盖度，适宜的载畜量、合理放牧制度对草地覆盖度影响小，反映到 SLOPE 值上其数值应接近于零；反之，如果超载过牧，则会造成草场退化，SLOPE 值表现为负值。当然还有另一种情况，即草场退化中牧草密度降低而杂草和毒草比例上升，就可能存在草场退化而 SLOPE 值为正的情况。

西藏全区森林面积约 760 万 hm² （朱玉坤和呢木才让，2002），主要分布于喜马拉雅山脉东南部横断山脉和念青唐古拉山脉的高山峡谷地带，广大的西部和北部则是少林或无林区（图 2-1）。就森林覆盖度而言，全区仅为 5.1%，远低于全国 14% 的平均水平。林地所占面积虽然不高，但由于林地 NDVI 较高，林地的轻微变化就有可能对 NDVI 和 SLOPE 值产生明显的影响，这一点在图 2-4 有明显体现。SLOPE 值显著下降的区域均是森林覆盖度比较高的地区（图 2-7）。例如，错那县和墨脱县山南地区的植被退化最明显。尚没有查到国内相关文献资料对当地森林状况的记载，但从网络获得的资料证实，印度为强化对山南地区的占领而从内陆向这一地区移民 700 万人，因此可能的原因是陡然增加的人口压力使人们不得不砍伐森林、扩展农田，造成该地区地表植被 NDVI 的下降。

在三江源的中东部 NDVI 下降趋势也比较明显，这是因为在 1998 年我国施行"天然林保护工程"以前，横断山区存在较多的森林砍伐现象，木材成为地方主要的财政收入来源；"天然林保护工程"实施后，部分地方政府的财政锐减 90%，足见林业在地方财政中的地位。因此，"天然林保护工程"之前的植被砍伐活动也造成这些地区森林覆盖率下降，表现在遥感影像上就是 NDVI 降低、SLOPE 值呈负值。

西藏常规能源、新能源开发利用不足,木材是藏区主要的能源,在生产用能上也占有较大比例。到 20 世纪 90 年代,拉萨市 10 多万市民每年生活要烧掉 2.5 万 t 木柴,占全部生活燃料的 40% 以上;雅鲁藏布江中下游地区的农村牧区及小城镇,能源消耗的 99% 以上来自薪柴;在森林贫乏的区域,当地人们被迫采伐灌丛,甚至挖掘灌木根和铲草皮以及解决生活用能不足的问题;在三江源上游的半干旱河谷区,生物燃料消耗甚至超过了植物生长量(朱玉坤和呢木才让,2002),直接导致水土流失和土地沙化,造成林地 NDVI 下降、SLOPE 为负值。

西藏草原总面积 8300 万 hm², 占全区土地总面积的 68%, 大部分分布在海拔 4500 m 以上地区,其中可利用草地约 5500 万 hm², 占草原总面积的 66%(扎呷,2005)。就牧业产值而言,西藏各地区有较大的差异,但牧业产值占第一产业的产值也均在 30% 以上,其中阿里地区牧业产值所占比例最高(92.57%)、其次为那曲地区(62.57%),说明草地及牧业在西藏经济发展中占有极其重要的地位。

但西藏草地一直存在超载过牧现象,并且还存在明显的递增趋势(图 3-13)。1980 年,西藏年末牲畜存栏量为 2351 万头,到 2004 年则超过了 2500 万头。西藏天然草场理论载畜量为 3380 万羊单位,而目前西藏全区牲畜饲养量已达 4700 万羊单位,超载率达 39%(扎呷,2005)。过度超载造成一半以上的草场重度退化,结果导致质量好的一级草地仅占全部草场面积的 17.2%,而近 60% 的草场是产草量低的三级草地。

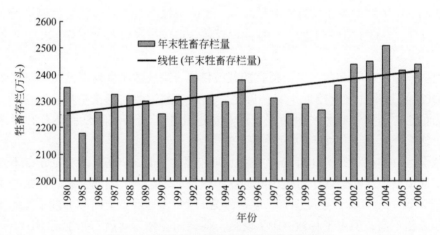

图 3-13　西藏年末牲畜存栏量及其变化趋势

草地退化有两种主要表现形式:一是草场植被稀疏化、草地沙化;二是牧草质量下降和杂毒草比例上升。很多研究结果表明青藏高原草场退化是相当严重的(王根绪等,2006;涂军和石德军,1999;仁青吉等,2004;郭正刚等,2004;刘进琪,2007)。3.1.4 节的结果表明部分草地类型 SLOPE 为负值,说明这些区域植被正在减少、水土流失加剧;SLOPE 为正值的部分地区,可能由于过度放牧的影响,牧草的数量和质量下降,杂毒草生长旺盛,在遥感影像上表现为 NDVI 逐年上升;另有部分区域则可能是草场管理科学、牧草繁茂,表现在 NDVI 上也是上升趋势,本研究中对二者没有区分。

3.3　小　　结

NDVI 变化与降水变化之间呈弱相关，相关系数为 0.1132，高于 NDVI 变化与气温变化之间的相关系数，说明从总体上讲，降水与植被的相关性要高于降水与气温的相关性。NDVI 与降水相关分析表明青藏高原的中西部、雅鲁藏布江上游、三江源的上游、青海西部等地区 NDVI 与降水呈正相关，而横断山区、三江源的中下部及藏北高原和柴达木盆地等地区两者呈负相关。NDVI 和气温之间的相关性具有明显的区域分异特征：呈负相关的区域主要分布在三江源、若尔盖高原地区；呈正相关的区域分布在雅鲁藏布江的上游地区、藏北高原东部和昆仑山以南的地区。

海拔 2500 m 以下的地区 SLOPE 均值最低，表明在该海拔以下 NDVI 下降最明显；其次下降较明显的是 3000～4000 m 区域；而 4500 m 以上的区域 SLOPE 均值为正数，说明这些区域的植被状况在改善。4000～4500 m 是 SLOPE 正负变化的临界值，说明植被变化受人为因素的影响逐渐变弱。

在所有的植被类型之中，SLOPE 均值明显上升的有草原、高山植被、草甸，以及两种过度类型沼泽草甸和草原草甸，表明这些植被类型区 NDVI 指数呈上升趋势，植被覆盖度提高；SLOPE 均值下降最明显的是阔叶林，其次为草甸、草丛、针叶林和针阔混交林，再次为草甸灌丛、灌丛、灌丛草原和草原灌丛，说明这些区域 NDVI 呈下降趋势，植被覆盖度降低、植被退化。

选取道路和农业作为指示人类活动影响的指标，通过分析发现，随着距离道路越来越远，SLOPE 均值呈上升趋势、最大值下降、最小值上升、极差和标准差呈下降趋势。这一趋势并不是道路本身造成的，而是与随距离道路变远，人类活动强度下降有关。森林植被破坏和放牧活动是所有人类活动中对地表植被影响最大的两种形式。

第4章　青藏高原生态脆弱性的成因及脆弱度评价

脆弱生态系统是指环境组成结构相对不稳定，对外部干扰反应敏感的生态系统（刘燕华，1995）。脆弱生态系统及其组成要素易受到外界干扰力的影响和破坏，并且缺乏抗拒干扰、恢复初始结构和功能的能力（国家环境保护部，2008）。脆弱生态系统稳定性差，往往由于一个因素的变化或扰动而触发其他相关因素发生一系列的变化，进而使生态系统的结构和功能发生根本性的改变，使整个生态系统受到破坏。脆弱生态系统包括各种不同类型的环境区域，即无论其成因、内部环境结构、外在表现形式和脆弱程度如何，只要它在外界的干扰下易于朝环境恶化的方向发展，就都应该视其为脆弱生态区（冉圣宏等，2002a）。

中国地域辽阔，自然地理条件复杂多样，人口众多且人类活动历史悠久，使得中国的脆弱生态区具有分布范围广、类型多样、地域差异明显的特征。据统计，中国的脆弱生态系统占我国国土面积的60%。

我国脆弱生态系统的研究开始于20世纪90年代，重点开展了脆弱区的现状、成因评价及脆弱区的恢复和重建工作。这些工作主要涉及以下几个方面：脆弱生态环境的形成机制及其演变（冉圣宏等，2002b）、脆弱生态环境的评价（陈晓等，2007；田亚平等，2005）及模型（冷疏影和刘燕华，1999；杨育武等，2002；巫锡柱和晏路明，2007）、脆弱生态环境的分类（冉圣宏等，2001a）、脆弱环境区域分异与区划（赵跃龙和刘燕华，1994）、环境脆弱形式及制图（樊哲文等，2009）、脆弱生态环境与社会经济子系统之间的关系（冉圣宏等，2001b；周毅等，2008）、脆弱生态区的持续发展问题（佟玉权和龙花楼，2003；吕晓芳等，2007）、脆弱生态环境的综合整治战略及技术对策（彭晚霞等，2008；李军和蔡运龙，2005），以及各种区域性的脆弱环境问题（姚玉壁等，2007；万洪秀等，2006）。

青藏高原具有海拔高、气温低、降水少、生态系统结构简单、抗干扰能力弱和易受全球环境变化影响的特点，总体表现出较强的脆弱性。但由于青藏高原面积广大、内部自然条件和社会经济发展水平差异显著，既有海拔2000～3000 m的河谷区，也有海拔6000～8000 m的冰川冻融区；既有茂密的森林植被，也有稀疏的荒漠植被；既有降水量大于800 mm的多雨区，也有降水量仅数十毫米的极端干旱区；既有人口密度较大的农区，也有载畜量过多的牧区。因此，其生态系统的脆弱性必然存在区域差异。本章在分析讨论其高原生态系统脆弱性形成机制的基础上，采用指标法对青藏高原内的脆弱性和区域差异进行了系统评估，并进行了类型划分。

4.1　青藏高原脆弱生态系统的形成机制

脆弱生态系统的形成因素很多，按其性质可分为自然因素和人为因素两个方面。前者包括气候、地形、土壤、植被以及自然灾害等，后者则包括各种人类活动，如放牧、矿山开采等（吕昌河，1995）。一般来讲，生态系统是否脆弱主要决定于自然因素，如干旱生态系统显然要比热带雨林更易受到外界的干扰，因此前者要比后者更脆弱。由于生态系统不仅包括自然因素，还必须承载人类的社会经济活动（冉圣宏等，2002a），因此，有学者认为不能承受人类活动的生态系统就没有"脆弱"可言，如沙漠地带因没人居住就不具有脆弱性；还有的学者认为环境之所以"脆弱"是因为人类活动的干扰强度超过了生态系统的承受能力，使生态环境出现了退化。对于脆弱生态系统的上述解释，可概括为"纯自然的解释"、"自然－人文的解释"和"人文解释"三种（赵跃龙和刘燕华，1996）。自然因素和人为因素是脆弱生态系统形成的两个基本条件，没有自然环境"先天的"不稳定和人类活动"后天的"超负荷干扰，生态环境的脆弱性就无从谈起。

青藏高原高寒脆弱生态系统的形成是由所处的纬度、巨大的海拔高程、独特的地形及相关的大气环流和气象气候条件所决定的。人类活动的扰动改变了生态系统的稳定状态，加剧了高原局部和短期的变化。随着全球变暖，全球增温对高原高寒生态系统的影响逐渐显现，观测到的证据已经证实全球气候变化导致高原冰川消退、永冻层融化，对高寒脆弱生态系统产生了缓慢但整体和长远的影响。

4.1.1　自然本底质量差，抵抗外部干扰能力弱

自然本底质量取决于组成生态系统的自然要素，包括气候、地形、土壤、植被等，其中气候和地形共同决定了区域的水热状况，是土壤和植被形成发育的基础，决定了生态系统特别是植被和土壤对外部干扰的抵抗能力和自我修复能力。一般来讲，水热条件差、地形起伏大的地区，其生态系统的本底质量差，对外部干扰响应敏感，很容易出现土地或生态退化问题。青藏高原即属于这样的地区，主要体现在以下几个方面。

1. 地势高亢起伏

青藏高原在内外营力的共同作用下，形成了由辽阔的高原面、纵横连绵的山系、深切的河谷及冰川、风沙等多种地貌类型，共同组成了极其复杂的地表格局。昆仑山脉、唐古拉山脉、念青唐古拉山脉、喜马拉雅山脉等一系列巨大山脉构成了青藏高原的主体框架，在巨大的山脉之间则分布着藏北高原、柴达木盆地、雅鲁藏布江河谷等多种地貌类型。在高原东南部，地势高差大，高山与深切河谷相间分布，形成了典型的"岭－谷"特征，在这里山高谷深、地形陡峻，土壤和植被发育差，一旦遭到破坏，很容易发生水土流失和崩塌、滑坡、泥石流等地质灾害。藏北高原冻土地貌的发育，对温度变化响应敏感，极易产生冻融塌陷。

2. 气候干冷，水热条件先天不足

首先，青藏高原大部分地区的年均气温在5℃以下，大于等于0℃日数和无霜期多不足100天，生长季短；在藏北高原地区甚至常年无明显无霜期，低温霜冻频繁。其次，年降水量低，大部分地区在400 mm以下，主要集中在7~9月，干旱期长。再次，太阳辐射强，加上风力大、蒸发强烈，使大部分地区干旱缺水。最后，大风和沙尘暴等气候灾害频繁，风蚀严重。总之，干冷的气候，使青藏高原的生态系统结构简单、植被生长缓慢、生产率低下，生态系统一旦遭到干扰和破坏，恶劣的气候条件会加速生态系统的退化，发生风蚀沙化、草地退化，形成沙漠化和"黑土滩"。

3. 土壤粗骨性强，抗蚀能力弱

青藏高原的形成年代较新，加上低温和干旱，使地表生物化学过程缓慢，表现为土壤发育的幼年性、粗骨性和薄层性。高原土壤成土母质多以冰碛物、残积-坡积物和坡积物、碎石和沙砾为主。土壤中物理风化作用占优势，植被盖度低、生长缓慢，使得生物化学作用微弱。青藏高原土壤厚度多在5~10 cm，除小部分草甸和森林土壤外，土壤普遍具有机质含量低、原生矿物分解弱、含砾石碎屑沙粒较多、粗骨性强、层次结构不明显等基本特征。高原土壤的理化性质决定了其抗蚀性差、易于出现退化的特点，且地表的浅薄土层极易受到冻融、泥石流等自然过程和人类放牧活动的影响。

4. 植被结构较单一，抗干扰能力弱

除高原东南部的纵向岭谷区和喜马拉雅山南麓的部分地区形成了生产力较高的"林-灌-草"生态系统以外，其他区域的生态系统结构都比较简单，多是草地或草甸生态系统，其植被生长缓慢、生态系统结构简单、功能较弱、易受外界影响。在遭到诸如过度放牧、耕垦后，生态系统很容易发生侵蚀退化，如高原草甸过牧后，植被盖度下降，常形成土壤裸露的"黑土滩"。

4.1.2 人类活动加剧生态系统的变化

1. 人类活动强度低但逐步增强的趋势明显

青藏高原的人口密度和开发利用程度较低，但近些年来该地区人口和载畜量增长较快，存在"过牧"等不合理的开发利用和经营管理现象。同其结构简单、生产力低下的生态系统来讲，部分地区已经超过了系统的抗干扰能力，出现了草地退化、湿地消失、土地沙化等现象，不仅影响了当地的生态环境，还对下游的环境产生了深远的影响。拉萨河谷区人口密度较大，燃料缺乏，居民大量砍伐冷季牧场的灌木充做薪柴，不仅影响冷季草场的数量和质量，还造成严重的水土流失和风蚀现象。高原东南部森林区域内不合理的开发，导致森林的破坏、干旱河谷灌丛带的扩大，引起自然环境的进一步恶化，应予以密切的关注。

投入不足加重了青藏高原地区生态系统的脆弱性。随着人们的物质和文化需求不断增

长，使区域的资源利用强度不断增长，但由于资金和技术短缺，产业发展（如草畜业）普遍采用的是简单扩大再生产的模式，忽视了对草地的投入，盲目提高牧畜规模，结果是虽短期内增加了经济收入，但却极大地增加了草地压力和草场过牧。牲畜的长期啃食践踏，导致生长缓慢的草地迅速退化、沙化。草地退化之后，承载力迅速下降，生态系统的脆弱性加重。

2. 不断增强的旅游活动已成为脆弱生态环境的新威胁

青藏高原独特的自然环境和人文景观，使得该区具有发展旅游业的独特优势和巨大潜力。1980~2008 年，西藏旅游累计收入 188.98 亿元，旅游收入增幅高于西藏生产总值增幅 23%。特别是自 2006 年青藏铁路通车以来，旅游产业规模迅速扩大，对青藏高原旅游业的发展起到了巨大的推动作用。据统计，2007 年接待中外游客达到创纪录的 402 万人次，旅游总收入增长到 48.5 亿元，占西藏生产总值的 14.2%，基本确立了旅游业在国民经济中的支柱产业地位。不断增长的旅游人口对青藏高原的环境产生了巨大压力，行人的踩踏和车辆的行驶导致部分地区草地退化。预计未来旅游人口还将增加，因此，青藏高原的生态和自然环境将面临越来越严重的压力，可能会加剧其脆弱性。

4.1.3　全球气候变化影响生态系统的脆弱性

青藏高原气候严酷、自然条件恶劣，多种生态系统表现出明显的脆弱性和不稳定性，系统中的关键环境因子常处于临界状态，抗干扰能力差。因此，气候变化势必会对区域生态系统产生影响，引起高原脆弱生态系统的格局、过程与功能发生变化，如冰川退缩、冻土层变薄、草地退化、湿地萎缩等，进而影响生态系统的稳定性或脆弱性。

1. 气候变暖造成冰川退缩

青藏高原是世界上中低纬度地区冰川分布最大的地区，现代冰川占我国冰川面积的 80% 以上。青藏高原发育有现代冰川 36 793 条、冰川面积 49 873.44 km^2、冰川冰储量 4561.39 km^3，分别占我国冰川总数的 79.4%、84.0% 和 81.6%，是世界上中低纬度地区最大的现代冰川分布区（刘宗香和苏珍，2000）。

随着全球变暖、气温升高，受到显著影响的首先是低温地区，因此必然对青藏高原脆弱的生态环境产生深刻的影响。作为中低纬度最大的冰川分布区，近几十年来的相关研究证实了在全球变暖情形下青藏高原冰川和积雪覆盖面积大幅退缩成为区域冰川变化的总体趋势。退缩的速率有明显的区域差异，在青藏高原中部和西北部的冰川基本稳定，退缩速率通常为 1~2 m/a，而高原周边山区冰川物质亏损严重，处于加速退缩状态（刘时银等，2006）。其中，喜马拉雅山北坡冰川退缩较快，近 20 年已经有大量的小冰川消失（晋锐等，2004）。

冰川和积雪覆盖面积的缩小改变了下垫面的性质和地表反射率，改变了区域气候过程，将使地面进一步升温，并加热地面空气，加速区域环境变化。冰川退缩和积雪覆盖面积缩小的另一个结果是影响到区域水循环和水资源平衡，直接表现为当前冰川融水增加，加大下游河流补给量；同时也会引起人们对未来冰川融水补给能力的担忧。

2. 气候变暖影响冻土层和湿地系统

温度上升使占青藏高原 2/3 面积的多年冻土发生不同程度的融化，已经导致冻土活动层厚度平均增厚 20 cm 以上。部分地区升温过高，已经产生大面积的冻融滑塌，不仅破坏了冻土区道路和大型工程地基，也对区域生态和地表环境产生了一定的负面影响。湿地是青藏高原一类重要的生态类型，具有保持水源、调节气候、保护生物多样性的作用。由于气候变暖、蒸发量增加，青藏高原的湖泊和湿地退缩现象严重。

4.2　生态脆弱性评价方法与指标

4.2.1　评价方法及流程

生态脆弱性评价属于生态环境质量评价中的一种，有多种模式可循，统计学模型是传统的有效方法之一。与生态环境评价等综合评价一样，进行高寒生态系统脆弱性评价，首先需要确定采用的评价方法和流程，其中包括确定评价指标的原则和评价指标体系，进行数据标准化。

生态系统脆弱性评价首先从区域生态问题出发，找出导致这些生态问题出现的根本原因及影响因素，筛选生态脆弱性的影响因子。根据影响因子确定评价指标体系，并依据指标筛选原则对构建的指标进行筛选，保留关键的和主要的指标，并使筛选后的指标能充分体现区域主导环境因子（图 4-1）。

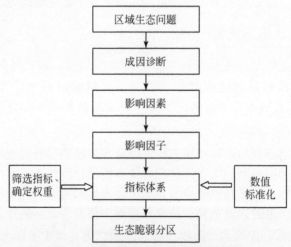

图 4-1　青藏高原生态脆弱性评价流程

脆弱度评价采用权重赋值法，即根据脆弱评价因子对生态系统脆弱性的贡献，确定权重，并计算脆弱度。用 x_i 和 c_i 分别代表评价因子和权重，其脆弱度评价公式表述如下：

$$y = \sum_{i=1}^{n} c_i x_i \tag{4-1}$$

4.2.2　评价指标筛选原则

影响高寒生态系统脆弱性的因子很多，要在众多的指标中筛选出那些灵敏度高的、便于度量且内涵丰富的指标，必须遵循以下原则。

1. 主导因素原则

生态系统受地貌、土壤、植被、气候及人为活动等多种因素的制约。在众多的因子中，各种因子的作用过程及作用方式是不同的，必然存在主要因素和次要因素，主要因素决定区域脆弱环境发展的大趋势，因此生态脆弱性评价中必须坚持主导因素原则。

描述脆弱性状况的指标有很多，指标之间必然存在着信息的交叉重叠，那么评价因子选择要抓住主要因素，选取内涵丰富、独立性强、代表性好的主导性因子。只有这样才可以抓住脆弱生态环境评价的关键。

2. 系统性原则

脆弱生态系统是一个复杂的开放性生态系统，而生态系统的脆弱性状况更是受多种因素的限制。因此，在确定指标时不能只关注局部的生态环境问题，更应从整体上进行分析，系统科学地反映生态脆弱性的全貌，从而实现科学的生态脆弱性评价。评价指标体系应能全面、准确地反映生态脆弱性评价的内在要求，并能将各个评价指标与系统的总体目标有机地联系起来，组成一个相互联系、相互对应的有机整体，全面反映评价对象的优劣。

各个评价指标应能综合反映被研究对象的某一重要侧面的状况，各指标之间不应有强相关性，不应出现过多的信息包容和涵盖而使指标内涵重叠。因此，要遵循系统性原则选取指标，尽可能全面地反映生态系统的状况，不应只局限于局部的生态问题，更要关注全区的生态问题的共性。

3. 可操作性原则

生态脆弱性评价指标的选择首先应考虑易用性和实践能力，因此选取的指标应简单明确、含义清楚；其次，选取的指标应容易量化，以方便操作；最后，提取指标所需要的数据要易收集，而且所采用的指标要统一，不仅能对一个地区的生态进行评价，而且要适合于不同地域间的对比研究，以及有开展长时间对比研究的可能性。

4.2.3　评价指标体系

生态脆弱性评价指标体系是由相互关联、相互制约、不同层次的指标群构成的一个有机整体，能较全面反映脆弱生态区区内相似、区间相异的基本特征。因此，指标设计可采用层次法，为此我们设计了包括 3 个层次的评价指标体系。第一层次为目标层（A 层）：脆弱生态系统评价。第二层次为因素层（B 层）：包含自然本底中的地形、气候和植被，以及人为干扰共 4 个因素。第三层次为指标层（C 层）：包括地面粗糙度、干燥度等 10 个指标（表 4-1）。

表 4-1 青藏高原生态脆弱性评价指标体系及权重

A 层	B 层			C 层			综合权重
	名称	代码	权重	名称	代码	权重	
生态脆弱性评价	地貌	B1	0.089	坡度	C1	0.750	0.067
				地面粗糙度	C2	0.250	0.022
	气候	B2	0.423	≥0℃积温	C3	0.297	0.125
				干燥度	C4	0.540	0.228
				平均风速	C5	0.163	0.069
	植被	B3	0.152	植被类型	C6	0.667	0.101
				植被盖度	C7	0.333	0.051
	人类干扰	B4	0.336	人口密度	C8	0.163	0.055
				道路密度	C9	0.297	0.1
				单位面积载畜量	C10	0.540	0.182

1. 地形指标

地形因子主要选取坡度和地面粗糙度。坡度影响水土保持能力，坡度越大，土壤保水能力越差，越易发生水土流失。地面粗糙度是对地球表面动量交换的参数化中一个重要的参数，是地球表面面积与其投影面积之比，表示地表（包括陆面、植被和水面）的粗糙程度。粗糙度的大小与风速和风蚀强度密切相关，粗糙度越大，风速和风蚀强度受到的限制就越大，风速、风蚀强度就会下降。

坡度和粗糙度指标，以 90 m 空间分辨率的 DEM 数据为基础，通过 ArcGIS 的窗口分析法获得。坡度通过 Spatial Analyst 模块中的 Surface Analysis 命令来完成；粗糙度是在坡度的基础上，使用 Raster Calculator 计算完成，计算公式为 1/cos（［SLOPE］×3.141 59/180）。

2. 气候指标

气候是大气物理特征的长期平均状态，具有相对的稳定性。它是生态环境诸多影响因素中最主要的因素，决定了区域物质和能量循环的速度和过程，是土壤形成及其变化、植被群落构成及其演替等的决定力量，因此无论在土壤分类还是在植被分类中都有以气候为主导的分类方案，并得到广泛的认可和应用。反映区域气候特征的指标有很多，如气温、降水量、平均风速、气压、日照时数等。根据对区域生态系统的影响程度，选择≥0℃积温、干燥度和平均风速作为气候脆弱性的评估指标。

0℃是地表植被生长的临界温度，是生长发育的起始温度。0℃以上，植物开始生长，而 0℃以下则植物的生长受到了低温的抑制。干燥度是表征气候干燥程度的一个指标，又称干燥指数。它是潜在蒸发量（ET_0）与降水量的比值，反映了某地、某时段水分的收入和支出状况，与区域植被生长密切相关。干燥度包含蒸发量和降水量两个方面，比仅仅使用降水量或蒸发量反映一地水分的干湿状况更加确切。平均风速是瞬时风速的平均值，风速的大小是风蚀能力的主要决定因素。

上述 3 个指标所需的基础数据来自青藏高原 90 余个国家基本气象站点，通过 Excel 编程计算获得相应指标值。潜在蒸发量利用基于彭曼公式、由 FAO 开发的作物需水模型 CROPWAT 8.0 计算。

3. 植被指标

植被是某一地区内全部植物群落的总称，是生态系统的主体，也是生态系统中最活跃的因素。因此，生态脆弱性在很大程度上是指植被群落结构和功能的脆弱性和不稳定性。选取的反映区域植被状况的指标主要有两个：植被类型和植被盖度。植被类型的主要划分依据是植被的种类组成、数量、结构、生活型及生态特点，数据来自我国 1∶100 万植被类型图，并结合优势种和地形、地貌特征进行了归纳总结。根据不同植被类型对生态系统稳定性的贡献，将植被图按林、灌、草、高山植被、沼泽和栽培植被、荒漠植被分别赋值为 0、0.2、0.4、0.6、0.8、1.0，数值越大，说明抗干扰能力越弱、系统脆弱性越高。

植被盖度指植物群落总体或各个体的地上部分的垂直投影面积与样方面积之比的百分数，它反映植被的茂密程度和植物进行光合作用面积的大小。植被盖度越高，生长越旺盛，系统越稳定；反之，系统比较脆弱，易受外界的影响。我们使用 NDVI 指数来反映植被盖度的差异，数据来自 1 km 分辨率的 MODIS NDVI。首先，在 ArcGIS 中，利用最大值法求取该年的植被指数来反映当年的植被盖度；其次，求取近十年的平均值，以此来反映区域植被盖度平均状况。

4. 人类干扰指标

人类活动是当前地球表层系统变化中一个不能忽视的重要驱动力，其对脆弱生态系统的干扰在短时间、局部区域更是显而易见。部分地区人类活动较强，成为该区域脆弱环境变化的主导因素。多项研究表明，由于人类不当的土地利用方式，青藏高原部分地区草场稀疏、矮化、毒杂草化，鼠害猖獗、水土流失加重，草地生态系统退化严重。随着人口的增加和社会经济的发展，人类对增加食物和经济收入的需求越来越强烈，来自人类社会的干扰力将会越来越强。

反映人为干扰强度的因素包括人口压力、经济活动强度和畜牧压力等，我们分别用人口密度、道路密度、单位土地面积载畜量来表示。人口密度是利用总人口通过空间插值计算。道路的多少与经济活动的强度密切相关，我们用道路密度的大小来反映人类经济活动强弱。道路密度大，说明经济活动强，人为干扰强烈；道路稀疏，则说明该区域人迹罕至，人类活动对脆弱环境的干扰少、强度小。

单位面积载畜量过高是高原部分草地退化的主要原因之一，单位面积载畜量越大对当地草地资源的压力越大。青藏高原地区的主要牧畜包括牦牛、马、羊等，我们按照 1 头大牲畜折 5 只羊单位，将载畜量换算成"羊单位"，方便不同区域的对比分析。

4.2.4 数据标准化及指标权重确定

1. 数据标准化

参评因子量纲及其物理意义不尽相同，必须采用统一的方法对数据进行归一化处理。评价指标体系中有两种数据类型：一种是不连续的数据，如侵蚀强度（微度、轻度、中度等）；另一种是连续的数据，如植被盖度（0,1）。对于不连续的数据按照等差方法直接赋值至0~1。对于连续的数据采用极值法对数据进行归一化处理，将不同量纲、不同取值范围的所有指标统一到（0,1）之间。

对于符合脆弱性总体评价目标的"正向"指标，直接采用归一化之后的数值；对于"反向"指标，如植被盖度，则利用1减去归一化之后的数值，获得符合总体评价目标的因子得分。极值法公式如下：

$$x'_i = \frac{x_i - x_{\min}}{x_{\max} - x_{\min}} \tag{4-2}$$

$$x'_i = 1 - \frac{x_i - x_{\min}}{x_{\max} - x_{\min}} \tag{4-3}$$

式中，x_i、x'_i、$x_{\max}$、$x_{\min}$ 分别为原始数值、标准化以后的数值、该数据系列的最大值和最小值。标准化之后的诸因子空间分布状况如图4-2（见彩图）所示。

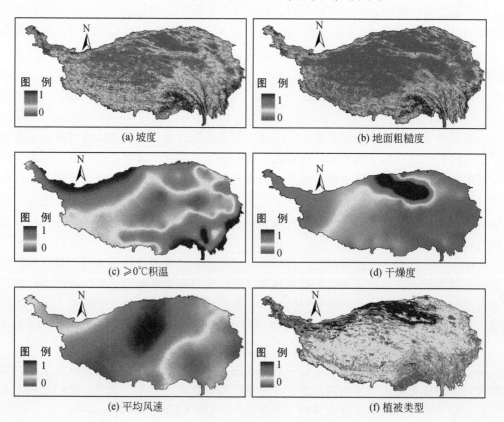

(a) 坡度　　(b) 地面粗糙度
(c) ≥0℃积温　　(d) 干燥度
(e) 平均风速　　(f) 植被类型

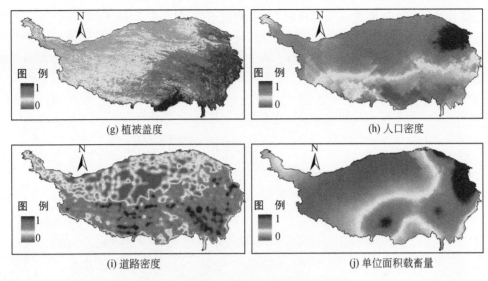

图 4-2　标准化之后的评价指标空间分布

2. 指标权重

确定因子的权重对研究结果至关重要，必须慎重选择。常用的方法有特尔斐方法、层次分析法、专家问卷调查法等，各方法都有其优缺点。综合考虑上述方法的适用性，我们采用层次分析法确定因子的权重。层次分析法是源自运筹学的一种多层次权重分析决策方法，现已被广泛地应用于自然、社会经济系统的决策分析中。

层次分析法的基本原理和步骤是：首先，把研究的问题看做一个大系统，将总体目标按照系统的内部结构分解成不同层次，构筑一个多层次的分析结构模型；其次，请专家对每一层次的各因素进行客观的判断，并根据各因素的相对重要性给出定量的判定结果；再次，建立数学模型，计算出每一层次全部因素的相对重要性，并进行层次单排序和总排序及一致性检验；最后，根据排序结果进行规划决策和选择解决问题的措施。

我们利用层次分析法构筑了系统结构层次，建立因子之间的相对重要性关系矩阵，经计算获得参评指标的综合权重（表 4-1）。其中，B 层因素的一致性指标 CI、平均随机一致性指标 RI 和随机一致性比率 CR 分别为 0.003、0.424、0.007，最大特征值为 4.011，通过一致性检验；C 层的评价指标也通过了一致性检验。

4.3　生态脆弱性的空间分布

4.3.1　脆弱度空间差异

采用 ArcGIS 的空间计算工具，将评价因子与其权重相乘累加之后得到青藏高原生态系统脆弱性分布图（图 4-3，见彩图）。从图中可以看出，全区脆弱度最低值为 0.13、最高值为 0.62、平均值 0.37。在空间分布上，脆弱度较高的区域主要分布在：①柴达木盆地；②藏北高原南部、阿里高原往东的32°N附近的带状区域（78°~92°E）。在这两个区域，脆弱度多在 0.45 以上。脆弱度较低的区域主要分布在青藏高原的边缘地带，并以西北部（昆仑山北坡、塔里木盆地南缘）、东北部（青海南山和祁连山之间）、东南部的广大区域为主。

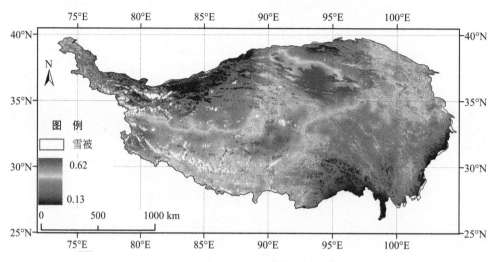

图 4-3　青藏高原生态系统脆弱度的空间分布图

4.3.2　脆弱度分级

为更好地表述高寒生态系统脆弱性的空间分布，我们在 ArcGIS 中利用自然间断点分级法，将全区所有的栅格按照脆弱度的大小分成 5 个等级。考虑到青藏高原是我国最大的生态脆弱区（国家环境保护部，2008），我们将 5 个等级的脆弱强度分别命名为微度脆弱、轻度脆弱、中度脆弱、重度脆弱、极度脆弱（图 4-4，见彩图）。

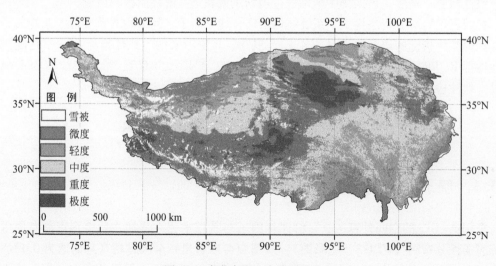

图 4-4　青藏高原生态脆弱性分区

从面积及其所占的比例来看（表 4-2），中度脆弱面积最大，为 78.32 万 km²，占区域总面积的 31.81%；其次为重度和轻度脆弱类型，分别占区域总面积的 28.42% 和 20.06%；再次为微度脆弱类型，面积为 24.90 万 km²，占区域总面积的 9.65%；极度脆弱类型的面积最小，为 19.29 万 km²，仅占区域总面积的 7.48%。中、重度以上的生态系统面积广大，总面积达 170.91 万 km²，占区域总面积的 66.26%；即使不包括中度脆弱类型的面积，重度和极度脆弱的面积也已经达到 92.59 万 km²，占 35.90%；而微、轻度脆弱类型的面积为 76.64 万 km²，占区域总面积的 29.71%，是重度和极度脆弱类型面积之和的 82.76%。由此可见，青藏高原整体脆弱度较高，且中、重度以上脆弱区的面积较大。

表 4-2　脆弱等级面积统计

脆弱等级	脆弱度范围	比例/%	面积/万 km²
微度	0.13~0.29	9.65	24.90
轻度	0.29~0.35	20.06	51.74
中度	0.35~0.39	30.37	78.32
重度	0.39~0.43	28.42	73.30
极度	0.43~0.62	7.48	19.29

注：海拔 5500m 以上的积雪、冰川覆被区不参与统计

1. 微度、轻度脆弱类型区

从空间分布上，微度、轻度脆弱区有 4 个：一是雅鲁藏布江大拐弯处；二是青藏高原东南缘海拔在 3000 m 以下的三角形区域；三是祁连山南坡的西北段；四是昆仑山北坡、塔里木盆地南缘的山麓和山坡地带。

在雅鲁藏布江大拐弯，纬度较低，≥0℃ 积温通常在 4000℃ 左右；河谷向南开口，来自印度洋的暖湿空气可顺河谷从海拔低的地区向上游输送，这里的降水量可达 600 mm 以上；植被以森林为主，覆盖度高，植被指数为 0.7~0.9，该区域的微度和轻度脆弱区共同形成 "三角形" 深入青藏高原。

在青藏高原的东南部，尽管该区域坡度较大、易发生水土流失等环境问题；但是受季风的影响，来自太平洋的湿热空气也可以顺横断山区的河谷向上输送，使该区域的 ≥0℃ 积温通常在 3000℃ 以上、降水量为 300~600 mm；同时受高差的影响形成河谷低地以森林植被为主、高海拔处以草地为主的垂直地带性特征。

祁连山南坡的西北段脆弱度也比较低，这里降水量为 350~700 mm，干燥度为 3~5，≥0℃ 积温在 3000℃ 左右，植被以林草为主。在昆仑山的北坡、塔里木盆地南缘 ≥0℃ 积温在 4000℃ 左右；NDVI 差异较大，既有植被指数为 0 的无植被区，也有植被指数 0.6 以上的林地，与区域荒漠绿洲的自然景观相一致。

2. 中度脆弱区

中度脆弱区面积较大，接近全区面积的 32%。按照空间位置，大体分布在两个区域：藏北高原的中北部和青藏高原中东部的河源区。在广大的藏北高原中北部地区，道路稀疏、人烟稀少，人类活动影响小；但由于海拔较高，≥0℃ 积温在 2000℃ 左右；植被以荒漠为主，植被指数多为 0.1~0.2，形成相对集中的中度脆弱区。

在青藏高原的中东部地区，高山与深谷相间分布，尽管脆弱度比较相近，但自然环境和社会经济条件差异较大，干燥度为 1~3，≥0℃积温为 1000~4000℃，道路密度为 5~10km/km²；单位面积载畜量为 50~100 个羊单位；植被从林地到灌丛、再到草地均有分布，植被指数为 0.4~0.8；另外，该区域的气温和降水年际变化也较大。

3. 重度、极度脆弱区

重度和极度脆弱区集中分布的趋势非常明显，主要集中在两个区域：柴达木盆地和阿里高原往东的 32°N 附近的带状区域（78°~92°E）。柴达木盆地降水稀少、多在几十毫米到一百余毫米之间，至多不超过 200 mm；≥0℃积温为 1500~2500℃，干燥度为 20~40。大部分地区植被稀疏，为荒漠草原景观，植被指数为 0~0.3，风力较强，植被破坏后，很容易发生沙化。

阿里高原往东的带状区域属于青藏高原的腹地，降水稀少、气候干旱，年降水量多为 100~300 mm；加之海拔较高，气温常年比较低，形成以荒漠、草甸为主的自然景观，植被指数多为 0.1~0.4，植被盖度较低。

该区域由于极端的气候，不适于作物生长和人类居住，因此该区域的人口密度和道路密度都非常低；因为人类活动的影响微弱，该区域的大部分地区依然保持着原始状态。但由于该区域的生态系统结构简单，极易受到人类活动和气候变化的影响。

4.4　小　　结

青藏高原高寒脆弱生态系统的形成是由所处的纬度、巨大的海拔、独特的地形地貌，以及相关的大气环流和气象气候条件决定的。人类活动的扰动改变了生态系统的稳定状态，加剧了高原局部和短期的变化。

在分析生态脆弱因子的基础上，本部分内容依据主导因素原则、系统性原则和可操作性原则，设计了包含地貌、气候、植被、人类干扰在内的 4 个脆弱因子、10 个评价指标，并采用层次分析法确定了因子权重，评价了青藏高原的生态脆弱度。全区脆弱度平均值 0.37，脆弱度较高的区域主要分布在柴达木盆地、藏北高原南部和阿里高原往东的 32°N 附近的带状区域。从面积上来看，青藏高原整体上脆弱度较高，且中、重度以上脆弱区的面积大。

从空间分布上，微度、轻度脆弱区主要分布在雅鲁藏布江大拐弯处、藏东南海拔 3000 m 以下的山地、祁连山南坡的西北段和昆仑山北坡、塔里木盆地南缘地带。中度脆弱区面积最大，占全区的 31% 以上，主要分布在藏北高原的中北部和青藏高原中东部大江大河的河源区。重度和极度脆弱区集中分布的趋势明显，主要分布在柴达木盆地和阿里高原往东、32°N 附近的带状区域（78°~92°E）。

全球气候变暖影响生态系统的抗干扰能力，对脆弱生态系统的影响会更加明显。但由于青藏高原面积广大、区域气候变化差异显著，因此全球变暖究竟在多大程度上影响了生态系统脆弱性还存在太多的不确定性。例如，气温升高既有可能提高区域蒸发量，不利于植被的生长；又可以延长植被生长周期，并有可能提高降水量和河流冰川补给，从而地表植被的生产力相应提高。因此，生态脆弱性评价没有将气候变化纳入评价指标中。

第5章　青藏高原土地退化现状、成因与整治重点

本章首先讨论总结了青藏高原地区所面临的主要土地退化问题，然后分析了导致土地退化的主要影响因素，在此基础上提出了青藏高原区生态防治应关注的重点问题。

5.1　土地退化现状

青藏高原气候干寒，自然条件恶劣，生态条件非常脆弱。由于自然和人类活动影响，青藏高原土地退化严重，生态问题突出，主要表现为草地退化和沙化、湿地萎缩和生物多样性损失等。

5.1.1　草地退化严重

青藏高原分布着世界上最大的高山草地生态系统，也是我国仅次于内蒙古高原的重要牧区，宜牧草地约占全国草地总面积的40%。由于长期受超载过牧、鼠虫危害、人为破坏等因素的影响，青藏地区草地退化相当严重（图5-1），畜草矛盾尖锐。主要表现为以下几方面。

1. 草地退化面积大

根据文献资料，青藏高原退化草地总面积约5000万hm²，相当于可利用草地的1/3。其中高寒草甸退化草地1620万hm²，占全区退化草地的32.4%，多呈现"黑土滩"型退化草地景观（兰玉蓉，2004）。

根据2000年和2001年的实地抽样调查数据，西藏有天然草地8111.9万hm²，其中退化面积占天然草地面积的43.2%，占可利用草地面积的50%以上（杨汝荣，2003）。青海草地退化也相当严重，2003年全省中度以上退化草地833万hm²，占草地面积的23%（贺有龙等，2008）。

在三江源区，其草地已呈现全面退化的趋势，中度以上退化草场面积占可利用草场面积的58%（赵新全和周华坤，2005），其中"黑土滩"面积已达490.9万hm²，占三江源区草地面积的22.9%（逯庆章和王鸿运，2007）。在甘肃甘南藏族自治州的碌曲、玛曲、夏河、合作市，大草地出现退化，沙化、退化、鼠虫害危害的"三化"草地面积达152.5万hm²，占草地可利用面积的80%（穆锋海和武高林，2005）。

在川西若尔盖县，草地已出现普遍退化，"三化"草地，其面积已占可利用草地的97.1%，其中退化草地占可利用草场面积的44.2%、沙化草地占7.2%。另外，鼠虫危害

图 5-1 草地退化导致水土流失、杂草丛生（2009 年摄于三江源地区）

面积 $3 \times 10^5 \mathrm{hm}^2$，占可利用面积的 46.0%（李开章，2008）。

2. 退化速度快

过去半个多世纪，随着人口和放牧强度的增加，青藏高原草地退化呈现快速发展的态势，如"黑土滩"退化草地的比重，由 20 世纪 80 年代的 12.7% 增加到 90 年代的 16.5%（贺有龙等，2008）。在 70 年代初，青海省中度以上退化草地面积 270 万 hm^2，1998 年发展到 733 万 hm^2，到 2003 年进一步增加到 833 万 hm^2，较 70 年代初增加了 2.1 倍，导致可利用草地面积不断减少：80 年代比 70 年代减少了 753.3 万 hm^2，90 年代比 80 年代又减少了 705.6 万 hm^2（贺有龙等，2008）。

在青海湖盆地及周边地区，草地退化严重。优质牧草比重由 20 世纪 60 年代末的 80% 下降到 1999 年的 60% 左右，草层高度降低，毒杂草比重上升；至 2000 年，退化草地面积达到 65.67 万 hm^2，以每年 3% 的速度递增（伏洋等，2007）。

江河源区草地退化速度惊人。根据 20 世纪 70 年代、80 年代和 90 年代三期卫星的解译结果，江河源区高寒草甸植被由 20 世纪 70~80 年代的年均退化 3.9%，上升到 90 年代的 7.6%，相应地，植被退化速度由 2.3% 上升到 4.6%（尚占环等，2009）。

甘德县 1972 年有退化草场 2.9 万 hm^2，1994 年增加到 33.5 万 hm^2；曲玛莱县 1977 年退化草场面积 39.7 万 hm^2，1988 年达到 129.3 万 hm^2，增加了 2 倍多；玛多县 20 世纪 80 年代末与 1997 年两次草地调查统计结果对比，90 年代中度和重度退化草场分别增加 50.6 万 hm^2 和 62.4 万 hm^2；达日县 1985 年"黑土滩"型退化草地为 16.8 万 hm^2，1994 年猛增到 57.5 万 hm^2，年增 4.5 万 hm^2（14.7%）；四川省石渠县 1982 年"黑土滩"型退化草地 20 万 hm^2，1992 年增加到 151 万 hm^2，年增 22.4%（兰玉蓉，2004）。

3. 鼠害严重

鼠类的密度与栖息地环境、植物群落的高度与密度有关，草地的退化使植被高度和盖度降低，杂草增多，为鼠害的繁衍提供了有利条件。据统计资料，青藏高原高寒草甸鼠害发生面积约为 7700.4 万 hm^2，害鼠每年消耗的牧草约 13 168 万 t，相当于 9019 万只羊 1 年的食草量（兰玉蓉，2004）。在青海省，1990~2004 年草原鼠虫害累积发生面积为 8186.25 万 hm^2，占可利用草原面积的 17.27%；每年成灾面积 350.50 万 hm^2，占发生面积的 64.22% (才旦，2006)。因害鼠分布的广泛性和终年不断的挖掘活动，对草地生态环境、草地生产力及草地畜牧业的发展造成的破坏，已远远超过雪灾、旱灾的危害 (兰玉蓉，2004)。

4. 草地产量低，质量和产量下降

受气候条件的制约，青藏地区大部分草地生产力低下。资料显示，西藏全区 45% 的草地，其鲜草产量低于 375 kg/hm^2，近一半的草地单产为 375～1875 kg/hm^2，单产高于 1875 kg/hm^2 的草地仅占全区草地总面积的 6%；那曲东部的巴青、比如、索县、嘉黎等县的生态环境较好，草地生产能力较高，尤其在少数河谷和水分条件较好的地区鲜草产量达 3000～7500 kg/hm^2，但这样的草地面积很小，仅占那曲地区草地总面积的 4% 左右 (杨汝荣，2003)。

由于草地退化，植被盖度和优良牧草下降，植被结构简化、毒杂草滋生蔓延。如高山草甸退化后，原来作为建群种或优势种的蒿草属 (Kobresia) 植物，已经被棘豆属 (Oxytropis)、橐吾 (Ligularis)、铁棒槌 (Aconitum pendulum Busch) 等毒杂草不同程度地取代，草地植被盖度平均只有 46%，优良牧草比例仅为 25%，而杂毒草比例高达 75%，产草量只及未退化草地的 15%，草地生产力极低，不少地方甚至成为不毛之地 (兰玉蓉，2004)。

与 20 世纪 50 年代相比，1997 年三江源区草地单位面积产草量下降了 30%～50%，优质牧草比例下降了 20%～30%，有毒有害类杂草增加了 70%～80%；草地植被盖度减少了 15%～25%，优势牧草高度下降了 30%～80% (赵新全和周华坤，2005)。在玛曲县，由于草场沙化，草场可食牧草平均产量从 1981 年的 5860 kg/hm^2，下降到 1998 年的 4200 kg/hm^2，下降了 28.3%；亚高山草甸草场植物种类从 40～50 种/m^2 减少到 32～38 种/m^2，草原平均高度比 17 年前下降了 15 cm 左右 (王红梅，2005)。在甘南洲，其牧草产量由 80 年代的 6100 kg/hm^2 下降到 2000 年的 4500 kg/hm^2，减产幅度近 26.2%，优良牧草比例由 70% 下降到 2000 年的 45%、植被盖度由 95% 降到 2000 年的 75% (穆锋海和武高林，2005)。

5.1.2 土地沙化严重

青藏高原气候干旱多风，是我国土地沙漠化较严重的地区之一。据有关文献资料，青海有沙漠化土地包括流动沙丘、半固定沙丘、固定沙丘、风蚀地和盐漠等，共计 1252.4 万 hm^2，占全省土地总面积的 14.1%，主要分布在柴达木盆地、长江黄河源区、青海湖环湖地区和共和盆地。受自然和人为因素的影响，青海土地沙漠化土地扩张明显 (图 5-2)，1959～1996 年，土地沙漠化年均扩展 1.6% (吴豪等，2001)。

据第三次全国沙化监测，西藏现有沙化土地 2170 万 hm^2，占土地总面积的 18%，居全国第三位，广泛分布于全区 7 个地市中的 68 个县市。其中藏南日喀则地区、藏北那曲地区和藏西北的阿里地区是土地沙漠化集中分布区，尤其日喀则地区的日喀则市、南木林县、谢通门县、拉孜县，那曲地区的那曲县和安多县，阿里地区的噶尔县和革吉县分布面

积较大（刘毅华和董玉祥，2003）。据西藏自治区林业局的资料，西藏沙化土地每年增加 3.96 万 hm^2。

黄河源区有沙漠化土地 12.67 万 hm^2，其中流动沙丘面积 10.07 万 hm^2、半固定沙丘 2.59 万 hm^2，主要分布于玛多县和玛沁县境内的黄河两侧阶地（伏洋等，2007；尚占环等，2009）。20 世纪 70 年代以来，江河源区荒漠化面积年递增 63.4~472.2 万 hm^2，并呈加速发展的趋势。以流动和半流动沙丘为代表的严重荒漠化景观，增加幅度分别由 20 世纪 70 年代的 17.2% 上升为 80 年代的 347.2%（尚占环等，2009）。

图 5-2 草地退化、沙化，形成沙丘（2009 年摄于三江源地区）

据 1956 年和 1972 年航测图片，环青海湖地区沙漠化土地面积分别为 452.9 km^2 和 498.4 km^2，到 1986 年，卫星图解译结果显示，沙漠化土地面积为 756.6 km^2，比 1956 年扩大了 303.7 km^2，比 1972 年扩大了 258.2 km^2；1999 年环湖区沙漠化土地面积 1695.1 km^2，比 1956 年增加 1242.2 km^2，比 1986 年增加 938.5 km^2。1956~1999 年 43 年间，土地沙漠化面积平均年增长 28.9 km^2，并呈加速的态势，1956~1972 年年均增长 2.8 km^2，1972~1986 年提高到 18.4km^2，而 1986~1999 年则迅速增加到 72.2km^2。刚察县 1980 年以前几乎没有沙漠化土地，1980 年以后沙漠化土地面积强烈发展，到 1999 年沙漠化土地已扩展为 211.1 km^2（武健伟等，2003）。

在玛曲县，20 世纪 40~50 年代，全县草场无沙化，60~70 年代草场开始出现零星沙化，1980~1985 年，沙化面积为 1440 hm^2，1986~1989 年发展到 17 187 hm^2，1990~1998 年进一步增加到 47 787 hm^2，19 年间，年增土地沙化面积 21.8%（王红梅，2005）。

5.1.3 水域和湿地萎缩，生物多样性下降

湿地特别是天然湿地具有蓄水调洪、调节气候、保持水土、净化水质、保护生物多样性等多种生态功能。青藏高原区原拥有较大面积的天然湿地，然而由于人为破坏，天然湿地退化萎缩严重，主要体现在下述几个方面。

1. 湖泊水域面积减少

由于全球变暖和人类活动的影响，青藏高原的湖泊水面出现了大幅萎缩的现象。如青海湖，自 1918 年以来的 80 余年中，其水位下降了约 13 m，湖面面积缩减了 700 多平方千

米；湖水最深处已由 20 世纪初的 37.5 m 变为现在的 25 m（窦贤，2004）。在玛多县的 4077 个湖泊中，有大约 3000 个湖泊已经干枯；星星海萎缩严重，湖岸退缩 30~40 m 之多，已脱离与黄河的连接，成为内陆湖；1986~2000 年黄河源区河流水域面积减少 9%，沼泽湿地减少 13.4%，区域地下水位普遍下降 7~8 m，局部地区甚至超过 10 m（章轲，2009）。

面积 600 km² 的赤布张湖已分割成 4 个串珠状湖泊，面积 450 km² 的乌兰乌拉湖已分离成 5 个小湖泊，黄河源区的两个最大湖泊扎陵湖和鄂陵湖均出现了湖面明显退缩的痕迹，湖泊水位在缓慢下降（吴豪等，2001）。

2. 沼泽、草甸等湿地面积萎缩

作为中华水塔的三江源区，湿地出现明显萎缩。长江源区许多山前坡地上的沼泽湿地退缩，部分地段出现了沼泽泥炭地干燥裸露的现象，黄河源区沼泽面积从 20 世纪 80 年代初的 3895.2 万 km² 减少到 90 年代末的 3247.5 万 km²，净减 647.7 万 km²，年均递减 58.9 万 km²（吴豪等，2001）。80 年代初，玛曲县的湿地面积为 12.0 万 hm²，目前已经减少到 9.33 万 hm²；由于湿地萎缩和水量减少，玛曲县境内黄河河段的 27% 已经沙化，具有重要水源涵养作用的灌丛草甸逐渐退缩，致使许多小河干涸，对黄河水源的涵蓄和径流的调节作用减弱。据玛曲县水文站资料，黄河干流玛曲段，1960~1980 年年均流量 445 m³/s，而 1991~1997 年则下降为 371 m³/s，使玛曲草原黄河"蓄水池"的水源涵养功能和对黄河水量的补充作用正逐步被削弱（王红梅，2005）。

若尔盖沼泽从 20 世纪 50 年代开始就用开沟排水方式开垦沼泽，改良草地和建设牧地，使沼泽地面积萎缩，组成若尔盖湿地的乔科沼泽大面积干涸，尼玛、曼尔玛、阿万仓、欧拉等乡境内的零星沼泽地也已完全干涸，干涸面积达 3.5 万 hm²，部分沼泽出现草甸化甚至荒漠化现象。

拉萨拉鲁湿地早期作为专用牧场，牲畜少，水草茂盛，高度达到 2 m，鸟类繁多，面积达数十平方公里。由于多次在湿地挖泥炭和造农田，20 世纪 60 年代湿地面积已退缩到不足 10 km²。近年来，随着城市建设的加快，致使湿地面积进一步减小，目前只留存 6.2 km²（格桑顿珠，2008）。

3. 生物多样性下降

由于植被退化使植被盖度降低、草地物种减少、生物多样性下降。在甘南藏族自治州，未退化亚高山草甸植被盖度为 80%~95%，生物多样性为 29.1 种/m²，草地产草量 4050 kg/hm²，而目前草地的生物多样性为 22 种/m²，草地产草量约 2350 kg/hm²，下降了 42%；重度退化的草地，其植被盖度已低于 45%，多样性仅为 8.7 种/m²，草地产草量约 1010 kg/hm²，草地产草量下降近 75%（张培栋和介小兵，2007）。

4. 野生动植物生存环境恶化，部分珍稀动植物濒临灭绝

由于植被破坏，青藏高原区野生动植物的生存环境已受到严重干扰，部分珍稀动植物数量减少甚至灭绝。例如，分布在西藏、青海和甘肃的野牦牛、黄羊、藏羚羊和野驴等动

物，因为生境破坏和滥捕滥猎，种群数量已急剧减少。在玛曲县，由于湿地萎缩和物种分布区缩小，很多高原珍稀野生动物的栖息环境恶化，导致野生动物种群大量消失，许多国家保护动物濒临灭绝，如20世纪70年代还成群在草地上觅食的黄羊、马鹿如今已不复存在（王红梅，2005）。

曾广泛分布于青海东部、东南、西南各地的棕熊和雪豹等，近年来由于偷杀，分布区域面积逐渐缩小、数量急剧下降，东部已看不到其踪迹；柴达木盆地湖泊周围分布的棕熊现已迁徙；在青海分布较为广泛的野骆驼、野牦牛、狍等，现分布范围也急剧缩小至西南一带的高寒地带，野牦牛目前仅在柴达木盆地南部和北部有少量分布；分布于青海东部各林区的红腹锦鸡，已多年未见。鱼类也在不断灭绝，如1965年以前西宁、乐都等湟水流域可以捕捞到雅罗鱼、厚唇裸重唇鱼、黄河裸裂尻鱼，拟鲇高原鳅等，由于水域环境污染，目前已很难看到；青海湖附近的倒淌河中，曾有过花鳅的采集记录，现已消失无踪迹。青海湖西岸的布哈河一带，早期记载有松、青海杨等乔木，现青海杨已不存在，油松东退到大通河、黄河下游一带；柴达木盆地东部被荒漠包围的岛状的祁连圆柏疏林，林线表现为后退趋势，分布带变窄，山脚下的荒漠带在上移（赵丰钰和张胜邦，1997）。

5.1.4 自然灾害严重

青藏高原是自然灾害多发区，主要灾害包括大雪、滑坡、泥石流、地震等。据统计，青藏高原有崩塌点418处、滑坡663处、泥石流2178处；30年来，青藏高原荒漠化程度不断加重，重度沙漠化和中度沙漠化土地分别增长了317%和62%；重度盐碱化和中度盐碱化土地也分别增长了34%和6%（章轲，2009）。西南沿大深断裂发育的深、中切河谷地带，如小江、大盈江、金沙江、怒江、澜沧江、安宁河、大渡河、元江中上游，是滑坡、崩塌和泥石流的多发区。

1. 雪灾严重

青藏高原是我国雪灾多发的地区。据分析，中国雪灾存在三个高发中心，其中之一即分布在青藏高原东北部，其他两个分布在内蒙古中部、新疆天山以北（郝璐等，2002）。据周炜对西藏档案资料分析统计，1824～1956年的132年，西藏共发生大雪灾46次，主要集中在那曲地区（共21次）、日喀则地区（11次）、阿里地区（共9次）和山南地区（4次），还有1次发生在拉萨地区；全藏曾遭受过严重雪灾的县和地区共22个，约占全区71个县的30%（周炜，1990）。例如，1995年11月至1996年2月，青南地区连续发生4次持续降雪，仅玉树藏族自治州死亡牲畜就达52万头（只），受灾地区成畜减损率均在40%以上，最高达80%；杂多、称多县有947户牲畜全部死亡，直接经济损失达5亿元以上（董全民等，2007）。

1975～2007年，西藏那曲地区有17年发生不同程度的雪灾，特别是20世纪90年代雪灾发生地更加频繁。例如，1997年9月至1998年5月，那曲地区发生了一次罕见的雪灾天气，数月内就陆续出现50多次明显降雪天气，重灾区平均积雪40 cm，特重灾区积雪达50～100 cm；雪灾最严重的安多、纳木错、聂荣、双湖等县，受灾面积达98%，导致

82.66 万头（只）牲畜死亡、2.6 万人返贫；7200 多人患流感、痢疾等流行性疾病，死亡 39 人；因雪崩、翻车等事故死亡 24 人（次旦巴桑，2008）。

在海西东部和青海湖地区，1961～2004 年发生牲畜死亡超过 3 万头（只）的雪灾 11 次，其中有 7 次雪灾涉及 3 个县以上，造成的牲畜死亡数均超过了 10 万头（只），最严重的 1993 年雪灾面积覆盖 6 县，造成牲畜死亡 31.83 万头（只）（时兴合等，2006）。

2. 地震、泥石流等危害严重

青藏高原是我国强震主要活动区，初步统计，公元 192～2002 年，高原地区共发生 6 级以上地震 376 次之多，其中 7～7.9 级地震 73 次，8 级以上大地震达 12 次（彭建兵等，2004）。2008 年 5 月汶川发生 8 级强震，并引发严重滑坡、泥石流和崩塌等地质灾害，造成近 10 万人死亡和巨大的经济损失；2010 年 4 月发生在玉树县的 7.1 级地震导致近 3000 人死亡和失踪。

青藏高原周缘区是我国崩塌、滑坡和泥石流最为严重的地区之一，特别是其西南、西北的高山峡谷区尤其严重。例如，1983 年 3 月，甘肃省东乡县洒勒山发生特大型滑坡，造成 237 人死亡。川藏公路崩塌、滑坡等地质灾害频繁，经常导致公路中断。例如，2000 年西藏易贡藏布支沟发生特大崩塌、滑坡和泥石流，导致易贡湖溃决引发大规模洪水，毁坏公路近 30 km（彭建兵等，2004）。2010 年 8 月 7 日，舟曲发生特大泥石流，导致县城 2/3 区域被淹，主街道泥石流堆积达 2 m，多幢大楼损毁、电力供应中断。舟曲泥石流使一个 300 余户群众的村庄被掩埋，省道 313 线和 210 线多处路段交通阻断，共造成 1 463 人遇难、302 人失踪。

5.2 土地退化的原因

青藏高寒草地的退化是自然和人为因素综合作用的结果，其中人为因素特别是超载放牧是导致草地退化的主要原因。

5.2.1 自然条件差，生态脆弱

青藏大部分地区海拔都在 3500 m 以上，气候寒冷、草地生长季短，一般只有 95～155 天。许多地区几乎终年有霜，牧区平均霜期长达 10 个月，即使在牧草生长旺盛的 6～9 月，也常受降雪和降雹的危害。降水季节和年际变化大，特别是在干旱、半干旱区不仅降水少，而且季节和年际变化剧烈，局部极端干旱地区有时连续一年甚至几年没有降水，使结构简单的草原处于一种易变的不稳定状态。此外，大风频繁，大部分地区大风天气占全年的 60% 以上，尤其是长达半年的冬春季，风沙天气甚至超过 80%。土壤成土年龄短，土层浅薄、土壤粗化、石砾化严重，土壤固结力和保水能力差，抗蚀力弱，易侵蚀、易退化。土壤质量差和干旱、大风和多变的气候，使植被生长缓慢，草原生态系统脆弱，一旦破坏，很难恢复（邵伟和蔡晓布，2008）。

随着全球变暖，青藏高原呈现了明显的气候干暖化趋势，气温普遍上升，增温率高达

（0.1～0.3）℃/10a，而降水量大部分地区呈减少趋势，减小率为（10～40）mm/10a，尤其是夏季降水减少显著；随着气温升高和降水减少，使高原蒸发量增大和地表径流减少，土壤变干、抗蚀能力减弱，进而影响了植被生长，引起植被退化和土地风蚀沙化（董玉祥，2001）。

5.2.2 草地资源的过度利用

由于青藏地区草地使用权长期未落实，加上人口和牲畜的过快增长，草地压力不断增大，草地资源特别是近居民点附近的冷季草场过牧现象突出；因管理不到位和利益驱动，一些地区存在严重的草地耕垦和采挖中草药的现象。这些不合理的土地利用活动，是诱发和加剧草场退化的最重要的因素。

1. 超载放牧

由于牲畜数量的快速发展，以及长期实施的"牲畜私有、草场公有"的管理方式，对草场只用不建，无人管护，导致滥牧、抢牧和超载放牧（魏兴琥等，2003），使青藏高原草地普遍存在超载现象。例如，西藏1960年平均每头（只）牲畜占有草地4 hm²，到2000年，下降到2.9 hm²，草地超载36.2%（邵伟和蔡晓布，2008）；在西藏那曲地区，20世纪80年代末期，草地已超载63.3%（李才等，2003）；在江河源区，其暖季草场、冷季草场超载率分别达到66.98%和100%，全年草场的超载率也在94%（董全民等，2007）；在甘南藏族自治州，当地高寒草地处于全面超载状况，年均超载率为47%（穆锋海和武高林，2005）；1996年海南藏族自治州草地超载120.9万羊单位，超载率为32.6%，其中贵南县超载最为严重，超载率达70.9%（拉元林，2004）。

牲畜超强度利用草地，使高禾草数量减少并趋向矮化，根茎类植物大量繁殖，不仅为鼠类创造了适宜的栖息空间，而且为鼠类的繁衍提供了丰富的食源。高原鼢鼠的大量繁衍，不仅啃食牧草，而且其反复的挖掘活动，使草地洞道密集，生草层破坏，导致牧草大量死亡，草地退化（拉元林，2004）。

2. 草地耕垦

尽管青藏高原地区总体耕垦比重不大，但部分地区仍存在草地过度耕垦现象。例如，1956～1959年，青海省有66.7万 hm² 的草地被开垦为农田，但由于缺乏水源，大多数被快速撂荒。目前这些土地并未恢复，其啮齿类动物的数量远远高于未耕垦过的草地（贺有龙等，2008）。

在环青海湖区域，青海省海北州20世纪50年代末，在青海湖周围开荒种地近7.33万 hm²；自90年代中期以后，环湖流域又出现了大规模的草地耕垦，其中有20个国有农牧场开垦草原2万 hm²，当地群众开垦0.33万 hm²，而到2000年留存耕地只有5.33多万公顷，其余超过4万 hm² 均已退化撂荒（窦贤，2004）。草地耕垦，特别是不宜种植的干旱草原的耕垦，破坏了草地植被、疏松了生草土层、裸露松散的砂质土地，在大风的作用下，极易风蚀沙化。

3. 灌木樵采和中草药挖掘

由于煤、石油、天然气等常规能源匮乏，青藏高原特别是农牧地区还主要依靠薪柴、草皮、畜粪、秸秆等传统生物质能源。据统计，在雅鲁藏布江中游地区，上述生物物质能源的年消耗占农村生活能源总耗费量的 97%，其中，薪柴占 33%，年消耗约 51.6 万 t，每年使 6670 hm² 的灌丛草原破坏、消失。1989 年，拉萨市的天然林面积较 30 年前减少了 1/3（蔡晓布和钱成，1996）。

青海 1949~1985 年，发生森林火灾 400 次，毁林面积 2.19 万 hm²；1949~1980 年，乱砍滥伐森林面积 5.7 万 hm²；1981~1982 年，全省共发生盗伐林木案件 10 398 起；1984 年上半年，全省发生毁林案件 1247 起；1954~1960 年海西蒙古族藏族自治州开垦荒漠灌木 7.49 万 hm²，1964 年后大量弃耕（赵丰钰和张胜邦，1997）。

青藏高原生长有虫草等名贵药用植物资源，挖掘药材对草原也产生了很大的破坏。例如，在海南藏族自治州，乱挖药材和固沙植物的行为屡禁不止，大部分地区固沙植物已砍挖殆尽，致使在药材生长地出现不同程度的风蚀、退化和沙化，固定沙丘重新启动，加速了土地退化（拉元林，2004）。

5.2.3　鼠类危害

整个青藏高原高寒草地面临鼠害威胁，不仅与牲畜争草，其挖掘活动也对草地植被造成严重破坏。草地退化后，植被覆盖度下降和毒杂草滋生，加上人类捕杀野生动物等活动，使植物—鼠—狐—狼和植物—鼠—鹰等食物链中，本来为数不多的次级和高级消费者的数量及活动范围大大减少，造成生态失衡，给鼠类的迁入、生存和繁衍提供了良好的环境，使鼠类过量繁殖。据估计，目前青藏高原至少有 6 亿只鼠兔，每年消耗的牧草已超过牲畜的耗草量（兰玉蓉，2004）。在鼠害活动区，草地一般有鼠洞 2700 个/hm²（图 5-3），严重地区多达 4500~5700 个/hm²（李才等，2003）。鼠类活动的猖獗直接导致草甸土壤结构的急剧破坏，在冻融、风蚀、水蚀作用下，草皮层崩塌，形成"黑土滩"、"黑土坡"和草地沙化等。

图 5-3　退化草地鼠洞密布、植被稀疏、碎石上翻（2009 年摄于三江源地区）

5.2.4 粗放利用，投入不足

长期以来的游牧传统和草地的自然利用方式，使牧民认为"草地是取之不尽用之不竭的自然资源"、"多养即富"、"惜杀惜卖"，直接导致了载畜量的不断增加（魏兴琥等，2003），形成了基本完全靠天养畜的自然放牧传统。据统计，西藏全区人工草地不足2万hm²，累计网围栏面积308.5万hm²，仅占草地总面积的3.8%，两项合计与天然草地的实际面积和退化面积相比微不足道（杨汝荣，2003）。由于草场使用权长期未落实，形成了"草场无主、放牧无界、使用无偿、建设无责"的掠夺式生产经营方式，忽视对草原的保护，直接导致了草地退化和荒漠化（王红梅，2005）。

受传统观念的影响，牲畜饲养周期过长、出栏率低，也是导致草场压力不断增加的一个重要的原因。例如，2000年西藏全区牲畜平均出栏率为18%，其中绵羊为24%，牦牛出栏率那曲为6.5%、阿里为8.2%、昌都稍高也仅为20.9%（杨汝荣，2003）。在江河源区，适龄母畜比例小，绵羊种群的牧畜比例一般在40%左右，牦牛一般在35%左右；长寿畜比例很大，羊一般要饲养到5岁以上，母羊养到6~7岁；公牦牛养到8岁，母牦牛到8~9岁才肯出栏，严重影响了家畜的繁殖率、出栏率和商品率的提高（董全民等，2007）。

牲畜存栏时间过长，使饲草、料转化率低，产出效益差，同时也加重了冬、春季节草场压力，致使青藏的畜牧业存在着冬瘦、春死的突出问题。对草地的投入虽然受区域经济条件的限制，但关键是认识问题。目前普遍的问题是对发展草地畜牧业与保护草地生态环境的关系认识不足，导致草地畜牧业走了一条重数量、轻质量，低投入、高索取的掠夺式经营方式（杨汝荣，2003）。

5.3 退化土地的生态整治原则与重点

从上节分析看，青藏高原不仅面临较严重的土地退化问题，而且还呈现较明显的发展趋势，因此，要遏制土地和生态退化的发展，除要加强自然环境的保护外，还需要加大投入，对严重退化的土地进行整治和人工恢复重建。

5.3.1 生态整治目标与原则

退化土地的生态整治是一个系统工程，涉及环境、经济和社会发展等诸多方面，是实现区域可持续发展的一个重要举措与途径。因此，生态整治的设计和实施需要明确目标，并遵循一定的原则作为指导。

1. 生态整治目标

鉴于青藏高原土地退化主要是不合理的土地利用活动造成的，因此生态整治应以调整土地利用方式为切入点，以生态保育和退化土地的恢复重建为重点，以改善环境、增加收入，促进土地资源的合理利用，实现环境、资源、人口和社会经济协调发展为目标。生态整治并不是以牺牲社会经济发展为代价，也不是以损害某一方的利益为前提的，而是要在考虑现有的社会经济状况、科技发展水平及资源环境承载力的背景下，寓环境保护于社会经济发展之中，保障社会经济系统的健康和稳定发展。总之，生态整治的总体目标是实现区域生态良性循环，以及经济、社会与环境的协调发展。

具体来讲，退化土地的生态整治，第一，应提高土地的生态服务功能，即通过生态建设，区域的生物多样性、土地质量和生态系统的健康得到改善；第二，改善土地的生产功能，提高土地生产率；第三，增强土地的社会保障功能，即通过生态恢复，使区域的食物安全保障、农牧民收入得到提高，贫困人口下降，区域经济可持续发展能力得到加强；第四，提高当地群众的生态保护意识和生产管理技能，即通过相关的技术培训，使群众能掌握一些基本的、符合当地实际和经济承受能力的环境保护和整治技术，使土地经营管理水平得到提高。

2. 生态整治的原则

要实现上述的生态整治目标，第一，必须坚持以人为本的原则。生态建设是一个系统工程，其中人是这个系统的中心，因此，生态整治必须充分考虑当地群众的需求和现实条件，切实尊重当地群众的意愿和利益。受自然条件的限制，青藏地区是我国贫困人口分布较集中的地区，生态整治必须考虑农村人口的脱贫、就业和生计安全问题。治穷脱贫、生计保障是防治生态退化的先决条件。

第二，应坚持群众参与的原则。考虑生态整治的复杂性和难度，生态建设应以政府主导，但必须充分考虑当地群众的意见，通过与当地群众的对话与协商，鼓励他们参与从规划、方案设计到实施的整个项目过程。

第三，坚持因地制宜，以乡土植物优先的原则。青藏地区面积广阔，区域差异明显。因此，所选择的生态整治技术或模式必须针对区域所面临的具体问题和生态条件，因地制宜，合理选择生态整治技术和综合治理措施，切忌因部门利益，片面强调单一措施。植被恢复和生态建设，应注意生物资源和生物多样性的保护，优先选择乡土植物，引进外来植物物种必须慎重，避免可能出现的生物入侵。

第四，坚持保护与治理相结合，以保护优先的原则。青藏高原区自然条件差、生态脆弱、环境破坏后恢复困难，因此，生态建设必须强化预防和保护，在避免产生新的土地退化的前提下，对退化土地进行重点治理，走保护与治理相结合的路子。

第五，坚持综合治理的原则。退化土地的治理和恢复需要综合规划，应乔、灌、草结合、封育和人工种植相结合。生态整治工程的实施，需要有关部门特别是林业和农业部门的协调，应农林牧结合。一般来讲，在年降水量不足 400 mm 的地区，切忌盲目种树，应以草灌为主。在一些水分条件较好的地段，可建造一些以乔木为主的林地，以发挥植被在恢复已退化土地中的最大效益。

5.3.2　生态整治的重点内容

根据青藏高原的生态特点和面临的土地退化问题，生态整治的重点应包括以下 6 个方面。

第一，应加强生态系统的保护和保育，遏制生态的退化态势，重点做好生态保护区建设，特别是野生动物（如藏羚羊、马麝、雪豹等）保护区、高原湖泊湿地、三江源等自然生态系统的保护；加强生态移民和退牧还草工程，减轻区域的人口压力，降低草地的放牧强度，促进天然草地的自然恢复。

第二，加强退化草地的恢复重建、鼠害防治、沙漠化防治，促进退化草地的恢复。

第三，做好退耕还林还草和生态防护林建设，控制水土流失和土地沙化。

第四，加强草地可持续利用和牧畜科学养殖技术的研发与推广，建立合理的草地放牧制度和畜牧养殖体系，提高草地和畜牧业的生产效率。

第五，加快人工种草特别是冬春场建设，提高饲草特别冷季饲草的供应能力，提高牧业的抗灾能力。

第六，加强农牧技术服务体系和能力建设，完善县、乡农牧技术服务站，从人力资源数量、质量、结构等方面，通过培训和提高教育投入，提高科技人员的数量和技术水平，推动经济和社会的可持续发展。

第二篇　青藏高原退化土地整治技术与模式

第6章 青藏高原退化草地恢复技术与模式

为了遏制草地退化，人们在长期的实践中积累了丰富的经验，开发了多种草地恢复重建技术与综合治理模式。本章根据现有的文献资料，对相关技术与模式进行筛选，编辑总结适合高寒退化草地改良重建的技术与综合治理模式。

6.1 退化草地改良与恢复技术

本节主要收集编辑高寒草地保育改良、退化草地重建的关键技术，并根据文献资料，尽可能详尽地介绍其技术要点和具体的操作方法。

6.1.1 草地复壮技术

草地复壮是在尽量保持原有植被的基础上，通过围栏和人为扰动草皮层、改善土壤通透性，达到改善草地生产性能、促进草地恢复的目的。

1. 围栏封育技术

在退化草地建设围栏，可有效阻隔人畜进入封育区，一般用于轻度和中度退化草地。轻度退化草地一般封育2~3年后草地即可恢复到初始状态，中度退化草地则需要5~8年。重度退化草地，由于草地植物群落中优良牧草几乎消失，自然繁殖更新能力极低，仅靠封育在短期内难以恢复到初始状态，必须采用重建的方式或结合补播、施肥、毒杂草防除等其他改良措施，进行人工群落的配置（李建龙，2004）。

2. 划破草皮技术

高寒草甸类草地的土壤表层常形成一个坚韧而致密的草根絮结层，降低了土壤的通透性，影响了高寒草甸的生长。因此，划破草皮可直接改善土壤的通透性，增加土壤的水、气含量和土壤的受热面积，促进微生物的活性，加速有机质的分解和矿化，提高土壤养分的供应能力，改善和提高草地植被的经济性状，适用于改良低温、潮湿，土壤有机质过多积累，已形成絮结草皮层的草甸草原（万秀莲和张卫国，2006）。

根据地段大小选择划破草皮采用的机械，对小块草场，适合选用牛角犁、燕尾犁等农机具，以畜力或小型拖拉机作动力操作；大面积划破草皮，应采用机引的专用工具燕尾犁。根据草皮厚度，划破深度一般为10~15 cm；行距视划破裂缝的幅度大小，以能达到既划透了草皮、又不致翻转草皮为原则，通常以裂缝宽4~5 cm、行间距30~60 cm为宜。

划破草皮应在早春土壤解冻后进行，此时土壤含水量较高，划破阻力较小；此时草地植物还未返青，不会影响植物生长。在划破的同时进行施肥、灌溉、补播等改良措施，效果更好。划破干扰虽不能直接增加土壤养分和期望物种繁殖体的数量，但却可提高土壤潜在肥力的有效性，有益植物种子繁殖。

3. 草地松耙技术

草地松耙与划破草皮一样，目的是改善生草土通气透水条件，提高土壤供肥能力，一般用于以根茎型禾草草地和根茎型禾草占优势的草地。其主要作用是清除地表枯枝落叶，促进草地植被的自我更新；切断植物的根茎，耙松生草土，增加土壤孔隙度和透气性，有利于土壤水分的入渗，促进植物的无性繁殖和生长发育（李建龙，2004）。

草地松耙机具，主要有深松机、圆盘耙、缺口重耙、旋耕犁等。松土深度 10~15 cm，行距 35~40 cm。松耙生草土，一般用带有切土圆盘的中耕机较好，耙后能形成 6~8 cm 厚的松土层。对根茎疏丛成分和纯疏丛成分草层的生草土，利用旋耕犁松耙效果良好。松耙时间春、夏、秋三季均可进行，但最好在早春土壤解冻 2~3 cm 时，此时有利于土壤保墒，促进植物分蘖。割草地松耙，需在刈割后或秋季放牧后进行。

4. 退化草地综合复壮技术

退化草场植被覆盖度下降，优质牧草减少，使牧草品种和适口性变劣。通过对退化草地进行施肥、补播和除杂等综合改良，可以快速提高植被覆盖度和光合效率、提高草地产量、改善牧草品质。其中，施肥效果最好，是最主要的复壮措施，对草地增产的贡献率至少在 63.5% 以上。从实验效果看，中等施肥量，即每公顷施用尿素 105 kg、磷酸二铵 60.0 kg、硫酸钾 22.5 kg，经济效益最高；复壮技术组合中，以除杂 100%，同时每公顷施用尿素 150 kg、磷酸二铵 105 kg、氯化钾 30 kg、披碱草 15 kg 为首选技术组合，该处理组合可使草地产草量提高 3.82 倍，增加优良牧草比重，改善草地营养结构（德科加和徐成体，2005）。

6.1.2　草地补播改良技术

草地补播是在不破坏或少破坏原有植被的情况下，在草群中播种一些能适应当地自然条件、营养价值高的优良牧草，以提高草地的覆盖度、产草量及改善品质。草地补播首先要做好地面处理，其次是选择适宜的播种方式，最后是注意播后管护。其技术要点如下所述（戴良先等，2008）。

地面处理，即清除杂草和有毒植物，保护补播牧草发芽和幼苗的正常生长。处理方法可采用化学除草剂、机械割除、烧荒和人工割除等。在干旱缺雨地区的丘陵坡地实施补播，对补播牧草地段沿等高线作畦，挖水平沟保水，增加土壤水分，以利抓苗；补播不松土往往不易成功，所以，对补播地段要进行松土，可采用燕尾犁或五铧犁进行松土。地表有覆沙的草地补播可不松土。

补播牧草种子要进行种子包衣、吸水剂处理。播种可选择人工撒播、带状条播和机引或马拉播种机补播。人工撒播利用羊群边吃草边撒播，是省工、省力、省时的好办法。例如，在羊脖子上带一个用罐盒做成的简易播种筒，羊一边吃草一边播种，并能起到覆土作用。带状条播，即隔带浅耕翻补播或隔带重耙补播，其播宽一般 3 ~ 5 m、带间距 6 ~ 15 m。采用机引或马拉播种机补播。坡地沿等高线作业，平缓地沿垂直于主风方向作业。地形不规则且破碎地块可采取点播。

禾本科牧草补播量每公顷 1.5 ~ 2.5 kg，覆土 3 ~ 4 cm；豆科牧草补播量 1 ~ 1.5 kg，覆土 2 ~ 3 cm。补播时间主要考虑牧草的成活和越冬，在水分条件好的地区，一般选择在春季补播；在干旱多风地区，应选择风停和雨季来临前的夏季抢雨补播。为保护出苗和牧草良好生长发育，实施补播时，最好与浅耕翻或重耙、施肥、覆土镇压结合进行。播后牧草生长期要禁牧或围封，以免遭受破坏性践踏，影响出苗。

6.1.3　毒杂草防除技术

在青藏高原地区的退化草地，毒杂草种类主要有黄花棘豆、醉马草、狼毒等。狼毒是一种有毒植物，生命力强，对优良牧草的生长具有较强的抑制作用，对此类退化草地宜采用人工挖除或药物灭除方法。人工挖除时应注意挖掘范围不要过大，挖出主根后覆土填埋并在坑内补播优良牧草。药物灭除时，应选用具有选择性强的药物进行丛喷，但必须连续灭治才能见效（乜林德，2006）。

在同德的实验表明，采用混合除草剂，即甲磺隆 80% 与阔叶净 20% 的混合物，灭草效果良好，在喷药的第二年优良牧草干物质产量由 0.95 t/hm^2 提高到 2.23 t/hm^2，优良牧草的盖度由 60% 上升到 95%；毒杂草干物质产量由 132 g/m^2 下降到 18 g/m^2，盖度由 90% 下降到 18%，特别是黄花棘豆属、马先蒿属等草原毒杂草灭效近 100%。

6.1.4　草地防风固沙技术

1. 草地防风林营造技术

草地防风治沙林带应建在沙化草地主风向一侧，林带宽 50 ~ 100 m，乔、灌木树种栽植密度为 1 m×1 m，灌木、草本植物栽植密度为 0.3 m×0.4 m。造林后将原来的草皮挪回原处，尽量恢复原样，以防造成新的沙漠化。采用鱼鳞坑整地，鱼鳞坑为半圆形，直径 30 cm、坑深 30 cm、株行距各 1 m。林木栽植时，在注意起苗、假植、运输保湿的前提下，严格按"三埋两踩一提苗"的技术要领操作，即先将表土起到穴的一侧，后将底土起到穴的另一侧，栽植穴挖好后放入幼苗，并将表土回填，将幼苗扶正并稍向上提一下，以保持根系舒展，之后踩实，再回填底土，填好后再踩一下，最后再覆上原来的草皮，目的是恢复原来的草地植被，防止造成新的沙化（王红梅，2005）。

2. 草地固沙技术

适合于沙化草地裸露沙地和移动沙丘的固定，主要包括下面 4 种技术方法（李开章，2008）。

1）埋植稿秆沙障固沙。采用农作物秸秆进行网格埋植，其网格面积根据地形、风向和坡度，采用 1 m×1 m、2 m×2 m、4 m×4 m 的网格防风固沙。

2）生物沙障固沙。在沙地上打沟成 1m×1m 网格，通过施复合肥或固水固肥剂后，在沟内播种燕麦等一年生牧草。生物沙障秋季牧草停止生长后，一般株高可达 70～100 cm，在冬春可起到挡风沙、保护多年生牧草安全越冬的作用。

3）喷施固沙剂固沙。一般每公顷用固沙剂 3750 kg、兑水 2250 kg，固沙效果显著，缺点是成本高、用水量大，沙化区域内水源困难，推广该法有一定难度。

4）遮阳网防风固沙。在沙坡撒播牧草后，将聚乙烯制成的遮阳网覆盖在沙丘上，再用高山柳茎段打桩固定，可以起到防风固沙、防止草种被风吹走的作用，有利于牧草出苗生长，且高山柳茎段成活后形成的灌草植被对沙坡有良好的固沙作用。但市面上购买的遮阳网难降解，对环境有一定污染，可定做易降解遮阳网。

6.2 "黑土滩"草地综合整治模式

"黑土滩"草地的治理主要存在三种模式：一是改建为人工草地，用做高产饲草基地或放牧地；二是补播改良建成放牧地；三是对草地进行季节性封育改良，促进植被恢复。一般重度退化"黑土滩"草地，以建植人工草地为主，中度退化草地以补播牧草改良为主，而轻度退化草地则宜采用季节性封育改良模式。通过"黑土滩"草地改良模式的实施与推广，将能够改善"黑土滩"的生态环境，提高地方牧业发展的持续性。

6.2.1 建植人工草地模式

对重度和中度退化草地，采用人工种植牧草的方式，建植成人工饲草基地或人工放牧草地（逯庆章和王鸿运，2007）。

1. 重度退化草地

重度退化"黑土滩"，其草地原生植被几乎被破坏殆尽，植被盖度 20% 左右，所剩植被稀疏，主要是毒草、家畜不愿采食的杂草，优良牧草比例不足 10%；草地呈现大片斑状裸地，草皮层破坏，土壤因鼠害或风蚀、水蚀等影响已退化，失去放牧利用价值。此类草地依靠封育自然恢复演替时间长、见效慢，甚至难以逆转，应种植多年生人工牧草，重建草地植被。

对于 ≥0℃ 年积温达 1000℃ 以上、土层重度退化的平缓草地，通过人工种草，建设成以打草储备为主的饲草生产基地，打草后可适度放牧。而对于土层厚度 < 30 cm 的地段，以放牧性畜作为利用方向，通过翻耕播种建成放牧草地。在草种选择上，以打草储备为主的人工草地，以上繁草种多叶老芒麦和披碱草为主，适当混播中华羊茅、早熟禾等中、下繁草种；以放牧为主的人工草地，以下繁草种和中华羊茅为主，适当混播多叶老芒麦、披碱草等上繁草种。建议播种量为 26 kg/hm^2，上繁草（老芒麦、披碱草等）和中、下繁草（中华羊茅、早熟禾、星星草等）各占 50%。

该模式的农艺流程为控鼠→围栏→重耙翻耕→施肥→耙平→撒播→轻耙覆土→镇压。为保证草种撒播均匀,对小粒草种需要经过丸衣化处理;撒播后,覆土 2~3 cm。草地建植后,应竖立鹰架;第二年春季 3~4 月进行二次扫残灭鼠,保护人工草地幼苗;种植当年禁止利用草地,可采用围栏或采取其他措施实施保护。

中国科学院西北高原生物研究所、青海畜牧兽医科学院[①],在三江源区的实验表明,该模式投入低、效果好,其治理成本为 2 次灭鼠 15 元/hm²、耕翻地 480 元/hm²、化肥 600 元/hm²、运费 300 元/hm²、种子 450 元/hm²,若不计入人工费用共 1845 元/hm²。按照人工草地有效期平均 5 年计算,从第二年开始平均每年可产青干草 4500 kg/hm²、草籽 375 kg/ hm²,连续生产 4 年;按当地市场价,青干草 0.4 元/kg、草籽 6 元/kg 计算,4 年共收入 16 200 元/hm²。若去掉成本 1845 元/hm²,牧民劳动收入 14 355 元/hm²。此模式没有破坏草皮层,不但保护了土壤,较快速地恢复了植被,而且也为退化草地在较短的时间内向顶级群落演替创造了条件。利用此模式改良严重退化"黑土滩",能够保护和改良土壤,减少风蚀和水蚀。

2. 中度退化草地

对于植被盖度在 30%~50%、生物量组成中毒杂草占 50% 以上的中度退化草地,可通过补播牧草,建成放牧型半人工草地。建植第二年起,适度放牧。在草种选择上以中华羊茅、星星草、冷地早熟禾和扁茎早熟禾为主,适当混播上繁草种。

该模式的农艺流程是控鼠→围栏→轻耙→施肥→撒播→耙糖覆土→镇压。建植前,要对小粒草种进行丸衣化处理,以使草种撒播均匀;播种后,覆土 2~3 cm。总播种量 28 kg/hm²,其中上繁草(老芒麦、披碱草等)和中、下繁草(中华羊茅、早熟禾、星星草等)各占 50%。将尿素与磷酸二铵按 1:3 配比后作为底肥,施肥量为 120 kg/hm²,或以羊板粪 + 菌肥替代化肥。

6.2.2　补播改良模式[②]

1. 重度退化草地

重度退化"黑土滩"草地的植被盖度很低,地上生物量组成中杂毒草占 80% 以上,土层较薄,但仍有部分草皮层未被破坏。其治理原则是应尽量保留长期形成的草皮层,以保护土壤免受强烈的风蚀和水蚀。

其技术要点是采取灭鼠、松耙、补播、施肥等农艺措施,辅助建立以垂穗披碱草为主的混播人工群落组合,竖立鹰架。在补播牧草第二年春季 3~4 月进行第二次扫残灭鼠,保护人工草地幼苗。种植当年草地幼苗禁止利用,应以围栏或其他措施予以保护。

---

① 资料来源:中国科学院西北高原生物研究所、青海畜牧兽医科学院、"十一五"国家爱科技攻关计划"江河源区退化草地治理技术与示范"项目总结报告。

② 该节和 6.2.3 节资料来源于:中国科学院西北高原生物研究所、青海畜牧兽医科学院、"十一五"国家科技攻关计划"江河源区退化草地治理技术与示范"项目总结报告。

治理成本是两次灭鼠 15 元/hm^2、耕翻地 375 元/hm^2、化肥 600 元/hm^2、运费 300 元/hm^2、种子 450 元/hm^2，若不计入人工费用共 1740 元/hm^2。按照人工草地有效使用期平均 5 年计算，从第二年开始平均每年可产青干草 2250 kg/hm^2、草籽 225 kg/hm^2，连续生产 4 年；按现在当地市场价，青干草 0.4 元/kg、草籽 6 元/kg 计算，4 年共收入 9000 元/hm^2。若去掉成本 1740 元/hm^2，牧民劳动收入 7260 元/hm^2。此模式没有破坏草皮层，不但保护了土壤、较快速地恢复了植被，而且也为退化草地在较短的时间内向顶级群落演替创造了条件。利用此模式改良严重退化的"黑土滩"，能有效地保护和改良土壤、减少风蚀和水蚀。

2. 中度退化草地

中度退化"黑土滩"草场植被盖度较高，草皮层还基本保持完好，可采取灭鼠、灭除毒杂草、施肥和竖立鹰架等措施；同时必须降低放牧强度，增强草场的自我恢复能力。

中度退化草地治理成本 450 ~ 630 元/hm^2。人工辅助恢复，草场优良牧草比例可达到 80% 以上，牧草初级生产力提高 0.73 ~ 1.9 倍，可食牧草增加 11.6 倍，产生的经济收入为 795 ~ 1140 元/ hm^2，其中纯收入 345 ~ 540 元/ hm^2。在保护原生植被和土壤结构的基础上，改变植物群落结构，提高优良牧草比例和牧草的盖度、生产力，加快恢复植被，修复草地生态系统缺失的功能，促进草地向原生植被恢复。

6.2.3　季节性封育改良模式

对于轻度退化"黑土滩"，其退化草地的植被盖度大于 70%，生物量组成中毒杂草比例小于 30%，草皮层基本完好，应主要依靠植物群落自我修复恢复植被。可采取竖立鹰架灭鼠、季节性封育等措施，减轻放牧强度。

该模式治理成本低，仅需 15 ~ 30 元/hm^2。植被恢复比较缓慢，但由于摆脱或减轻了放牧采食压力，优良牧草比例上升、牧草生产力增高。短期效益不明显，但长期效益显著。经此模式治理后的轻度退化草地，植被和草地生态功能得以逐步恢复，以放牧管理为主，投入少，适于大面积治理轻度退化草地。

6.3　沙化草地综合治理模式

高寒沙化草地主要分布在高原干旱和半干旱区，由于过牧和鼠害，草地退化严重，沙地面积扩大，严重降低了草地的生产能力。由于气候干旱缺水，沙化草地的治理比较复杂，单一措施很难起到成效，需要综合治理。其综合治理措施包括禁牧、灭除鼠害、建设防护林体系、建设人工草地等。下面编辑整理了几个地区退化草地综合整治的案例。

6.3.1　海南藏族自治州高寒沙化草地综合治理模式

青海海南藏族自治州境内四周环山，盆地居中，西南高东北低，形成以黄河为中轴轴向倾斜。区域山高谷深，高差悬殊，气候类型丰富多样，分布着温性草原、温性荒漠草原、高寒草原、温性荒漠、高寒草甸等不同的草地类型。由于干燥缺水，植被以旱生和强旱生植物为主，稀疏、种类单纯、产量低。由于鼠害和超载过牧、乱挖药材和固沙植物等原因，高禾草数量减少，草群结构矮化，原生优势种蒿草属植物逐渐被禾本科植物、杂类草和毒草取代，高原鼢鼠大量繁殖，其反复的挖掘活动，导致草地植被千疮百孔，生草层破坏、牧草大量死亡，草地严重退化。为了遏制草地退化，青海贵南县草原监理站和畜牧兽医站通过试验提出了高寒草地的综合治理模式，其技术要点和效益如下所述（拉元林和全晓毅，2005）。

1. 技术要点

高寒草地综合治理的主要技术为禁牧封育、灭除毒杂草、灭除鼠害、种植优良牧草、暖棚养羊、营造饲料护牧林 6 个方面。

禁牧封育，促进植被恢复。封育期间禁止放牧、刈割，使草场恢复。试验表明，草地封育当年植被盖度、高度和地上部分生物量分别平均提高 20%~40%、5~10 cm 和40%~50%；封育三年后分别平均提高 108%~120%、15~25 cm 和140%~150%，植被得以恢复。

灭除毒杂草。毒杂草植物主要以醉马草、黄花棘豆、狼毒、黄帚囊吾等阔叶草为主。在毒草最佳物候期（7 月下旬至 8 月上旬）用浓度 0.3% 的草甘膦对毒草集中密集喷撒，当年地上平均灭效 97.6%，第二年根部腐烂率达 100%，优良牧草迅速繁衍生长，植物群体结构优化，植被盖度由原来的 60% 提高到 95%，优良牧草产量由原来的 1823 kg/hm² 增加到 2183 kg/hm²。

灭除鼠害。采用生物和化学防治相结合的方法，坚持综合防治，连片治理。经过多年的综合防治，植被盖度由原来的 30% 提高到 70%~80%，产草量由原来的 719 kg/hm² 增加到 2285 kg/hm²，草地植被由杂类草地演替为以小蒿草、矮生蒿草为主的草地类型，有效治理了草地荒漠化。

种植优良牧草，建植人工草地。1997~1998 年在共和盆地过渡地带"黑土滩"型退化草地上，人工种植老芒麦和早熟禾，春季撒播，播深 2~3 cm，翌年鲜草产量由原来的 791 kg/hm² 增加到 9922 kg/hm²，牧草高 60~80 cm，植被盖度由原来的 20%~40% 提高到 70%~80%。形成上层以老芒麦为主，下层以早熟禾为主的多层次草群，禾本科占 85%、可食杂草占 6%。植被得到了恢复，草地荒漠化现象基本得到控制，有效阻止贴地气流中的沙粒含量。

暖棚养羊。冷季利用暖棚舍养羊能减少牲畜体能热量消耗，便于畜群集约管理，提高生产力。据测定，敞圈日均温为 -9.3℃，而同期冷季棚内日均温为 4.5℃，试点牧户共建暖棚一座，面积 114 m²，圈养羊 152 只，测定时间 130 天，成畜死亡率 2.63%、仔畜成活率96.1%，分别比敞圈成畜死亡率下降 6.9%、仔畜成活率提高 15.8%；棚内饲养的个体产毛量比敞圈提高 0.21 kg、少掉膘 9.3 kg/只，羔羊平均增重 4.57 kg/只，牲畜产出增效明显，间接节约了草地资源的无谓消耗，提高了资源利用率，减轻草地压力。

营造饲料护牧林。引种饲料灌木树种，建立灌木饲料林，防风阻沙，保护冬春放牧牲畜和草地。试验表明，种植柠条锦鸡儿密度达 3000 株/hm² 时，生物量高于草甸草原，产草量是山地干草原（1696 kg/hm²）的 3 倍，饲料利用率和营养价值高于禾本科的混合牧草。柠条覆盖度为 50%~70% 时，可降低 27.5%~73.5% 的风速，减少 95% 以上的输沙量，提高土壤肥力，土壤中氮磷钾（NPK）含量增加。半固定沙地小叶锦鸡儿年平均生长量比固定沙地高 66%，冠幅增加 166%，新枝生长量高 243%。

2. 效益

通过综合整治后，取得了显著的生态和经济效益。整治试验区草地植被盖度提高了 35%~60%，产草量提高了 69%~92%。草地改良后禾本科牧草所占比例明显增加，有毒草和不可食草生长受到抑制，地表裸露率降低，有效遏制了草地荒漠化。试验牧户的经济效益取得了明显的增长，成畜死亡率 2.6%，比试验前下降了 72%；羔羊成活率 96%，比试验前提高 16.4%；羊毛产量增加 0.21 kg/只，比试验前提高 9.8%；成畜少掉膘 9.3 kg/只，羔羊平均增重 4.57 kg/只，家庭收入都有了明显的增长。

6.3.2 若尔盖沙化草地治理模式

若尔盖县位于四川的西北部，平均海拔 3500 m，属黄河水系，为高原亚寒带湿润季风气候。多年平均气温 0.7℃，年降水量 657 mm。全县沙化、退化、鼠虫害草地面积 63.33 万 hm²，占可利用草地面积的 97.1%。其中退化面积 28.67 万 hm²，占可利用草场面积的 44.2%；沙化草地 4.67 万 hm²，占可利用草场面积的 7.2%；潜在沙化草地 6.1 万 hm²，并每年以 11.8% 的速度递增。鼠虫危害面积 30 万 hm²，占可利用面积的 46%，受沙漠化威胁的草场面积达 1.36 万 hm²，危及 30 个村庄。通过多年的实验探索，该县畜牧部门提出了沙化草地的综合治理模式与配套技术，其技术要点如下所述（李开章，2008）。

1. 技术要点

围栏封育，灭除鼠害。选用 8-110-60 型镀锌网围栏，对沙化区进行围栏封育，严禁牲畜入内践踏。同时做好鼠害防治，可采用物理、化学、生物相结合的方法，对沙化治理区及周边辐射地带进行灭治，以保护沙化治理植被。

种植牧草，建设牧草基地。将适合高寒草原生境条件的披碱草、老芒麦、细茎冰草、扁穗冰草、沙生冰草、紫花苜蓿、紫羊茅、无芒雀麦、苇状羊茅、黑药鹅冠草等多年生优良牧草与燕麦、旱雀麦、多花黑麦草等一年生牧草混播，利用自制的铁耙打沟，先播种再拖耙或先拖耙再播种。条播或撒播，播前应将各草种均匀混合。播期一般为 4 月上旬至 6 月下旬。在条件允许的情况下，撒施固水固肥剂。固水固肥剂不仅含有 NPK 及微量元素，而且有极强的固水功效，一般按每公顷用量 3 t 在雨后或无风的天气均匀撒施于地面，翻动表土 15~20 cm，再撒播牧草。

防风固沙，构建防风林带。对活动沙地，采用埋植稿秆沙障、种植生物沙障等方法进行固沙。同时通过扦插高山柳，构建防风林带。选两年以上的高山柳，切成 50 cm 的茎段，用"生根液"浸泡，将腋芽基部向上，在风口按带宽 6 m、带距 50 m、带内窝距 1.5 m×2 m，呈"丁"字形扦插，深度 40 cm。

2. 效益

通过综合治理，两年后，区域植被盖度达到 30%，局部地方达到 60%，基本控制了沙丘的扩散流动。一年生牧草当年效果显著，每公顷产量可达到 6150 kg，高度为 75 cm；种植两年以上，多年生牧草每公顷产量可达 1800 kg，盖度达到 20% 以上，起到了防风固沙的作用。种植的高山柳成活率可达 90% 以上，高山柳茎段成活率达 80%。生物沙障长势良好，一年生牧草与多年生牧草交替生长，起到固沙、保水的良好作用。

第7章　青藏高原草原鼠害防治技术与模式

草地鼠害是青藏高原草原利用中所面临的重要生态问题。因害鼠终年不断的采食和挖掘活动，已造成对草场的严重危害，成为恶化草地生态、遏制畜牧业可持续发展的重要生物灾害，因此灭除草地鼠害对实现草畜健康发展至关重要。目前，灭鼠方法主要包括物理灭鼠、化学（药物）灭鼠、生物灭鼠、生态灭鼠和综合灭鼠等。本章依据文献资料，对这些灭鼠方法及其技术要点进行编辑总结。

7.1　高原鼠害防治和灭除技术

常见的灭鼠方法有物理灭鼠、化学灭鼠虫、生物灭鼠和生态控鼠虫等方法。物理和化学灭鼠法是目前应用最广的方法，其优点是灵活、效率高。物理灭鼠法需要较高的人力、物力、财力投入，耗费大，集中统一灭除 3～5 年后，鼠类数量仍然可恢复到对草场的危害程度以上。化学药物灭鼠，常使鼠害的天敌二次中毒死亡，使鼠害天敌种群萎缩。要达到长期控制草原鼠类数量，最有效的方法是采用鼠类天敌控制鼠害危害区域的鼠类种群数量和密度，实现长期控制鼠害、保护草原植被的目的。

7.1.1　物理灭鼠

物理灭鼠即通过捕鼠器械灭鼠，其优点是适应范围广，对人畜安全，对环境无残留毒害，鼠尸易清除，灭鼠效果明显，可供不同季节、不同环境捕鼠推广应用。

1. 鼠兔夹捕鼠

鼠兔夹捕鼠是利用捕鼠器械进行鼠害防治的一种物理方法，是控制中、低密度害鼠种群经常使用的有效措施。该技术采用定面积鼠夹法，置夹前，先将样方内所有洞口堵住，经 24h 检查防前有效洞口数，并在有效洞口处置夹，连捕两日，每日检查一次，如有新盗开洞口应补充相同鼠夹。高原鼠兔夹在使用中无需诱饵，直接将鼠兔夹放置在害鼠出没的有效洞内，在鼠类进出洞口时捕杀。高原鼠兔夹改变了以往传统鼠夹的被动诱杀成为主动捕杀。高原鼠兔夹作为物理器械捕捉的一种方法，既可直接降低害鼠种群数量，又受人为因素的控制，延缓种群数量的恢复速度，达到有鼠无害的目的。因其不仅具有选择性强、对非靶生物较安全，且成本低、使用简便、易于操作，可反复利用；还具有捕获速率快、捕杀率高、控制效果显著等特点，是一种值得推广应用的捕鼠器械（赵廷贵等，2005）。

2. 机械耕耙灭鼠[①]

采用机械翻耕、碾压、播种、耙糖和镇压等措施，将严重退化草地建植为人工草地，直接把高原鼠兔杀灭或赶跑。由于彻底破坏了其栖息地和食物资源，新开垦的人工草地几乎没有高原鼠兔的存在。但随着新生植物发芽和生长，植被条件逐渐改善，高原鼠兔种群增长开始不受食物和空间结构的限制，邻近鼠兔随之迅速侵入，高原鼠兔种群数量恢复或增长较快。因此，机械耕耙控制人工草地鼠害技术可在短时间内有效控制鼠害，但无法彻底灭除鼠害。因此，为避免新建人工草地高原鼠的入侵和破坏，让人工草地得到健康成长，必须采取一定的药物辅助灭杀。

7.1.2　药物和生物灭鼠

药物灭鼠或毒饵灭鼠，是目前国内外灭鼠最为广泛应用的方法。其优点是灭效高、见效快、方法简单、经济。缺点是污染环境，易引起人、畜中毒。

1. 常用灭鼠药物[②]

常用的化学灭鼠药物品种主要有抗凝血慢性杀鼠剂和急性杀鼠剂两大类。抗凝血药物有两代，第一代抗凝血慢性杀鼠剂品种主要有敌鼠钠盐、杀鼠灵、杀鼠迷、特杀鼠 2 号等；第二代抗凝血慢性杀鼠剂有溴敌隆、大隆、杀它仗等，这类药剂虽对人畜比较安全，但也应避免家禽家畜误食。抗凝血慢性杀鼠剂灭鼠效果好，尤其是大面积应用效果十分显著。

急性杀鼠剂常用的有磷化锌、毒鼠磷（限制使用）、灭鼠安等，在使用时要切实注意安全、严密组织、以防中毒，限用于野外，室内不宜使用。灭鼠前需将杀鼠剂配制成新鲜的毒饵或成型的毒饵后对老鼠进行灭杀。化学灭鼠应严禁使用氟乙酰胺、氟乙酸钠、毒鼠强、毒鼠硅和甘氟等国家禁止使用的危险杀鼠剂进行灭鼠，以确保人畜安全。

2. 常用毒饵配制方法

常用毒饵通常有两种配制方法，即黏附法和浸泡法。黏附法适合不溶于水的杀鼠剂，如磷化锌、杀鼠灵等。浸泡法适宜于溶于水的杀鼠剂，如敌鼠钠盐、C 型和 D 型肉毒梭菌毒素等。黏附法毒饵配制：先将诱饵倒入容器中，加入 3% 的黏着剂（植物油）充分搅拌，待其拌匀后，按比例加入杀鼠剂，边倒边搅拌直至拌匀为止；浸泡法毒饵配制：配制 0.025% 的敌鼠钠盐小麦毒饵，先称 2.5 g 敌鼠钠盐放容器内，然后加 10 kg 开水，使敌鼠钠盐完全溶解后，加入少量食品红，再倒入 10 kg 小麦，不停搅拌，待毒水完全渗入小麦中即制成毒饵（学世界，2006）。

毒饵配制后，需添加杀鼠诱饵。常用的杀鼠诱饵有谷物种子，如大麦、小麦、青稞、

---

① 资料来源：中国科学院西北高原生物研究所、青海畜牧兽医科学院。
② 资料来源：2003 年 12 月 24 日第 7 版农民日报的报道。

莜麦、燕麦、稻谷和玉米等，以及颗粒诱饵、胡萝卜和洋葱等。谷物种子来源广，便于运输和储存，但多种动物、家畜和家禽都喜食，容易误食中毒。为防止误食造成人畜中毒，配制毒饵时应加入容易被人识别的染料。常用的警告色有食品红、2%蓝黑墨水或2%煮蓝等。另外，为增加杀鼠剂的引诱效力，可加入1%～2%的植物油（如豆油、花生油、菜子油）、食盐、糖等作为引诱剂。引诱剂适于配制毒饵时现配现用，加入引诱剂后毒饵不能放置时间过长，时间过长植物油变质，降低适口性。一般用抗凝血杀鼠剂配制毒饵时不用引诱剂，抗凝剂适口性好，多数鼠种乐于取食。

3. 灭鼠常用投饵方法

常用的投饵方法有飞机投饵、机器投饵和人工投饵。飞机投饵成本低、效率高，能在短时间内完成大面积鼠害防治任务，投饵量准确、易于掌握，毒饵撒得均匀，不易引起人畜中毒。飞机投饵工作人员较人工投饵工作人员少，易于组织和管理。其缺点是草原春季多风，超过5级就不能起飞作业（学世界，2006）。

常用的人工投饵灭鼠有按洞口投饵、按洞群投饵和等距离投饵三种方法。按洞口投饵法适合于鼠洞口明显的种类，如高原鼠兔、达乌尔鼠兔、达岛尔黄鼠、大沙鼠、长爪沙鼠、布氏田鼠等。将毒饵投在洞口旁，每洞投饵0.5～1.0 g，将毒饵撒开，不要成堆，并要防止牛、羊取食。按洞群投饵法适合群居性鼠类，它们密度不很高、洞群界限清楚。投饵时工作人员站在洞群中央，用小勺将毒饵向四周撒开，投饵量视洞群大小而定。等距离投饵法较按洞群投饵法效率高、投饵量容易掌握，每公顷投饵1.5～2.0 kg。投饵行距视鼠种而定，布氏田鼠20～30 m、长爪沙鼠和高原鼠兔等30～40 m、黄鼠50～80 m。等距离投饵可以人工徒步进行或骑马进行。

4. 氯敌鼠钠盐灭鼠技术

青海省草原总站在青海南牧区典型高寒草甸草地上进行了氯敌鼠钠盐防治草地害鼠的药效试验。试验小区选取鼠害草地30.25 hm^2，分别以0.05%氯敌鼠钠盐燕麦毒饵、0.07%氯敌鼠钠盐燕麦毒饵和0.09%氯敌鼠钠盐燕麦毒饵三个剂量梯度，以及一个空白对照进行试验，共计4个处理。采用有效洞口投饵法，每个洞投饵15～20粒。结果表明，以0.07%剂量的氯敌鼠钠盐燕麦毒饵适口性好、灭鼠效果最好，平均校正灭洞率为90%（鲁东，1999）。

5. 生物毒素鼠害防治技术

生物毒素是肉毒梭菌在生长繁殖过程中产生的一种细菌外毒素，是一种高分子蛋白的生物制剂，灭鼠效果好，包括C型和D型两种。鼠类采食毒饵后，在体内进行代谢。生物毒素受化学、湿度等多种因素的影响后，毒力会下降，残效期极短，不存在二次中毒和环境污染，对人畜和鼠类天敌安全，是比较理想的灭鼠药物。但C型肉毒梭菌毒素对鸟类不安全，尤其是对雀形目的种类；D型肉毒梭菌毒素对牛、羊毒力强，很敏感，使用时应注意（哈码尔和梁卫国，2007；春梅等，2006）。

C型肉毒素灭鼠。C型肉毒杀鼠素水剂每瓶400 ml，与纯净度90%的燕麦，按C型肉毒素 1.5 ml 兑水 80 ml 与 1 kg 燕麦拌制成浓度为 0.15% 的毒饵，拌制后闷置 24 h 后使用，效果良好。在高寒草甸类草地灭鼠中，投饵量控制在 15 粒/洞口较合理而可行。

D 型肉毒素灭鼠。选用 0.5% D 型肉毒素水剂，以及小麦和草颗粒为毒饵载体。实施前按规定均匀拌好饵料，集中堆放在塑料袋中，闷置 24 h 后应用，投饵前用堵洞盗洞测有效洞口数，第二天在有效洞（盗开洞）旁投饵或撒施（每个有效洞口投饵料量 3 ~ 5 g）。0.5% D 型肉毒毒素的小麦与 0.5% D 型肉毒毒素草颗粒，对杀灭黄兔尾鼠效果都很理想，平均灭洞率分别为 90.4% 和 91.5%。

7.1.3 生态控制技术

利用鼠类天敌或通过破坏鼠类的生存环境，达到控鼠、减少鼠类数量的目的，是一种生态友好的长效灭鼠、控鼠途径。

1. 培育天敌控鼠

利用鼠类的天敌，如食肉目的小兽黄鼬、野猫、家猫、狐等，鸟类猛禽鹰、猫头鹰等和蛇类等捕食鼠类。根据天敌的领域范围，每 26.67 hm² 竖立一个鹰架，在鹰架上面固定鹰巢。采用天敌控制鼠害治理退化草地的初期，由于草地的生态结构和功能尚未完善，加之害鼠种群庞大而天敌数量较少，天敌对鼠害的作用不大；只有当害鼠数量大为减少，天敌和害鼠数量达到平衡状态时，才能达到依靠天敌扑鼠。长期控制害鼠种群增长的目的。所以，天敌控制鼠害近期效果不明显，但有持续的远期效益（阿翰林等，2002）。

2. 提高植被高度和盖度抑鼠法[①]

高原鼠兔与草场植被之间有着密切的联系。草地退化、杂草丛生、植被稀疏、植株矮小、视野开阔的环境，既有利于鼠兔逃避天敌的扑食，又有喜食的植物，从而成为其良好的生存繁衍栖息地；相反，植株平均高度、盖度提高，植被繁茂、环境郁闭时，不利于害鼠防御天敌，对鼠兔生存构成不利影响，鼠兔具有明显的回避效应。因此，可以利用草地恢复与重建技术，通过草地合理和适度利用，以重建高寒草地生态系统的生态平衡，抑制鼠群增长，使作为生态系统一个重要消费者的高原鼠兔，保持不为害的数量水平。

3. 生态学灭鼠法

生态学灭鼠法主要是通过环境改造、断绝鼠粮、防鼠建筑、消除鼠类隐蔽场所等措施，改变和破坏害鼠生活的环境。该方法并不能直接或立即杀灭鼠类，但对鼠类生活不利，可减少鼠类的增殖或提高其死亡率，从而降低害鼠的密度。生态灭鼠涉及面广，也是一种综合性措施，虽然只着眼于防而不能直接杀灭鼠类，收效较慢，但与其他方法配合进行，就会提高其灭鼠效果，而且可使其防治效果持久，收到事半功倍的效果（才旦，2006）。

---

① 资料来源：中国科学院西北高原生物研究所、青海畜牧兽医科学院。

7.2 高寒草地鼠害综合防治模式

本节收集青藏高原地区草地鼠害综合防治的 4 个案例。以相关文献资料为基础，重点介绍各案例所采用的关键灭鼠技术、整治效果、生态和经济效益。

7.2.1 高原鼠害的生态控制模式

草地植被在群落水平上为鼠类提供生存和发展条件。其组成物种的空间分布格局，可利用与不可利用植物种类的生物量及其在群落中的比例，以及由植被构成的三维空间等因素的综合，共同影响着鼠类群落的结构、种间关系及数量动态。植物群落的变化，在很大程度上影响着鼠类赖以生存的多维资源状况，从而左右它们适合度的大小。因而，通过对植物群落的协同管理，可引导鼠类群落的演替方向。实施以生态治理为核心内容的综合治理的主要途径，应着重配合草地改良和退化草地的修复等措施（钟文勤和樊乃昌，2002）。

1. 技术要点

高原鼠害的生态控制，应因地、因鼠制宜地应用生态工程原理和方法，从以下几个方面制订综合治理鼠害的协调方案。

合理放牧。推行季节放牧营地制度，以草定畜，划区轮牧休闲育草，并依据各地自然条件建立人工饲料基地。禁止开垦天然草地，处于农牧交错区生态脆弱带的已垦地要退耕还草，已有的牲畜应实行圈养化。

保护好害鼠入侵阶段的轻度危害草地。在早春实施药物防治后，应有休牧、轮牧、轮封或其他调整载畜量措施的配合。此类草地如能及时采取切实的保护措施，植被恢复较快，有可能在短期内通过生态修复向良性循环方向转化。

草地封育。在害鼠入侵和聚集阶段，草地已明显退化或严重退化，植被稀疏低矮化，即使采取封育措施，在害鼠密度较高的情况下，植被的破坏过程仍将继续。除应有计划地安排药物防治外，还应考虑浅耕补播适合的牧草，同时实施围栏封育，在有水源条件的地区也可考虑灌溉、施肥、建立人工草地等配套综合措施。布氏田鼠、高原鼠兔、长爪沙鼠等的种群数量年间有较大变动。在数量高峰之后，通常有 2 年左右的低谷期，且害鼠种群易受灾害气候如暴雨、大雪的打击，导致种群数量骤降或崩溃，如能配合害鼠种群数量的预测，抓紧利用有利时机实施上述措施，当能收到事半功倍的效果。

恶化鼠类的越冬条件。对于那些有储草越冬习性的害鼠，配合秋季打草，着重收刈猪毛菜（*Salsola collina Pall.*）等 1 年生植物，以减少其收储量，恶化其越冬和翌春的繁殖条件。

保护天敌动物，严禁狩猎猛禽和草原食肉兽。在饲草饲料基地或人工草场周围建设林带或林网，适当"补加"草原食肉兽和猛禽的栖息条件，以增加天敌数量。

2. 效益

1987～1989 年在青海门源县盘坡地区严重退化的高寒草甸高原鼠兔、高原鼢鼠危害区运用上述技术进行综合治理后，不仅使鼠害得到长期有效的控制，在实施综合治理的第三年（1989 年），两类优良牧草（禾草、莎草）的地上生物量分别是对照区的 3.11 倍和 9.32 倍，植被高度由原来的 9.9 cm 提高到 86 cm，盖度由 35% 提高到 90% 以上，草地生产力大幅度提高。总之，以生态治理为核心内容的综合治理技术，在有效发挥自然因子的综合控害功能、促进退化草地的生态修复、从整体上提高放牧草地生态经济效益方面，显示了其他防治方法难以替代的效用，对草地管理决策有着十分重要的意义。

7.2.2　玛曲县灭鼠 + 补播 + 封育治理模式

由于长期过牧和草场退化，玛曲县害鼠严重。多年来，玛曲县一直主要采取毒饵防治害鼠的方法，虽然短期灭杀效果显著，但灭鼠后，残鼠繁殖加快，使害鼠数量短期内迅速回升。为了长期控制鼠害，甘肃省玛曲县草原工作站提出了灭鼠 + 补播 + 封育的鼠害综合治理模式（董高生，2004）。

1. 技术要点

首先进行毒饵灭鼠。在鼠患严重地区，选用常规灭鼠药鼢鼠灵和 "C 型肉毒素"，以小麦或青稞作诱饵，运用人工投饵灭鼠。地面鼠直接在距洞口 10 cm 左右处投药，对于地下鼠，在探出有效洞口后，用镊子将鼢鼠灵置于洞内后封洞，7 天后进行灭鼠效果检查。鼢鼠采用开洞封洞法，鼠兔采用堵洞盗洞法。其次在灭鼠后，进行补播、封育。补播草种为当地的垂穗披碱草、垂穗鹅观草、草地早熟禾等，采用人工撒播，播种量为 22.5 ~ 30.0 kg/hm^2。

2. 整治效益

毒饵灭鼠的效果平均为 92%，能迅速抑制害鼠的种群密度。在综合治理当年（2000年），灭鼠 + 半封育区，在全部地上生物量中，禾草占 19.76%、莎草占 20.11%、杂草占 60.13%；经过两个生长期的封育，禾草比重明显提高，达 36.1%，莎草和杂草下降，分别占 17.6% 和 46.3%。在灭鼠 + 半封育区和灭鼠 + 补播 + 半封育区，优良牧草（禾草、莎草）的地上生物量当年产量分别是非灭鼠区的 1.53 倍和 1.89 倍，第二年分别是 3.23 倍和 7.53 倍。而且补播后的第二年，草群整体高度由原来的 9.7 cm 提高到 38 cm，盖度由 48% 提高到 89%，植被分成两层，以补播牧草为上层、杂类草为下层。

在采取补播、半封育措施后，草群中优良牧草成分增加，使过去以委陵菜、雪苋等为优势的杂类草型，变为以补播的禾本科牧草为优势的植物群落。原来严重退化的草地植被在短期内得以恢复，草群结构和草地质量发生了根本性的改变。在实施灭鼠、补播、围栏封育措施后的第三年，鼢鼠和鼠兔种群数量一直处于很低的水平，均在防治标准以下。可见综合措施促进了草地生态环境的改变，而环境的变化又抑制了鼢鼠、鼠兔数量的回升。这种综合治理草地鼠害的方法是单纯的毒饵方法难以替代的。

7.2.3　石渠县鼠荒地建植人工草地模式

石渠县有鼠荒地 76.3 万 hm^2，占可利用草地的 40%，草地植被主要以旱生草本植物为主，覆盖度仅为 0.5% ~ 6.0%，基本无载畜能力，已经沦为鼠害荒漠化草地。针对这部分严重退化的草地，石渠县草原站试验设计了灭鼠 + 建植人工草地的综合整治模式（兰伟和陈兴华，2001）。

1. 技术要点

选择垂穗披碱草（*Elymus nutans Griseb.*）和燕麦（*Avena sativa Linn.*）作为建植人工草地的主要牧草。种植前，采用弓型鼠夹灭治试验区及其周边地的高原鼠兔（*Ochotona curzoniae*），灭鼠效率达 90% 以上。灭鼠后，在试验区内撒施牛羊粪 3 t/hm²，然后采用机引圆盘耙耙深 30 cm，以翻埋、混合肥料，疏松土壤。

5 月下旬对土壤耙平，然后播种；播种后用圆盘耙浅耙一次，耙深 10 cm。利用垂穗披碱草和燕麦混播改良鼠荒地，其播种量为 147 kg/hm²，垂穗披碱草和燕麦比例为 1:1.7，即垂穗披碱草（54.4 kg/hm²）＋燕麦（92.6 kg/hm²）。播后，设专人看管，围建钢丝围栏，防止家畜啃食，之后每年开展一次灭鼠工作，不再进行其他管理措施，让其自然生长，作为割草基地。

2. 整治效益

4 年鼠荒地改良试验表明，其整治效果显著：①采用适宜高寒地区的多年生牧草垂穗披碱草与一年生牧草燕麦混播改良高海拔地区的鼠荒地，平均提高牧草产量在 68 倍以上，每公顷平均增产鲜草 13 t 以上；②改良试验中，采用燕麦可以起到对鼠荒地当年改良当年见效的作用，且能改善土壤植被结构，增加抵御风沙、抗寒能力，从而提高改良鼠荒地的效果；③在鼠荒地改良中，围栏设施的保护非常重要，是鼠荒地改良能取得长期效果的关键之一。

7.2.4 荒漠化草原鼠害综合防治模式

荒漠化草原鼠害综合防治的案例区位于甘肃山丹县，年降水量 160 mm，海拔 2100 ~ 2700 m，为典型的荒漠化草原，植被盖度 40% 左右，每公顷产干草 1110 kg。草原每公顷有鼠洞 1800 个，其中有效鼠洞 555 个，每年鼠害发生面积达 5.33 万 hm² 以上，每年因鼠害损失牧草 0.6 亿 kg 以上，危害严重。为此，山丹县开展了鼠害的综合整治。其基本方法是，首先对鼠害严重地段采用药物灭治，并修建招鹰墩进行招鹰灭鼠；对鼠害轻度危害草场直接修建招鹰墩进行招鹰灭鼠。其次对牧草生长条件较好的草场进行浅犁轻耙、补播改良；对牧草退化严重的草场先补播改良后，采取轮牧或禁牧封育等措施科学合理地保护利用，促进牧草休养生息、恢复植被，并建立有效的管理机制，确保鼠害不反复，以达到长期控制害鼠密度的目的（张九昇，2005）。

1. 技术要点

荒漠化草原鼠害综合防治的技术要点如下所述。

制订计划，确定禁牧区。在对鼠害灭治区进行全面调查的基础上，制订防治计划；根据药物的残留期和投饵方法确定禁牧期（一般 15 ~ 20 天），提交县政府发布，禁止牲畜进入防治区。同时，对参加灭鼠的人员进行操作技术和安全知识培训。

采用 9642 灭鼠灵灭鼠。毒饵配制按 9642 灭鼠灵 500 ml：清水 300 ml：小麦饵料 30 kg 现场配制，配好后装入塑料袋捂 2 h 投放，当天用完。灭治时间选择出蛰后、产仔前和牧草尚未返青、鼠类食物较缺乏时，投饵灭治时间在 4 月 1～25 日。每公顷投饵 270 g，每公斤毒饵可灭鼠 2.67～4 hm^2；每洞投饵 15～30 粒，堆放在洞口 8 cm 左右处，并在投放过的边沿线上做好标记，以免漏投或重投。投放毒饵后，组织人员随时巡回进行检查，对漏两次扫残。6 天后采用堵洞开洞法进行灭鼠效果检查。

修建人工招鹰墩（架），招鹰灭鼠。选择地面平坦、开阔、草地退化严重的地段，按间距 500 m 修建招鹰墩，每个招鹰墩的有效控制面积为 26.67 hm^2 左右。

加强草场管理。对牧草生长条件较好的草场进行浅犁轻耙，补播针茅、冰草等多年生牧草进行改良；对退化严重的草场先补播牧草，再围栏轮牧、季节性休牧等，促进植被恢复，破坏鼠类的生存环境。与牧民签订责任书，明确保护招鹰墩、围栏、草原植被等的具体任务及奖惩办法，引导牧民改变放牧方式，以草定畜，严格按核定的载畜量放牧。

2. 整治效益

通过综合治理，鼠洞密度明显下降，灭洞率 86.5%，实现了有鼠无害的目的，草原植被盖度提高了 30%，产草量提高了 37.8%；通过综合治理，每年每公顷增加纯收益 90 元。

7.2.5 川西北草原以生物防治为主的综合治理模式

四川草原位于青藏高原东南缘，地处长江、黄河上游和源头。近年来，由于超载过牧，草地退化和鼠害严重。为全面治理草原鼠害，四川于 2001～2005 年开展了草原无鼠害示范区建设（唐川江，2008）。

1. 技术要点

利用鼠害生物防治和生态控制技术，对草原鼠害进行综合治理，达到对鼠害生物灾害的持续控制。首先采取综合治理措施，有效降低害鼠密度，挽回因害鼠生存、繁衍直接啃食的牧草，以及害鼠活动造成草原次生裸地（如鼠洞、鼠丘、鼠荒地）的牧草损失。其次采取围栏封育、补播、施肥、除杂、灌溉等措施，对退化草原进行改良，提高草原生产力，改善草原生态环境，抑制、控制草原鼠害暴发。

2. 综合效益

在川西北草原建成 58.46 万 hm^2 的草原无鼠害示范区，示范区内植被盖度、高度增加，产草量明显提高，草原鼠害基本消除，平均新增纯收益 486 元/hm^2，科研投资年均纯收益率 6.62%，经济效益显著。

第8章　青藏高原人工草地建植技术与模式

青藏高原气候寒冷，牧草生育期短，冬春牧草不足。冬春草场过牧退化和饲草匮乏已严重阻碍了区域畜牧业的健康发展。因此，在高寒牧区土层较厚、人口分布较集中的地区，建立高产优质人工草地，提供枯草期补饲用的青贮和青干饲草，是缓解草畜矛盾的一个重要措施，是保证家畜安全越冬、维持畜牧业正常生产的根本途径。本章以现有文献资料为基础，总结了适合高寒地区人工草地的建植技术与模式。

8.1　人工草地建植与管理技术

8.1.1　牧草播种技术[①]

1. 人工牧草种植要点

人工牧草种植要点如下所述（俄木阿迁，2002）。

第一，选择重度退化草地，整地前重牧，将牧草尽量啃短、踏烂，充分暴露地表，有利于翻耕灭除杂草。第二，播种前施底肥，翻耕或耙松，拣除杂物及石块，挖好排灌沟渠。第三，选适宜牧草品种，在播种前半月进行发芽试验，计算种子播种量；播前对草种曝晒除潮、杀菌灭虫，混播的种子应混匀装袋。第四，选择适宜播种期。多年生牧草最佳播种期在每年的 7~8 月，此时雨量充沛、气候温和，避开了杂草生长旺盛期，有利于建植成优质、高产、稳产的割草地和放牧草场；对一年生牧草，应在 4 月进行春播。第五，确定适宜播种量。单播时，每公顷用种量光叶紫花苕 67.5 kg、多花黑麦草 33 kg、扁穗雀麦 60 kg、披碱草 45 kg、苇状羊茅 22.5 kg、鸭茅 15 kg、紫花苜蓿 15 kg、多年生黑麦草 15 kg、高羊茅 15 kg、白三叶草 7.5 kg；混播时每个品种减少用种量 20%；春播时气候变化大，地上地下害虫繁衍活跃，应加大 25% 的用种量，才能保证牧草生长密度。第六，选择适宜的播种方式。一般建植人工草地采用撒播，用手摇播种器或人工分两遍均匀撒种。按播种面积称重进行播种，播种结束后，及时用轻耙或拖拉机拉滚筒镇压盖种，厚度 1~2 cm。

2. 牧草混播技术

牧草混播时应选择生态适应性良好的混播牧草品种，考虑到牧草的用途、利用年限和

[①]　除有文献标注的外，其他播种技术的资料来源于中国科学院西北高原生物研究所、青海畜牧兽医科学院。

品种的相容性，掌握好混播牧草的组合比例。通常利用2～3年的草地混播草种两或三种为宜，利用4～6年的草地，播3～5种为宜，长期利用的草地则草种不超过5种。混播牧草的播种量比单播要大一些，如两种牧草混播，则每种牧草的种子用量应占到其单播量的70%～80%，三种牧草混播，则同科的两种牧草应分别占35%～40%，另外一种牧草要用其单播量的70%～80%。利用年限长的混播草地，豆科牧草的比例应少一些，以保证有效的地面覆盖。混播牧草的播种期，可根据每一种牧草的播种期确定，如同为春性牧草或冬性牧草则可以同时春播或秋播，如果混播草种的播期不同则分期播种。混播牧草的播种方法，可以将牧草种子混合后一起播种，亦可以间行条播，条播的行距可以是15 cm的窄间距，也可以是30 cm的宽间距。

3. "黑土滩"人工牧草种植技术

适用于植被盖度不足30%、原生植被几乎消失、已完全失去牧用价值、地形平坦便于机械作业、土层厚度在30 cm以上的"黑土滩"退化草地。此类草地由于其草地原生植被基本消失，生长缓慢、繁殖周期较长的莎草科植物已失去了自然繁殖更新的物质条件，即使在禁牧封育的条件下，其生态和生产功能的回复也需要几十年或更长的时间。因此，采取彻底耕翻，建植人工植被群落，是快速恢复其植被最有效的途径。

在高寒草甸"黑土滩"退化草地上，建立多年生人工草地的主要工序为：选地→灭鼠→翻耕→耙磨→播种→施肥→覆土→镇压。在"黑土滩"人工草地种植多年生牧草的同时，每公顷播种一年生优质饲草燕麦150 kg。这样做不但在当年可收获一茬燕麦草干草，而且对多年生牧草幼苗起到很好的保护作用。据测定，当年燕麦青干草可达5～10 t/hm^2。因此，保护播种是一种提高"黑土滩"退化草地人工草地经济效益的有效途径。

4. 高吸水性树脂播种技术

高吸水性树脂（简称SAP保水剂）是一种具有高吸水性、保水性和吸水膨胀性能，无毒无味的高科技产品。它在旱作林业、农业、水土保持土壤改良、生态环境保护等方面有着重要应用。在干旱缺水的条件下，使用保水剂进行植树造林和油菜种植具有保墒、促进植物种子萌发、生根和促进植物生长发育的作用，生态效益明显。采用保水剂撒播土壤表层和种子胞衣，可以促进牧草种子的萌发，提高土壤的含水量。试验结果表明，采用保水剂处理的示范区土壤含水量明显高出对照区，其中以胞衣处理效果最好。

8.1.2　施肥和灌溉增产技术

草地退化实际上是草地土壤肥力衰退的过程，因此，施肥可以大幅度提高人工草地的产草量。围栏草场可采用撒施方法，对于有机肥料，最理想的是厩肥汁，用洒水车均匀洒施。施用有机肥时，最好经过发酵腐熟、搅拌细碎，早春前施入，这样待冰雪溶化后，植物就可及早吸收。在无灌溉设备条件下，应在雨前或下小雨时及时施入肥料。氮肥易于挥发和流失，一次不宜多施，可分次进行。对豆科牧草应适当减少氮肥用量，而禾本科牧草则以施入氮肥为主。施肥量要根据草场具体情况而定，氮肥用量一般为每公顷30～

52.5 kg，有机肥为每公顷 1~3 t。

根据中国科学院西北高原生物研究所、青海畜牧兽医科学院的实验数据，在果洛藏族自治州达日县"黑土滩"上建植的人工草地，施用氮肥 75~375 kg/hm^2，分别在分蘖期一次施入、在分蘖期和拔节期两次施入，结果表明，草地增产明显，单产提高幅度为 112%~262%；同量的化肥在分蘖期和拔节期分两次施入的效果优于在拔节期一次施入。经测算，每公顷 300 kg 的施肥量增产效果最显著、产投比最高。

1. 草地追肥技术

牧草追肥以速效性化肥为主。豆科牧草具有根瘤，主要追施磷、钾肥。追施磷肥可提高混播牧草中豆科牧草的比例，提高混播牧草的产量；追施钾肥可加速豆科牧草幼苗生长，同时增加豆科牧草的寿命；追施氮肥可提高禾本科牧草的蛋白质含量和产量。禾本科牧草追施氮、磷、钾的比例大体是（4~5）:1:20。在返青期、分枝（蘖）后期、现蕾期、再生期，以及每次刈割之后追施化肥为最适宜时期，通过条施或撒施，结合灌水或雨天追肥，以防挥发和烧伤牧草茎叶。豆科牧草一般以磷、钾肥为主，生长 2 年以上者每公顷 37.5~75 kg，1 年生豆科牧草苗期还应配合一定数量的氮肥。禾本科牧草以氮肥为主，每公顷 37.5~90 kg 有效成分，混合牧草每公顷还应配合 37.5 kg 左右的磷、钾肥料（武保国，2003）。

2. 高寒草地微肥技术

微肥技术是对土壤施用微量元素，通过改善土壤营养环境，提高草地生产能力。化肥种类包括硫酸锌（$ZnSO_4 \cdot 7H_2O$，含锌量 21%）、硫酸铜（$CuSO_4 \cdot 12H_2O$，含铜量 17%）、硼砂（$Na_2B_4O_7 \cdot 10H_2O$，含硼量 11%）。微量元素在施肥前按比例混合均匀，进行根部追肥，其中硫酸锌在相隔 3 天后，配成 1:10 的溶液单独喷施。硼砂、硫酸铜和硫酸锌做追肥，对牧草的地上生物量和种子产量均有明显的提高作用，在中华羊茅草地，硼肥处理分别提高地上生物量和种子产量 12.2% 和 10.2%；而在冷地早熟禾草地地上生物量和种子产量则分别提高 13.2% 和 10.2%，但铜肥、锌肥处理组间地上生物量和种子产量差异不显著。硼肥对中华羊茅的分蘖密度和有效小穗数影响显著，分别提高 12.3%、9.3%，硼肥对冷地早熟禾的分蘖密度和有效小穗数分别提高 10.5% 和 8.8%，但铜肥和锌肥的影响效果不显著（桑杰等，2007）。

3. 增产菌技术

增产菌是从土壤中分离、培养的有益微生物，是一种安全、高效的作物增产益菌制剂，有增加产量、改进品质、提高抗性及防治病害的效果。用该制剂拌种、浸种、沾根、叶面喷施，能显著促进作物生长，提高产量和作物品质，提高抗旱、抗寒等抗逆能力。增产菌能促使植株长高、叶面积增大、促进光合作用，在提高鲜草产量的同时也增加了籽实的产量，是一项在农牧区适用的增产技术，使用时不受气候、土壤条件限制。主要用于以下几方面（拉旦，2005；汪梅，1999）。

1）拌种。用菌粉拌种，先将种子用水浸湿；用液体菌剂拌种，将菌剂加适量水，均匀喷洒在种子表面、边喷边翻动，使药剂均匀浸黏在种子表面，稍晾干后，即可播种。如需要温汤浸种，可以先浸种，后将浸过的种子同菌剂拌匀。拌种的使用量可根据种子的大小及表面光滑度而定，一般按种子重量的 10%～20% 使用。

2）浸种。需要催芽后再进行播种的种子，可采用菌剂浸种的办法处理。即先将增产菌配成 10～20 倍的菌液，然后把催芽的种子装入袋内并浸入菌液中，待种子表面沾满菌液后，取出稍晾即可用于播种。

3）喷雾。可在牧草的幼苗期、初花期、盛期，用 300～800 倍液喷雾，每隔 10 天喷一次，连喷两或三次。喷雾时应注重植株下部，尤其是其基部适当多喷些。

4）浇灌。将增产菌稀释 500～1000 倍液对移栽苗浇灌，每株灌菌液 150～200 ml，浇于定植坑内，而后定植。

使用增产菌应注意：①增产菌可与多种杀菌剂、杀虫剂和低浓度除草剂混合使用，但不能与杀细菌剂混用；②增产菌存放期不宜超过半年，最好随买随用；③使用增产菌的地块，土壤要疏松肥沃、不干燥，否则难以发挥增产防病效果。

4. 灌溉技术

根据土壤墒情决定浇灌时间。春播常遇干旱，土壤墒情差，播种 3 天后应引水浇灌，以保证牧草出苗和全苗。当牧草进入分蘖（分枝）期后，其抗旱力增强，可减少浇灌次数。牧草进入分蘖（分枝）期，结合浇灌每公顷用尿素 75～105 kg 均匀撒施作提苗肥，可选雨天或下午 5 点以后进行。建在羊舍附近的人工草地，可从化粪池中抽取发酵过的粪水进行施肥，每公顷 150 t，也可用撒粪车撒施有机肥。人工牧草刈割或放牧后，应施肥，以促进牧草再生长（俄木阿迁，2002）。

8.1.3 留茬和刈割青贮技术

1. 人工草地留茬技术

留茬高度对人工草地的牧草产量和质量影响明显。为了保持草地高产、稳产和优质，最大限度地发挥人工草地的生产力和经济效益，应结合草场类型、生产力情况，科学确定人工草地的留茬高度。以黑麦草（*Lolium perenne Linn.*）和白三叶（*Trifolium repens L.*）混播人工草地为例，应保持草地牧草留茬高度为 8 cm，这样可望在获取较高青绿牧草生长速度的同时，降低牧草的枯死率，达到提高草地产量和牧草品质的目的（瓦庆荣和代志进，2000）。

2. 饲草刈割技术

割草地牧草一般于初花期刈割，此时牧草品质佳、适口性较好、产量也较高。选择晴天收割，将刈割的牧草散放在地上晾晒，晾晒 1 天后将草翻动再晒，一般晾晒 3～4 天，晒至牧草含水率 15% 左右时，即可收储堆垛备用（戴良先等，2008）。

3. 饲草青贮技术

在牧区，宜采用牧草整株半干地面青贮。青贮地点一般选择离定居点或牲畜棚圈较近、地势稍高的地段，进行平整后铺一层农用薄膜即可。于禾草开花期整株刈割，晒至含水量50%（手摸有潮湿感，不易折断）时，即可进行青贮。选晴天将牧草平铺于薄膜上，堆一层牧草（30~40 cm厚），撒一次食盐（食盐用量占牧草总量的1.0%~1.5%），用脚踩紧，再堆放一层牧草，撒一次食盐，直到堆至离地面1.5 m左右时，收顶呈馒头状，然后覆盖塑料薄膜，再在塑料薄膜上覆盖约20 cm厚的细土，密闭保存45~60天后，即可启用（戴良先等，2008）。

8.1.4 杂草防除技术

在人工草地和半人工草地建植的初期，毒草、杂草与优良牧草的幼苗争夺光、热和营养，利用高效低度的化学除草剂进行恶性毒草、杂草灭除，可提高人工植被的生长速度和牧草产量。常用的草地除杂方法有化学除杂、人工除杂和综合除杂等，不同的方法效率不同。

1. 化学除草技术

目前常用的除莠剂主要有2,4-D类内吸型选择性除莠剂，对多种双子叶植物有杀伤作用，而对单子叶植物灭效差，是防除棘豆属有毒植物的常用药剂；使它隆对狼毒具有高度的选择性，而禾本科草对其不敏感，是灭除狼毒的理想药剂；草甘膦（镇草宁）无选择性，对禾本科、莎草科及其他阔叶、深根性植物都有较强杀伤作用。化学灭除时喷药时间应在花期，此时毒草幼嫩、抗药性弱、效果好；晴天进行，喷药要均匀，以毒草叶面湿润为宜；至少连喷3年以上，因为土壤中残留的种子遇到适宜条件仍会萌发，部分存活的毒草根部还会继续发芽。化学防除应选用输导性强的除草剂，以杀死毒草的根系，达到彻底除掉毒草的目的。化学除杂作为荒芜地补播前的地面除杂处理，具有操作技术简单、见效快的优点（纪亚君，2005）。

2. 人工除杂草技术

人工除杂草简便易行、成本高、灭效高，是牧区常用的毒草防除方法。在毒草种子成熟前连根逐片挖除，可避免毒草再生。多次刈割或挖除也可削弱毒草的营养生长，杜绝其种子繁殖，达到清除目的。其缺点是耗费人力、物力较大，成本高，只适用于局部地块少量高大杂草的多次防除。通过人工草地的轮换杀割，也可以有序地清除草地枯死物质，除去虫卵寄主，彻底灭除杂草，将草产品直接转化为商品，是一条草地经营、除杂双效益的管理途径。在小区全日制轮牧条件下，牛群采食牧草充分，对少量杂草采食、践踏力度增强，可有效抑制杂草的再生繁衍，粪尿促进了优良牧草的竞争优势，达到较好的防除效果（黄琦等，2003；纪亚君，2005）。

3. 杂草综合防除技术

综合防除杂草的措施主要包括以下几种。①防止杂草入侵，包括建立杂草种子检疫制度、清选播种材料、施用腐熟肥料、铲除杂草等。②通过合理的耕作制、人工及机械铲除等方法，消灭田间杂草。此外，窄行条播、合理的保护播种、正确组合的混播等措施，都是抑制杂草滋生的有效方法。③化学除草剂灭草。可通过将除草剂直接喷到杂草的茎秆和叶片上灭草，一般在晴朗无风的天气，在杂草最敏感时期采用喷雾的方法进行；或把除草剂施在土壤表面灭草，施用时间多在播种前或发芽前，使用灭生性除草剂。土壤表面灭草应注意残效期和淋溶性，以防药害。适合禾本科牧草的除草剂有 2,4-D 丁醋（乳油）和 2,4-D 钠盐（粉剂）等，每公顷用药量 1.5 ~ 2.3 kg，溶水 450 ~ 525 kg，喷雾处理。适合豆科牧草的除草剂有敌稗、扑草净和茅草枯等，其应用范围、使用方法、用药量、注意事项等应严格按说明书进行，以免造成不必要的损失（武保国，2003）。

8.1.5　牧草越冬管护技术

人工牧草冬季休眠和早春返青依靠碳水化合物、脂肪、蛋白质等贮藏性营养物质来维持它的生命活动，为了保证越冬前有充足的贮藏性营养物质，在初霜来临前一个月左右应结束利用牧草，同时要求留茬至少在 10 cm 以上，或者每隔一段距离留 1 m 宽的植株不要刈割，以保证植株在越冬前有充足的光合面积和光合时间，从而积累更多的贮藏性营养物质，同时便于积雪保温（陈建纲，2003）。

越冬前后每公顷追施 1 t 草木灰可减轻冻害。因为草木灰呈黑色，有较强的吸热力，并含有丰富的钾可被牧草利用。此外，冬前施用马粪等也有助于牧草安全越冬，每公顷施用 10 t 为宜。结冻前灌少量的水，可使土温变幅减缓，但若多灌会增加冻害。结冻后进行冬灌有助于保温防寒，对牧草越冬有好处。此外，在仲冬期间通过烧燃、熏蒸、施用化学保温剂及加盖覆盖物等措施也均有防寒越冬作用。在牧草越冬期间，通过设置雪障、筑雪埂、压雪等措施可更多地积雪，雪被可使土温不致剧烈变化从而保护牧草不受冻害。

返青前应注意防止冰壳的形成和冻害，因为冰壳下的牧草返青芽会因缺氧而窒息死亡，或因冰壳导热性强而使牧草返青后受冻害，或产生冻拔使牧草的分蘖节、根茎和根系受到机械撕裂。为此，当出现冰壳时应在冰壳上撒草木灰以加速冰壳融合，或使用木棒等敲打冰壳，大面积的人工草地可使用镇压器破坏冰壳，以减轻冻害和冻拔危害。返青前夕，在牧草返青芽还未露出地面时，焚烧上年留下的枯枝残茬，这不仅能增加土壤含钾量，而且能通过提高地温促进牧草早返青 1 ~ 2 周，以延长牧草生长期，增加产量。牧草返青芽露地后，生长加快，应注意及时追肥灌水，以满足牧草返青生长的需要，但如此时土壤墒情较好则不必灌水，以免通气不良或降低地温而影响牧草生长。在返青前要把地保墒，增加土壤通透性，促进土壤吸收阳光、提高地温和消灭早期杂草。此外，返青期间要绝对禁牧，保护饲草返青，健康生长。

8.1.6 免耕种草综合配套技术

免耕种草地主要选择植被盖度低的严重退化草地、鼠害鼠荒地、撂荒地和牲畜卧圈卧地等。播种前进行地面处理，清除植被、平整地面、疏松表土。一年生牧草主要采取春播，最佳播期在土壤刚解冻后的4月中下旬，若遇特殊情况，最迟不能晚于5月下旬。多年生牧草既可春播也可秋播，春播的适宜播种期为4月中下旬，最迟不得晚于6月下旬，而秋播以10月中旬未冻土前最佳。秋播翌年出苗早，出苗率、分蘖率高，产草量比春播高，且节约播种成本（戴良先等，2008）。

1. 整地与播种

在播种当年初冬适度放牧（放牧时间一般为7天左右），既可采食地面枯草、牲畜粪尿，又有施用效用，放牧结束后对没有粪便或粪便少的地方适当补施牛羊粪；次年免耕种草播种前，要对杂草进行处理，主要清除早期萌发的双子叶植物。

大面积免耕种草时，先以旋耕机松土，然后撒播草种，再用钉耙人工盖种；在有重耙的条件下，可先重耙松土后撒播草种，然后用钉耙盖种，再驱赶牛羊践踏。由于多年生牧草种子细小，盖种太深影响出苗，所以播种后不能再用重耙或旋耕盖种。对于严重退化的撂荒地，可先用重耙疏松表土后撒播种子，再用重耙拖拉盖种。对于牲畜卧圈、卧地，由于牧区每户的牲畜卧圈、卧地一般只有几亩，不需要机械，使用钉耙即可，即先用钉耙疏松表土，再撒播草种，最后再用钉耙人工盖种。

2. 牧草组合

在高寒牧区，适合免耕种植的一年生草种组合为（每公顷用量）："燕麦150 kg+箭筈豌豆45 kg+多花黑麦草7.5 kg"、"燕麦112.5 kg+光叶紫花苕45 kg+多花黑麦草15 kg"；适宜的多年生草种组合为（每公顷用量）："川草1号老芒麦30 kg+藼草7.5 kg"或"川草1号老芒麦30 kg+疏花早熟禾6 kg"。同时，采用燕麦与老芒麦混播，可有效提高多年生牧草免耕种植当年的产草量，其中以"川草1号老芒麦30 kg/hm^2+燕麦75 kg/hm^2"的混播组合较好，可形成较合理的群体结构。

3. 草地管理

实行封育。在免耕人工草地的周围设置围栏，在牧草生长期间禁止牲畜进入草场内采食牧草和践踏草地，以保证牧草正常生长。

防除杂草。一般情况下，于免耕人工草地建植当年，禾本科牧草苗期至分蘖始期，采用2,4-D丁酯乳油200 g兑水30 kg叶面喷施，只要喷后6小时内不下雨，灭效可达到90%以上。若喷药后6小时内遇雨，应补喷一次药液。

草地施肥。草地施肥是提高多年生人工草地产草量和延长利用年限的一项关键措施。翌年5月，于禾本科牧草分蘖期每公顷追施尿素75 kg左右。若有条件，在牧草分蘖期叶面喷施一次"施丰乐"叶面肥（每公顷1125 g兑水11 250 kg），增产效果更加显著。

饲草刈割和收储。一般在禾本科牧草初花期，选择晴天收割。刈割牧草一般晾晒 3~4 天至含水率 15% 左右时，收储堆垛备用；或晒至含水量 50% 时青贮。

8.1.7　生物围栏技术

为了提高人工草地的产草量和延长使用年限，在建设人工草地的同时，利用特殊植物建立围栏，既能起到围栏封育、休牧、轮牧的效果，还能较使用铁丝、土墙围栏降低投资成本。其技术要点是采集易于栽培的当地柳树枝和勾刺作为生物围栏材料。具体做法如下所述（俄木阿迁，2001）。

将柳树枝切成 100~120 cm 长段，勾刺剪成 30~50 cm 长段，沿着人工草地边缘，柳树按行距 100 cm、窝距 50 cm 双行扦插，而勾刺按窝距 50 cm，错窝扦插柳树中间，在 3~4 月或 7~9 月建植。栽植后浇水，及时更换未成活植株和补缺窝，防止牲畜践踏。第二年在柳树高 180~200 cm 时进行打尖，使侧枝充分生长。勾刺缠绕柳树攀缘交错，再辅以人工编织，生长 2~3 年就形成了较好的生物围栏，起到保护人工草地的作用。

柳枝和勾刺扦插成活率高，生长快，易成林。勾刺属藤蔓型生长，喜缠绕于柳树杆枝上，分枝多，扩张力强，越长越密越牢固，不但生物围栏效果显著，还起到防风、固沙、羊只夏日避暑等改善人工草地环境的生态效益。

柳枝、勾刺可就地取材，栽植技术简单、成本低、使用年限长。生物围栏每米的造价为 5 元左右，而刺丝围栏、铁丝网围栏则分别为 30 元、20 余元。生物围栏几年见效后，几乎无人、畜破坏，一般使用年限可达 50~100 年。刺丝、铁丝围栏安装繁杂，特别是交通不便地区，运输困难，且易被盗，人为破坏严重存在，时有大牲畜损坏。因刺丝、铁丝围栏是用水泥柱或木柱支撑、紧拉固定的，易倒伏、生锈和被盗。

8.2　常用牧草种植技术

8.2.1　"高寒 1 号"生态草

"高寒 1 号"生态草主要由多种极耐寒、抗旱的牧草草种组成，即选用包括达乌里披碱草、细茎冰草、匍匐紫羊茅、扁穗冰草、无芒雀麦和高山雀麦，按照地上匍匐茎、地下根茎与强大须根结合，上繁草与下繁草结合，早期成长型与中晚期成长型结合的原则，按一定的比例配比组成。是国内外资深专家针对我国高寒地区草地改良、生态治理和植被恢复而科学配比的牧草草种组合（北京克劳沃草业技术开发中心，2005；张云等，2009）。

"高寒 1 号"生态适应性很强，也耐瘠薄，对土壤要求不严格。在高海拔地区耐霜冻、耐变温能力强，非常适宜在年均温 0℃ 以下、极端温度 -40℃ 左右的高寒草原、高寒草甸区种植，并用于草地改良、植被恢复和生态治理。"高寒 1 号"的种植可采用飞播、草地补播、机械播种、人工撒播等方式播种，播后尽量进行适当镇压，播种时间以夏季为宜，也可视土壤温度和墒情、天气情况确定播种时间。

8.2.2　细茎冰草

细茎冰草又名粗穗披碱草，禾本科多年生草本植物，须根发达、密生，茎秆直立、株高 60 ~ 90 cm，疏丛型，能形成稠密草丛，使用寿命 5 ~ 6 年。具有耐旱耐寒、耐盐碱耐瘠薄、易建植的特点，是"三化"土地最主要的植被恢复用草种之一。细茎冰草能在年降水量 350 mm、土壤 pH 7.3 ~ 8.8、海拔 3700 m 的高寒山区良好生长，产草量高，耐牧性强。晒制干草或直接放牧，营养价值高，适口性好。乳熟期刈割，一般每年刈割两或三次，鲜草产量 30 ~ 45 t/hm^2。细茎冰草比其他冰草易建植，播后 1 年就可达到正常产量（北京克劳沃草业技术开发中心，2005）。

细茎冰草可春播、夏播或秋播，播前要适当整地，酌情施肥。免耕条播行距 30 cm，播深 2 ~ 3 cm，播量 30 ~ 45 kg/hm^2。"强劲"细茎冰草可单播，也可与其他牧草混播。其种子活力强、成苗快、易建植，是旱地建植高产人工草地及"三化"土地植被恢复和边坡有效控制水土流失的优良品种。

8.2.3　燕麦

燕麦对青藏高原地区的自然环境有着独特的适应能力，丰产稳产，是解决冷季缺草、确保高寒草地畜牧业生产可持续发展的最佳品种。燕麦草营养丰富、易于消化、适口性好、利用价值高，它不仅可以单一种植，而且是混播或覆盖播种的优良种质资源。燕麦与豌豆、箭筈豌豆等豆科牧草混播，可提高饲草的养分含量。它也是多年生人工草地的覆盖作物，使其在当年不减产的同时，又能起到遮阴作用以保护多年生牧草（尼玛扎西等，2008a；徐长林，2005）。

燕麦忌连作，可与马铃薯、豌豆、玉米、油菜、绿肥等作物轮作。在土壤解冻层达 15 ~ 20 cm 时抢墒播种，播种深度 5 ~ 7 cm；作为青刈燕麦种植，应在 4 月中上旬播种，每公顷播量 210 kg；作为收籽实燕麦种植，应在 4 月中下旬播种，每公顷播量 150 ~ 187.5 kg 左右，每公顷基本苗掌握在 330 ~ 420 万株左右，每公顷保穗 375 ~ 450 万个。燕麦宜与豌豆、箭舌豌豆等豆科作物混播，燕麦播种量应占总播种量的 2/3 ~ 3/4。

播种时以有机肥料作基肥，施量 37.5 t/hm^2，化学肥料施肥量最低标准氮和磷分别为 60 kg/hm^2。在三叶一心期，最迟不迟于四叶一心期追肥灌水，每公顷追施尿素 1125 ~ 1687.5 kg，浇后要及时中耕松土，在灌浆期浇好灌浆水，以浇小水、勤浇水为标准。

青刈燕麦可在拔节期至开花期刈割，可刈割两次，即 6 月底 7 月初第一次收割鲜草，留茬 5 cm 左右，收割后灌水追肥，每公顷追施尿素 75 ~ 112.5 kg；第二次收割应在 9 月底，收割贴近地面。收获籽粒的应在穗上部的籽实达到完熟，而穗下部籽实腊熟时收获。

燕麦饲养效果良好。在海拔 3000 m 和年均温为 -0.1℃ 的高寒牧区，200 天的舍饲越冬试验表明，每只绵羊每天饲喂 1 kg 燕麦青干草，绵羊活体重保持不减重；饲喂 1.5 kg 燕麦青干草日增重 40 ~ 70 g。根据饲喂试验数据，每公顷燕麦草地可使 38 ~ 60 只绵羊安全越冬，因此种植一年生燕麦草地，是解决青藏高原地区冷季天然草地牧草不足的有效措施，它弥补了天然草地牧草枯黄期营养的不足，是提高高寒草地畜牧业生产力的优良饲草品种。

8.2.4　红豆草

红豆草是豆科多年生牧草，性喜温凉干燥气候，适应环境的可塑性大，耐旱耐寒。与苜蓿比，抗旱性强，抗寒性稍弱，适宜在年均气温 3 ~ 8℃、无霜期 140 天左右的地区种植。红豆草对土壤要求不严格，可在干燥瘠薄的土壤栽培，具有产草量高、营养价值高等特点，是发展畜牧业的优良草种之一（任继生和雷特生，1996）。

播种时间应在春雪融化、土壤解冻 10 cm 时进行，适宜播量为 90 g/hm^2，最低不少于 75 kg/hm^2，才能保证出苗率和成苗率。红豆草盛花期刈割，留茬高度 5 cm，可达产量高峰值。秋季适度利用是保证草地持续高产重要措施之一，过度放牧使第二年产量降低。氮、磷配合施用能显著提高红豆草产量。

8.2.5　草地雀麦[①]

禾本科雀麦属多年生牧草，根茎疏丛、发达，耐寒耐旱，能耐受 – 30℃ 的低温，在年降水量 400 mm 以上的地区可良好生长。春季返青早、再生性好、生产潜力大，对土壤要求不严格，栽培管理容易。

草地雀麦叶量丰富、叶茎比高、草质柔嫩、营养价值高、适口性好，是很好的刈割或放牧用优良牧草。通常 1 年可刈割 2 ~ 4 次，每公顷干草产量在 6 t 以上。草地雀麦对水肥很敏感，但在干旱条件下，也能保持良好的生产性能。草地雀麦极耐刈耐牧，可与紫花苜蓿等混播建立永久放牧地或割草地。它还是优秀的草原补播改良和生态恢复植物。

草地雀麦春、夏、秋季均可播种，在青藏高原地区，应在春末或夏季播种。可条播、撒播或喷播，条播行距 30 ~ 40 cm，播种量 45 ~ 60 kg/hm^2，播后覆土 2 ~ 3 cm，并进行镇压；护坡绿化播种量为 30 ~ 40 g/m^2。

8.2.6　苜蓿

苜蓿为多年生草本植物，成株高达 1 ~ 1.5 m，寿命一般是 5 ~ 10 年。耐旱耐冷热，喜中性土壤，在年降水量 250 ~ 800 mm、无霜期 100 天以上的地区均可种植。产量高而质优，干物质中含粗蛋白质 15.0% ~ 26.2%，主要用于制干草、青贮饲料或用作牧草（禹代林等，2007）。

苜蓿春、夏、秋均可播种，春播一般在 4 ~ 5 月，当地温稳定在 5℃ 以上即可播种；夏播易受高温和杂草危害，重点应注意保墒、防除杂草；秋播一般在 8 月底，秋播后土壤墒

---

① 资料来源：北京克劳沃草业技术开发中心。

情好，杂草的危害轻，出苗率和成活率较高。可采用条播或撒播，条播播种量每公顷
168.75~225 kg、撒播 225~337.5 kg，播种深度一般为 1~2 cm；条播行距一般以 30 cm
为宜，便于中耕锄草与施肥灌溉。播种后要镇压。

紫花苜蓿种子细小、幼芽细弱、顶土力差，因此，播前需进行种子处理和精细整地。
播前将苜蓿种子掺入一定沙石，在砖地上轻轻摩擦，擦破种皮，然后将种子放在 50~60℃
水中浸泡 30min；取出晾干后，每公斤苜蓿种子用根菌剂 5~8 g 制成的菌液喷洒，充分拌
匀，以打破休眠，提高发芽率和幼苗整齐度。对土地进行翻耕或浅耙，做到地面平整无杂
草。播前可每公顷用辛硫磷 15 kg 掺拌细沙土，均匀撒在地表后耕翻，防治地老虎、蝼蛄、
金针虫等地下害虫；每公顷用 7.5 kg 燕麦，掺拌细沙土均匀撒在地表，或兑水后用喷雾器
喷洒于地表后，耕翻或浅耙可防治野燕麦草。

播种出苗后如发现缺苗断垄应及时补种，保证苗齐苗全。苜蓿具有固氮作用，在苗期
根瘤菌未形成时施少量氮肥；一般全年生长期需灌水 4 或 5 次，即返青时灌水一次，每次
收割后灌一或两次，入冬前灌一次越冬水；要注意防除杂草，特别在播种后至幼苗期；每
年返青后、每次收割后也应注意防除杂草，可采用中耕锄草、人工拔草和使用化学除草
剂，一般收割前 50~60 天不施化学除草剂（对牲畜有害）。

在西藏主要河谷农区一年一般可收割三次。收割的时期为现蕾末期至初花期，即 10%
的苜蓿开花时为宜。在白朗第一次收割时间为 6 月初，第二次收割时间为 7 月底，第三次
收割时间为 10 月中下旬。每次收割留茬不要超过 8 cm。最后一次收割应在越冬前 30 天。
收割可采用人工或机械收割。每次收割后晾晒时，尽量避免雨水淋溶或牲畜践踏等因素造
成落叶，否则苜蓿草的质量会下降。当草含水量降至 18% 以下时，及时用机械打捆。

8.3 人工草地建植模式

8.3.1 人工牧草混播模式

牧草混播应根据各类草种的生物学特性，通过牧草的合理配置，优化草地植被群落的
空间格局，发挥各品种的空间优势，从而提高草场品种对多变性气候条件和病虫害的抗
性，有助于提高土壤肥力和地上生物量、改善干草的品质，并延长草地的使用寿命，实现
草地稳产和高产。

1. 人工草地的优化配置模式

通过选择适合当地气候条件的高产优质牧草品种，合理搭配草层，即上繁草和下繁草
的空间结构，使牧草之间的竞争降到最低，个体和群体协调发展，从而提高空间光能和肥
料的利用率，使草层中、下层叶率和总体叶量增高，提高牧草的饲用价值和单位面积产草
量。通过选取适宜的多年生牧草，如草原 2 号苜蓿、无芒雀麦、多叶老芒麦、冷地早熟
禾、冰草等，采取禾禾混播和禾豆混播，可明显提高草地产草量和牧草品质（潘正武和卓
玉璞，2007）。

在天祝高寒牧区 3 年的筛选试验中表现优良的多年生混播组合有：草原 2 号苜蓿 + 无芒雀麦 + 多叶老芒麦、草原 2 号苜蓿 + 多叶老芒麦 + 冷地早熟禾、无芒雀麦 + 多叶老芒麦 + 冰草、无芒雀麦 + 多叶老芒麦 + 冷地早熟禾、草原 2 号苜蓿 + 多叶老芒麦 + 冰草 5 种组合。

混播草地茎叶比明显低于单播，叶量明显增加，特别是豆科牧草的介入，显著提高了混播人工草地的牧草品质。中国科学院西北高原生物研究所在三江源地区"黑土滩"种植混播人工草地，选取垂穗披碱草、短芒老芒麦、中华羊茅、冷地早熟禾、波伐早熟禾，配置了 6 个人工草地群落组合。经 2 年的实验，初步确定了"垂穗披碱草 + 中华羊茅 + 冷地早熟禾 + 波伐早熟禾"的最佳人工群落组合。

2. 一年生燕麦 + 毛苕子混播模式

一年生牧草出苗快、生长迅速、与杂草的竞争能力强、产草量稳定，因此种植一年生燕麦与毛苕子，是解决高寒牧区冷季草畜供求矛盾的重要途径（李秋娜等，2008）。

燕麦前期生长迅速，到 7 月底 8 月初（抽穗期）已基本完成营养生长，进入生殖生长，株高变化不大。毛苕子在现蕾期（7 月 26 日）之前的生长发育期间，生长速度较为平稳，进入现蕾期后生长速度明显加快并高于燕麦。燕麦和毛苕子对资源的需求在生长旺季不同步，具有时间互补性，使资源得到最大限度的利用，提高了草地生产力。

混播比例是此模式最重要的技术要点，经在石羊河上游地区的对比试验，以燕麦种子 76 kg/hm² 和毛苕子种子 42 kg/hm² 均匀混合、撒播可达到最佳效益。在牧草生长期间灌溉两次，除草三次。

混播草地的经济收入高于单播草地，纯收入每公顷可达 3020 元。在混播草地中，豆科植物可提高牧草的蛋白质含量，禾本科植物可提高牧草的干物质产量。所以，高寒牧区豆科与禾本科混播的一年生人工草地可使牧草在质、量上达到双优。

3. 一年生燕麦 + 箭筈豌豆混播模式

燕麦 + 箭筈豌豆是温带地区最简单和最常用的一年生禾本科、豆科混播草地，它既能提高产量、优化牧草营养成分，又能改善土壤结构、提高土壤肥力（包成兰和张世财，2002）。

播种前一年完成浅耕，灭茬灭草，蓄水保墒。翌年播种前施底肥、深耕、耙糖、整平地面。每公顷施有机肥 22.5 ~ 30 t，以过磷酸钙 300 kg 为底肥，播种时施磷二铵等复合肥为种肥，促进幼苗生长。按 4∶6 的比例，即每公顷播种量箭筈豌豆 37.5 ~ 45 kg、燕麦 135 ~ 150 kg，于 5 月中旬前播种，播种深度 3 ~ 4 cm。在农区一般在小麦收获后复种或麦田套种。若用于收种，则以早春播种为好。采用撒播或条播，条播时可同行条播，也可隔行条播，行距 20 ~ 25 cm。

箭筈豌豆抗逆性强，幼苗后期管理简便，但苗期要注意除草、适量追肥，在灌区应注意分枝期和青荚期的供水。箭筈豌豆对土壤磷消耗较多，收草后的茬地往往氮多磷少，应增施磷肥，以求氮、磷平衡，促进后作产量。

在大通县脑山地区燕麦与箭筈豌豆混播的试验推广结果表明，每公顷产鲜草 63.84 t，其中箭筈豌豆鲜草量占总产量的 39.94%，比单播燕麦增产 6.39%、比单播箭筈豌豆增产 29.2%；燕麦株高增长 5 cm，箭筈豌豆株茎增长 34.5 cm。

4. 多年生无芒雀麦和扁蓿豆混播模式

无芒雀麦是一种适应性广、短根茎、多年生的优良牧草，扁蓿豆是一种生态适应性广、抗旱抗寒、耐瘠薄、营养价值较高的野生豆科牧草。研究表明，通过无芒雀麦和扁蓿豆人工混播栽培，可在"黑土滩"建立高产、高效、优质的人工草地（丁生祥等，2007）。

在高寒牧区无芒雀麦与扁蓿豆混播种草，最佳农艺措施为扁蓿豆播种比例 18%～22%、有效微生物（effective microorganisms，EM）微肥拌种浓度 0.7%～1.0%、播种行距 30～34 cm。混播时应严格控制无芒雀麦与扁蓿豆的混播比例，当扁蓿豆比例过大时，扁蓿豆匍匐明显、叶枝变黄，有腐烂现象，影响收割和饲草品质。雀麦与扁蓿豆合理混播提高了光能利用率，有利于扁蓿豆株高的增长，且草丛中保持高叶面积指数的时间越长获得的产量越高。

8.3.2 粮油作物与牧草混播模式

粮油作物与牧草混播模式适合于年均降水 400～500 mm，平均气温 5～8℃、无霜期 90～110 天，以温性草甸草原或山地草甸为主的高寒半干旱区。采用粮油作物与牧草特别是豆科牧草混播，不仅能提高产量、增加收益，还能改良土壤、提高土壤肥力。

1. 粮油作物＋牧草混播模式

选择土层较厚、严重退化的草场，秋翻后，经过冬季冷冻，可使土壤疏松，促进草秸腐烂。对秋翻或春翻地，用重型圆片耙将地至少耙两次，便于粮（油）作物出苗。草地耕翻后，第一年种粮（油）作物，第二年实行粮（油）＋优良牧草混播，第三年开始作为人工草地割草利用，人工草地每 5～6 年更新一次。基本形成了"耕翻（第一年）→种植粮（油）作物（第二年）→粮（油）＋优良牧草混播（第三年）→人工草地建成、开始割草利用"的建植模式。牧草在播种当年生长缓慢，第二年甚至第三年以后产草量才达到高峰。播种当年效益低，产出投入比不高。另外，牧草在播种第一年、第二年地面很容易被杂草占据，将严重影响牧草生长。为此，宜在牧草种植的第一年混播一年生的粮（油）作物做荫蔽作物，以达到保墒、保苗、熟化土壤、抑制杂草生长、增加第一年和第二年收益的目的。荫蔽作物选择适应高寒牧区生长的小麦、大麦、油菜，优良牧草主要是鸭茅、紫花苜蓿、猫尾草、红豆草等。据测，人工草地建植的第三年、第四年，在不灌水、不施肥条件下，平均公顷产优质干草 4.5～5.3 t，为建植前产草量的 2.5～2.9 倍。从耕翻到播种牧草，每公顷可获净利润 675 元，解决了建植人工草地第一年、第二年效益低的问题。在高寒牧区严重退化草地上建植人工草地，不仅草地植被得到迅速改良、草地生产力得到大幅度提高，也使牲畜冷季饲草供需矛盾得到缓解，提高了草地载畜量，改善了草地生态环境（周莉萍和戴承继，2000）。

2. 油菜 + 牧草混播模式

以油菜与豆科、禾本科牧草混播。混播草地每年 5 月下旬播种，每公顷按播种量油菜 3 kg、杂花苜蓿 12 kg、老芒麦 45 kg 播种，并以磷酸二铵 75 kg 做种肥。老芒麦撒播，油菜、杂花苜蓿与种肥混匀机沟播，每年 9 月中下旬刈割。混播草地地上干物质和粗蛋白质产量明显增加，较天然草地分别提高 17.8% ~ 319.1% 和 27.9% ~ 316.1%；且生长季干物质和粗蛋白质产量高峰期，由天然草地的 8 月初推迟至 8 月 20 日，依此可确定该区生长季混播草地和天然草地的最佳刈割期应为 8 月 20 日和 8 月初（王殿武和文振海，1999）。

实施以油菜、豆科、禾本科牧草混播为核心的人工草地，除当年生产油菜子补偿种草费用外，其生物产量较天然草地提高 477.1%，水分利用效率每公顷提高了 15.2 kg/mm，建植混播人工草地可显著提高生物产量及水分利用效率。

8.3.3 干旱地区人工草地建植模式

青藏高原极干旱区主要分布在柴达木盆地东都兰巴隆 – 德令哈戈壁一线以西地区，占盆地总面积的 46%，是青海畜牧业的主要生产基地和绒山羊基地。极干旱地区生境严酷，科学选择适宜牧草及其组合、适时播种、加强后期管理，是干旱区成功建植人工草地的关键（郑建宗等，2007）。

1. 技术要点

人工草地建植技术及实施步骤：

1）牧草品种的选择。根据当地的气候和土壤特点，牧草应选用品质优良，具有较强抗逆性能、较高丰产性、耐低温耐盐碱的牧草品种，如垂穗披碱草（*Elymus nutans Griseb.*）、无芒雀麦（*Bromus inermis Layss.*）、紫花苜蓿（*Medicago sativa Linn.*）、黄花苜蓿（*Mcdicago. falcata L.*）、草木樨（*Melilotus suaveolens Ledeb.*）和红豆草（*Onobrychis viciaefolia Scop.*）等。

2）人工草地植物群落组合和整体配置。人工草地建植应以混播为主，如披碱草 + 老芒麦 + 无芒雀麦、禾本科品种 + 苜蓿等混播模式。为减少风害，可将人工草地划分为长 350 ~ 500 m、宽 200 ~ 300 m 的矩形地块，中间为草地，四周为 10 ~ 15 m 以杨树等灌乔木组成的防风林带，格格相连，整体如同田字格。

3）草地建植。由于日温差、盐碱、蒸发影响，人工草地建设当年牧草普遍存在缺苗现象，因此，应根据土壤盐碱程度，适当提高播种量，一般播种量应多于正常播种量的 10% ~ 15%；根据土壤质地和干旱程度，适当提高播种深度，可较正常播种深度增加 0.5 ~ 1.0 cm，但不应超过 4.5 cm。根据植物生长速度的差异特性，播种时需设置伴生种，以提高和保护牧草出苗率。伴生种为小麦等农作物，播种量为正常播种量的 25% ~ 30%。根据柴达木干旱区的气候特点，播种最佳时间为 4 月 20 日至 5 月 30 日。

4）加强田间管理。播种后应及时灌溉施肥，灭治杂草。越冬前产要适度留茬、适度灌溉，禁止地面积水结冰，缓冲春融解冻温差变化幅度，防止枯干或灰根等菌病状发生。

2. 收益

2003 年以来，对马海地区人工草地的试验观测显示效果良好，伴生建设紫花苜蓿草地出苗率较对照提高 50% ~78%、成苗率提高 20% ~37%。草地建设当年即有受益，次年青干草产量平均 8185 kg/hm²，增加了 4390 kg，相对草地建设前青干草产量提高 116%。禾本科 + 豆科混播草地产量禾本科牧草相对草地建设前提高了 23% ~36%，豆科牧草相对提高了 17% ~28%。林草间作使草地灌溉量下降、地温提高，一般年可使大水漫灌减少一次，供冬春季节地温普遍提高 1.5 ~2.5℃，返青期及枯草期均提前和推迟 3 ~7 天。草场病害发生减少，据统计 2005 年该区苜蓿地发病累计 0.87 hm²，占草地建设总面积的 3%。草地建成后当年土地覆盖度达 85%，提高了 55%，减轻了土地沙化风蚀。

第9章 青藏高原植树造林技术与退耕模式

坡耕地退耕和植树造林是植被恢复的主要措施和途径。本章收集整理适合青藏高原地区不同立地条件的植树造林技术，以及坡耕地退耕后的土地利用模式。

9.1 植树造林技术

9.1.1 干旱山地区适宜造林树种

在干旱山地选择树种时，应依据适地适树的原则，以引育抗逆性强而稳定的乡土灌木树种为主。浅山立地条件的类型较为多样，从造林绿化的角度来看，可分为阳坡、阴坡、梁峁等，这些地区的水、肥、热各异，因此造林树种的选择也不同（郑淑霞和王占林，2008）。

对于阳坡，传统造林灌木树种可选择沙棘（*Hippophae rhamnoides* Linn.）、甘蒙锦鸡儿（*Caragana opulens* Kom.）、小叶锦鸡儿；新造林树种可选沙木蓼（*Atraphaxis bracteata* A. Los.）、霸王（*Zygophyllum xanthoxylum* Maxim.）、红砂〔*Reaumuria Soongorica*（Pall）Maxim.〕、白刺（*Nitraria sibirica* Pall.）、北方枸杞（*Lycium chinense* Mill. var. *potaninii.*）。

半阳坡即东坡，一般立地条件较好，传统造林树种可根据不同地形部位由上至下选择，如沙棘（*Hippophae rhamnoides* Linn.）、甘蒙锦鸡儿、柠条锦鸡儿（*Caragana korshinskii*）、怪柳（*Tamarix chinensis* Lour.）、旱榆（*Ulmus glaucescens* Franch.）、山杏（*Prunus armeniaca* L. var. *ansumaxim*）、沙枣（*Elaeagnus angustifolia* L.）和青杨（*Populus cathayana* Rehd.）等树种；新造林树种可选白刺、白毛锦鸡儿（*Caragana licentiana* Hand.）、鲜黄小檗（*Berberis diaphana* Maxim.）、匙叶小檗（*Berberis vernae* Schneid）。

对于阴坡和半阴坡，可根据土壤水分和肥沃状况分为上、中、下三个部位。传统造林树种山的上部以沙棘、柠条锦鸡儿、怪柳为主，中部可增加旱榆、小叶杨（*Populus Simonii* Carr）、青杨，下部可在上述基础上再加河北杨（*Populus hopeiensis* Hu et Chow.）、山杏、旱柳（*Salix matsudana* Koidz.）、山杨（*Populus davidiana* Dode.）等；新造林树种可选白刺、鲜黄小檗、匙叶小檗、直穗小檗（*Berberis dasystachya* Maxim.）、银水牛果（*Shepherdia argentea*）等。梁峁地区风大、土薄、日夜温差大、立地条件较差，树种应以沙棘、甘蒙锦鸡儿、枸杞（*Lycium chinese* Miller）、柠条锦鸡儿、红砂、霸王、北方枸杞为主。

9.1.2 育苗和苗木保护技术

1. 容器育苗技术

选择距造林地近、地势平坦和排灌条件良好的地块育苗。苗床宽度一般为 1~1.2 m，深 10~20 cm，地表与容器袋上口持平，长度依据育苗数量和地势而定，床底整平后铺 2 cm 细沙，床与床之间留 30~40 cm 宽步道。选用厚度 0.03~0.04 cm 聚乙烯塑料制成的容器袋，袋的直径 5~12 cm、高 10~20 cm，袋下部打有 0.3~0.5 cm 的圆孔 6~10 个。苗木种子必须严格挑选，种子经消毒处理后播种装袋，将装好营养土的容器袋依次摆放在苗床内，地表与袋上口持平、挤紧，袋间空隙用土填满，然后播种。每容器内放 2 或 3 粒种子，播后覆细沙、浇透水。容器苗初期管理浇水要采用"量少次多"的原则，中后期视具体情况而定。要及时施肥，氮、磷、钾肥按比例以 0.5% 浓度溶液喷施。及时除草，防治灰霉病、立枯病、蝼蛄、中华金龟子等病虫害（柴永江等，2006）。

2. 柽柳扦插育苗技术

柽柳耐干旱、耐水湿和盐碱，适合干旱区低洼盐碱地造林。其技术要点包括以下几点。①在育苗前一年封冻前，选用直径 0.6~1 cm 的 1 年生枝条作为插条，剪成长 15~18 cm 的插穗，选择背风向阳的地方挖 50 cm 深的坑，坑底铺青沙 10 cm，将捆好的插穗摆放在沙上，每 80 cm 插立秸秆或葵花秆，保证通气，最后再插穗上面覆沙 25~30 cm，沙层上面喷洒清水，洒透为宜，进行沙藏处理。②选择土壤肥沃、疏松透气的砂壤土作为育苗地，在前一年秋季，对苗圃地进行深耕翻晒。扦插前细致整地（深度 25~30 cm），清除杂物，施复合肥 750 kg/hm² + 尿素 225 kg /hm²，用硫酸亚铁对土壤进行消毒。床面宽 1.2 m，长度随地块而异，床面铺膜，床与床之间留 40 cm 的管理步道，扦插前灌足底水，以备扦插。为了提高成活率，扦插前可用 ABT 生根粉 100 mg/kg 浸泡 2 h 左右。扦插株行距 10 cm×10 cm，每公顷插穗 100 万株，成活率可达 90%，保苗量可达 75 万株/hm²。幼苗对土壤水分要求较高，扦插后立即灌水，每 3 天 1 次，连灌 3 次，以后每隔 10 天灌水 1 次，待插穗发芽整齐后，每 25 天灌水 1 次即可，并结合中耕除草，进行施肥，施肥量 225~300 kg/hm²。立秋后要控制灌水，以防苗木徒长。当年苗高可达 110~150 cm，最高达 160 cm、地径达 1.2 cm。1 年后，柽柳苗可出圃造林，苗木出圃起苗时要注意尽量少伤根系，并用泥浆蘸根，以防苗木失水降低成活率（宋思泰等，2008）。

3. 起苗和苗木保湿技术

苗木越冬前灌结冻水，春季起苗前灌解冻水。尽可能采用起苗犁起苗，人工起苗留主根长 25 cm 以上，以确保根系完整。从起苗到栽植苗木，保湿工作是抗旱造林技术中极重要的环节。起苗前要将圃地灌足底水，待水分渗透后土壤不黏时起苗，起出的苗木及时分级打捆假植。苗木出圃时，樟子松苗、榆、灌木等实生苗，要将苗木根部沾上泥浆，苗梢向外，根对根，用草袋扎成捆包装运输；难以包装的杨柳树大苗要用苫布遮盖运输，防止苗根外露失水。要特别注意长途运输途中的苗木保湿工作。苗木运到造林地后，选择距水源近处假植后浇透水。杨柳树大苗造林前要先用水浸泡 48 h（柴永江等，2006）。

为保持苗木水分，确保造林成活，造林前应对苗木进行适当处理，分地上部分处理和地下部分处理。地上部分处理措施有掐头（杨柳树大苗造林）、截干（杨柳树等小苗造林）、剪侧枝（杨柳树造林）。地下部分的处理措施有修根、蘸泥浆、蘸吸水剂、激素蘸根及接种菌根等。

9.1.3　容器和截干造林技术

1. 容器苗造林技术

在立地条件差的造林地，可采用容器苗造林技术，以提高造林成活率。以油松为例，可推行每个坑中栽一株油松容器苗，同时点种 7 或 8 粒柠条种子，以确保坑坑有苗、穴穴有籽，大大提高造林成效。容器苗造林没有缓苗期或缓苗期很短，带土上山造林，对苗木根系伤害很小，栽植后，苗木马上能恢复生长，且造林不受季节限制，除冬季外，春、夏、秋三季都能上山造林，其中以夏季造林效果最好。在选择好造林树种的基础上，运用容器苗造林是解决山地区造林成活率低的主要方法（郑淑霞和王占林，2008；刘国强等，2003）。

2. 截干深栽造林技术

选用萌芽力强的阔叶树种进行截干深栽。截干可减少苗木体内水分的蒸腾和蒸发损失，比全苗栽植成活率提高五成左右，尤其在干旱年份，提高造林成活率的效果更显著。截干一般从苗木地径 5～10 cm 处剪掉上部，深栽后地上留 2～3 cm。在特别干旱年份，可用表土将所留部分全部埋完，形成一个小土堆，待芽萌发前再刨开小土堆。合理利用土壤水分垂直运动规律，适当深栽，把苗木栽到湿润土层，使其能吸收水分是保证成活的基础，一般深栽深度在地下 25 cm 以下（彭福坦，2005）。

3. 药物浸蘸根林木栽培技术

选择有促进苗木生根、供水或兼有肥料作用的 ABT 生根粉、保水剂、激活剂、磷酸二氢钾、黄腐酸钠、腐殖酸钠等药物类产品，将苗木根系用低浓度药液浸泡数小时，或用高浓度药液速蘸后立即栽植（胡建忠等，2001）。

4. 裸根苗蘸浆深栽技术

对裸根苗进行泥浆浸蘸，以保护根系（特别是须根）不失水，然后运往造林地，在栽植前若泥浆已显干，可再配制泥浆浸蘸。栽植时注意适当比原来地径深栽 1～2 cm。如果是一年或两年生针叶裸根苗，除适当深埋外，在干旱年份还可将苗木地上部分用土堆埋 4/5，待苗木萌动时再去掉土堆。这项技术虽然在操作上稍麻烦，但根苗成活率高，在正常年份中，成活率高达 90% 以上（彭福坦，2005）。

9.1.4　保墒造林技术

1. 土壤蓄水保墒技术

利用泥沙、卵石、秸秆、树叶、枯草、粪肥等材料覆盖，或利用地膜、草纤维膜、土面增温保墒剂等，以降低地表的蒸发速度，并能改良土壤结构，增强土壤持水能力。用地膜覆盖，可选择 1 m×1 m 或 60 cm×60 cm 的地膜。如果既要提高地温又要蓄水保墒，地膜可直接铺设在地表；如果以蓄水保墒为主，则把地膜铺设在表土层下面，表土厚度为 2 ~ 3 cm，这样还可延长地膜的使用寿命。草纤维是采用麦秸、稻草和其他含纤维素的野生植物为主要原料生产的一种农用纤维膜，其性能接近聚乙烯地膜的使用要求，它能被土壤微生物降解，是一种很有希望取代聚乙烯地膜的无污染覆盖材料。草纤维覆盖的优势在于覆盖后土壤温度变化小，有利于植物根系生长，可提高蒸腾效率、减少覆盖区内干物质的无效损耗，不论在丰水年还是欠水年都有明显的保墒作用（周永浩和李向福，2008）。

2. 覆膜抗旱造林技术

该技术主要适用于植苗造林，采取一坑（穴）一膜法，即先将苗木放入植树坑中，回填表土，按"三埋二踩一提苗"方法，栽植苗木土埋到离地面 5 ~ 10 cm 处，先浇水后覆盖地膜，地膜要铺成"锅底"形，四周高中间低，以利雨水汇集和下渗，最后在地膜上覆土成"锅底"状，防止地膜被风刮走及阳光照射，以延长使用寿命。选择无色、透明、1 m×1 m 或 0.6 m×0.6 m 规格的地膜，覆膜前要保证坑内土壤墒情充足。将地膜覆盖和吸水保水剂、绿色植物生长调节剂（GGR）、容器苗造林等结合起来可使苗木抗旱效果更佳（周永浩和李向福，2008）。

3. 保墒膜造林技术

保墒膜造林技术是利用地膜覆盖的保墒性能而试验开发的一种新型造林技术，其技术要点是，将塑料薄膜以漏斗状铺设于造林苗干周围，中间留孔，用于收集并储存降水，减少树苗周围的土壤水分蒸发，改善土壤墒情，一般可提高造林成活率15%，并促进幼树生长。具体做法是，选用质地较薄、不透水的塑料薄膜，裁剪做成直径45 ~ 50 cm 的圆形，中间留有 3 ~ 4 cm 的圆孔，孔到膜的外边缘之间剪一条开口，即为保墒膜。挖坑后，按常规方法将苗木培土至坑的中上部，然后将土做成漏斗型，把保墒膜套在苗木上，苗木从保墒膜孔伸出，保墒膜开口相叠压，使之呈漏斗形，再培土至满，最后在地表修成储水圈。如果在流沙上植树，树坑内的土特别是表层土最好换用一些保墒性能好的土壤，效果会更好（紫永江等，2006）。

9.1.5　夏、秋造林技术

1. 秋季植苗造林技术

采取鱼鳞坑、水平阶、水平沟、汇集径流、穴状整地方式在雨季前整地蓄水，以增加活土层厚度和土壤含水量，提高苗木成活率。秋季植苗造林尽量用大苗、壮苗，可防止霜冻、冻拔等问题出现。对杨、柳、榆、山杏等树种，剪去当年生主梢 1/2 ~ 2/3，侧枝全部剪留 50 cm 留桩。秋季植苗造林要随起苗、随栽植，苗木根系不要露天过夜，栽不完的苗木要用泥土埋植，防止冻根。栽植时一定要分层填土、踩实，绝不可透风漏气，有条件时浇一次透水，然后封土堆 20 ~ 30 cm 高，以利保墒防寒。加强管护，防止鼠、兔及人畜危害（舒乃辉等，2008）。

2. 荒坡雨季造林技术

针叶树造林一般安排在山坡的中上部，穴状或鱼鳞坑整地，密度可掌握在 3300 ~ 4950 株/hm²。阔叶树一般栽植于地堰，或在水平阶及水平沟成片栽植。栽植于地堰的株距 2 m 左右，成片造林，密度可掌握在 1950 ~ 2400 株/hm²，株行距 2 m × （2 ~ 2.5）m。利用容器苗或带土苗造林，起苗时应先挖掉容器袋周围的土，尽量不使袋内的土体松动，切忌用手拔苗起苗；栽前一定要撕破袋底部，栽后培土深度要比容器高出 2 ~ 3 cm，切忌将营养袋露在外面。利用裸根苗造林，要把好起苗关：在起苗前一天圃地灌水，起苗时一律用撅头深刨，做到根系完整，根部带土，剔除细弱苗和根苗，进行苗木分级，并用草袋包装，以减少苗木失水，随起随运，及时栽植。栽植时将苗木放在筐内，遮盖湿布，栽一株拿一株。不要用手抓握苗根部，尽量减少根系损伤。刨深穴，扶正苗木，填土以深度达原土痕为宜，踏实。造林后及时用枯树枝、碎草、石块等覆盖穴面，避免暴雨时雨滴击溅表土，减少蒸发。造林后如无雨，尤其是裸根苗应尽可能在栽后 2 ~ 3 天浇一次水。大雨过后，要及时查苗看穴，及时扒出扶正被压树苗，修补被大雨冲毁的树盘。未进行穴面覆盖的植树穴，大雨过后土壤易板结、干裂和滋生杂草，要适时松土，以保墒和清除杂草（冶德才，2009）。

3. 杨树夏季插干造林技术

采用夏季插干造林，可以错开春忙时期。利用该技术造林，要妥善安排好苗木保护、栽植、浇水、抚育等一系列衔接措施。插干采集必须在阴天或清晨、傍晚进行，同时，去掉枝上侧枝、叶及表皮受伤插干，做到随采集、随浸泡，以避免太阳暴晒和水分散失。荒山造林等下透雨后，立即栽植，挖宽 40 ~ 50 cm、深 50 ~ 60 cm 的穴，将地表熟土和高分子吸水剂充分混合进行靠壁深栽，踏实栽紧，栽植后插干露出 10 ~ 20 cm，每个汇集径流坑栽树 2 或 3 株，栽植 2250 ~ 2700 株/hm²。栽植插干要求浸泡且吸足水分，有条件的地方可以采用植物秸秆覆盖；有灌溉条件的荒地造林，挖直径 50 cm、深 40 ~ 50 cm 的坑后即时进行栽植，栽完后即时检查插干有无枝叶，有枝叶应即时清除，以防止水分散失，检查后应即时浇透水。浇完透水后，每隔一周浇一次水，一个月后，每月浇一次。发芽后即时清除基部芽，促进顶芽生长。荒山造林应即时清除坑内杂草。新梢长出后，易遭到叶蝉、卷叶蛾、杨二尾舟蛾等危害，应用 90% 美曲膦酯或 50% 辛硫磷 1000 倍溶液喷施叶面，效果很好。通过该法造林，苗木成活率高达 93%（张万庆和王登亚，2008）。

9.1.6 雨水集流抗旱造林技术

1. 集水抗旱造林技术

集水抗旱造林技术是一个节水和集水相结合的抗旱造林技术，适宜年降水量在250~500 mm的地区。其技术要点是，利用自然坡度，对坡面上凹凸不平的地方进行处理，修建矩形、梯形等形状的集水区，集水区下整修水平阶、水平沟用于植树。根据气候、地形和栽植树木的特点，合理配置整地方式，在造林前一年雨季前完成整地，以保拦截和渗蓄降水径流（郑淑霞和王占林，2008；胡建忠等，2001；李向福和周永浩，2008）。

在平坦地进行汇集径流整地时，应先确定坑的密度，然后挖坑，坑面整修成漏斗形；坑沟外沿土埂要踩实拍光，以防下大雨时冲毁；坑沟底部要翻松，以利蓄水，表土必须回填20 cm以上，切记直接在生土层上造林。

在坡面上整地时，应从山坡上部自上而下沿等高线方向进行，先挖植树坑或沟，然后在坑沟左右两侧呈倒"八"字形修引水沟，引水沟长1~1.5 m，深10~15 cm；坑在坡上呈"品"字形排列。沟状整地必须沿等高线方向整修水平，每隔1.5~2 m打隔埂，以便于蓄水。在水土流失严重的地区，坡度超过26°的宜林荒坡和地形破碎的沟坡，沿等高线自上而下采取鱼鳞坑、雁翅形集流、水平沟整地；坡度在15°~25°的荒坡和山坡，沿等高线方向采取水平阶、水平沟、雁翅形集流整地。对土壤结构和土质差的土壤，应采取蓄水保墒措施，如使用绿肥、锯末、土壤保水剂、土壤改良剂等，按不同配比与植树带内的土壤混合，以改良土壤结构，提高其持水能力。

2. 雨水集流注射灌根抗旱植树技术

在栽植时以大穴栽植为主，并在树木根系分布层垫适当厚度的草作为蓄水层，上接注水口，根据土壤水分状况及气候条件，利用集流水窖存储的雨水不定期进行注水，特别是干旱期补灌，从而使土壤水分在根系活动层周围保持时间增长，逐渐被树体重新吸收，从而达到提高造林成活率的目的（张延东，2008）。

注射灌根抗旱植树技术主要包括集流技术、储水技术、注射灌根技术、抑制无效蒸发技术等内容，主要形式表现为：水窖→人工担水→喷雾器→根注器→根系；水窖→手压泵→水管→喷雾器→根注器→根系；水窖→电泵→塑料管→根注器→根系。在面积较大、苗木栽植数量较多的情况下，可通过运用电水泵和输水塑料管提高工作效率、增大灌溉面积和株数。

9.1.7 戈壁极干旱区抗旱整地造林技术

在极端干旱的戈壁荒滩上，运用引洪挂淤、挖沟换土、挖坑曝晒提高地温等整地措施，提高苗木成活率，适宜在类似于柴达木盆地的戈壁荒滩推广应用。采用该方法造林，可使戈壁荒滩的造林成活率达80%以上，并显著提高树木生长速度。该造林技术包括三种方式（杨占武，2004）。

1. 淤整地造林

戈壁荒滩土层薄，造林前按自然地形筑埂，在初春将携有大量泥沙的冰雪消融水拦洪挂淤。经 1 ~ 2 年后可淤泥 20 ~ 25 cm 厚，再按照条田要求，带状机耕，深翻 30 ~ 35 cm，栽植林带，或每隔 5 ~ 6 cm 营造片林。此方式由于打破了地表的不透水层，改善了土壤结构，造林成活率相对较高。

2. 挖沟换土造林

在拟造林的地段，按 3 ~ 4 m 的距离挖 0.5 m × 0.5 m 的沟，彻底换土，营造林带。

3. 挖坑曝晒提高地温造林

由于柴达木盆地相对寒冷、日夜温差大，土壤的热交换只在 30 cm 以内的地表进行，因此，30 ~ 50 cm 以下的地温特别低，是造林失败的主要原因之一。苗木即使成活，主根也不能扎入土壤深层，根幅小，林木生长不良。造林前挖 60 cm 深的坑，曝晒20 天左右，增加了土壤温度，改善了土壤通气性能后造林，成活率相对较高，萌发期也明显提前。

9.1.8　干旱及半干旱地区健杨造林管理技术

健杨是阳性树种，喜水喜肥。要将苗木繁殖、壮苗培育、造林地选择、造林密度、栽植技术以及抚育管理每个环节紧紧衔接起来，完整地、系统地综合运用各种造林技术手段，才能保障营造林成效。在干旱或半干旱丘陵地造林时，可用保水剂对苗木根系进行处理（贾玲玲和王丽，2008）。

造林前整地，一般采用秋季全面整地，翌春耙压的方式。坡度较大的地段，可采用汇集径流或水平阶整地方式，以利蓄水保墒；平缓地段可采用穴状整地，穴状整地规格以 65 cm × 60 cm × 60 cm 为宜。栽植后要踩实，切忌窝根和透风。春季造林一般在 4 月中下旬至 5 月初间，干旱或半干旱丘陵地区健杨栽植密度以 2 m × 3 m 株行距为适宜株行距。

抚育管理一般包含松土除草、修枝间伐、林木病虫害防治几项主要内容。有条件的地方在林分郁闭前一年进行除草松土，随林龄增大而逐年减少幼林抚育次数，通常在栽植后第一年进行 2 或 3 次，第三年进行 1 次。林分郁闭后，通过适度修枝、间伐的办法来调节林分密度确保林木生长所需的营养面积。一般在造林后 6 ~ 7 年进行一次间伐，间伐强度为初植密度的 25%，间伐木可做小径材；修枝多在造林后第三年开始，修枝季节应在树液停止流动期内进行，修枝切口要与树干取平，不要留桩，防止撕裂树皮，要保持切口平滑，以利愈合。同时做好病虫害防治。

9.1.9　新材料造林技术

新材料包括 GGR 植物生长调节剂、多元降解地膜、吸水保水剂、干水（固体水）等，可缓解干旱、改善根系水分条件、促进苗木根系恢复，从而提高造林成活率。实践证明，合理应用以上新材料，对提高造林成活率和保存率有明显效果，如用生根粉处理苗木的成活率可比对照提高10%～20%。

1. 植物生长调节剂

绿色植物生长调节剂是一类无公害非激素型的植物生理活性物质，易溶于水、无污染、可常温储藏、使用简便。经产品试验可知：GGR6号、GGR7号、GGR8号、GGR10号用于苗木造林，可缩短1/3生根时间，提高造林成活率15%～65%，增加生长量30%～80%。建议1～2年生裸根苗使用25 mg/kg浸根1 h，两年生以上裸根苗25 mg/kg浸根2 h（郑淑霞和王占林，2008）。

2. 保水剂

保水剂又称吸水剂、保湿剂、高分子吸水剂、高吸水树脂，是一种有机高分子聚合物，它的分子结构中有网状分子链。保水剂遇到水后立即电解为正离子和负离子，它们与水有强烈的亲和作用，能迅速吸收比自身重数百倍甚至上千倍的水。保水剂吸水后膨胀为水凝胶，可缓慢释放水分供植物吸收利用，保水剂一次吸足水后可供植物吸收水分2个月左右。保水剂具有反复吸水功能，在不受紫外线照射的情况下能在土壤中保存5～7年。苗木定植前在定植穴的中下部苗根分布范围内施入一定量保水剂，与土壤充分混匀后立即定植，定植后浇透水，保水剂用量为20～30 g/株（郑淑霞和王占林，2008）。

3. 固体水

在干旱地区治沙造林时加入固体水，可以解决土壤水分供应不足的问题，在土壤水分最严重的胁迫时期，林木能保持存活的最低含水量，能提高苗木成活率，促进苗木正常生长（李升等，2008）。

利用固体水造林时，把棒状固体水用小刀一分为二，朝下扣在造林树种的根系部位，每穴1 kg。在库布齐沙漠，沙柳加入固体水处理后，造林成活率达到95.3%，比对照区提高14%；杨柴加入固体水处理后，造林成活率达到91.1%，比对照区提高7.3%；大白柠条的造林成活率比对照区提高12%。固体水处理还可以提高造林苗木的高生长量和生物量。施用固体水处理后，沙柳当年的生物量达到243.16 g，为对照区的3.3倍。

4. 封口蜡

封口蜡适用于一年生以上的裸根苗造林。将地上部分过多的枝梢剪除，剪口用封口蜡封好，可减少幼苗蒸发量以促使剪口提前愈合，提高造林成活率（郑淑霞和王占林，2008）。

封口蜡是将蜂蜡与石蜡按十分法比例配制而得，比例应掌握在（1.5∶8.5）～（3∶7），若蜂蜡比例过大，蜡温难以掌握，容易烫伤植条，蜡开始蒸发；当蜡液第二次熔化或熔化时间过长时要适量加蜂蜡。

具体配制方法：先将石蜡在锅内熔化，当蜡液温度达到70～80℃时，加入蜂蜡并不断搅拌，温度达 90～105℃时可以蘸蜡。熬制好的蜡以蜡层薄而透明（亮）为好，蜡温不够或配制比例不当都会导致蜡封过厚而产生脱落。使用方法是，将枝条剪口在熔化好的蜡锅中蘸蜡，速度要快，剪口要封严。

9.2　退耕还林还草模式

虽然青藏高原整体来讲，坡地耕垦并不严重，但在青海东部、高原东南高山峡谷等局部地区，也存在较严重的坡地耕垦现象，需要退耕还林还草、控制水土流失。本节主要根据 4 篇文献资料，即"大通县退耕还林还草模式与栽培技术初探"（胡建忠等，2001）、"西宁市退耕还林还草工程建设技术模式总结"（李雪林，2005）、"退耕还林还草林草配置模式研究"（刘国强等，2003）、"北川县林—药套作模式营造技术与经济效益研究"（李力等，2006），对青藏高原主要的退耕模式进行总结。

9.2.1　生态林模式

1. 封山育林模式

封山育林模式适用于分布在天然次生林缘附近、有种子来源的退耕地，利用植物天然下种、根系萌蘖扩展等来逐渐恢复植被。

2. 纯林造林模式

纯林造林模式即退耕地栽培乔灌木，营造纯生态林，包括针阔乔木混种、乔灌混种和大密度灌木三种模式。

1）针阔乔木混种：在土层深厚、立地条件较好的退耕地，可选用云杉、油松与沙枣、枸杞株间混种，云杉、油松株行距 2 m×6 m，每公顷 840 株；沙枣、枸杞株行距 2 m×6 m，每公顷 840 株。立地条件较差的退耕地，可采用青海云杉＋白桦、华北落叶松＋山杏等，以行间混交，行间距 3 m。造林后，应加强抚育管理，及时补栽、培土、防治病虫鼠害，进行封山育林。

2）乔灌混种：油松与沙枣、柠条行间混，油松株行距 2 m×6 m，每公顷 840 株为宜；沙棘、柠条株行距 1 m×6 m，每公顷 1665 株。也可选择祁连圆柏＋黑穗醋栗、白桦＋沙棘、山杏＋柠条等，行间混交、株间混交均可，行间距 2 m、株间距 1.5 m。

3）大密度灌木模式：选择桧柳等抗旱耐瘠薄的灌木，按 0.2 m×3 m 的株行距进行整地，每公顷 15 000 穴，形成高密度状，以利于郁闭、早固土、早采条，该模式适合于青海东部土层较薄、立地条件较差的造林地。

9.2.2　林农模式

1. 林农复合模式

林农复合模式是在退耕地修筑窄面水平阶，阶面栽树（青海云杉、山杏、柠条等）、坡面种粮（小麦、油菜）。采用4 m（水平距离）为一带，3 m坡面用于种粮、1 m为水平阶面造林。这种模式可应用于退耕还林还草工作开始实施的头几年，利用林带间坡地生产一些粮食、油料，缓冲由于粮田突然减少对农民所造成的冲击；同时，种粮后还能防止在林带间出现杂草丛生的现象，减少抚育费用。

2. 林菜复合模式

林菜复合模式以修建的窄带水平阶造林，林木在阴坡可选用青海云杉、白桦等，在阳坡可选用山杏、祁连圆柏、柠条等；阶间坡面种植多年生的鲁梅克斯、地肤等新型蔬菜。采用4 m一带，3 m为坡面种菜、1 m为水平阶面截流植树。适合城市周边或近居民点的退耕地治理。

3. 灌木花卉模式

灌木花卉模式主要结合旅游开发，对退耕地沿坡面等高线进行水平阶整地，水平阶面宽1 m，阶间距3 m。种植海棠、丁香、探春等观赏灌木花卉树种。适合城市周边或旅游区退耕地治理。

9.2.3　林草和人工草地模式

1. 林草复合模式

林草复合模式的基本技术要点是，沿坡地等高线修建窄带水平阶造林，阶间坡地种草，适合土层较厚的退耕地如河谷阶地区和青海东部黄土丘陵区。根据当地的地形和天然条件，可采用4 m一带，其中3 m坡面用于种草、1 m为水平阶面截流栽树。水平阶要求台面平整、外沿筑埂，每隔5 m修筑一横埂。坡面牧草地可以起到集流防蚀作用，同时其生产的牧草可用于发展畜牧业。林木在阴坡可选用青海云杉、沙棘等，在阳坡可选用山杏、柠条等，春季挖穴栽植，覆土超过根径2~3 cm；牧草选用紫花苜蓿、草苜蓿、豌豆、披碱草等。

2. 人工草地模式

人工草地模式包括两种基本模式。

1）种草＋护牧林模式：草本以牧场草、黑麦草、披碱草等禾本科植物为主，也可混播紫花苜蓿等豆科牧草，以增加饲草蛋白质含量；护牧林可选用青海云杉、白桦、沙棘等树种。采用12 m一带，10 m为坡面种草、2 m为水平阶面截流栽树，形成护牧林。

2）人工草地模式：适合坡度较缓、土层深厚的退耕地。应精细整地，种植有紫花苜蓿、披碱草、啤酒大麦、无芒雀麦、草木樨、早熟禾、燕麦等牧草，建植成饲草基地，在坡长较大时，每隔15~20 m，可带状整修水平阶一条，种植沙棘、小蘗等灌木，起到截流防冲作用。

3. 林草药结合模式

林草药结合模式的树种选择沙棘、青海云杉、桦树、华北落叶松、青杨、柽柳、山杏、柠条等；草种选择老芒麦、披碱草、紫花苜蓿、红豆草、草木樨、沙打旺、无芒雀麦、早熟禾等多年生牧草；药材选择大黄、黄芪、柴胡、防风、板蓝根、党参等。采用4 m 一带，乔木每公顷1050～1800 株，灌木每公顷1800～2550 株进行栽植，栽植行采用水平阶整地，阶间坡地种植草、药植物，林带宽1～1.5 m、草（药）带宽2.5～3 m。该模式适宜于土层深厚、立地条件较好的退耕地。

9.2.4 林药模式

青藏高原药材资源丰富，利用传统的优质木本、草本中药材，建植林药复合生态系统，使生态和经济效益得到充分结合，可实现生态、产业与地方经济同步发展。

1. 单种药材模式

包括辛夷单一药材种植模式和辛夷＋厚朴＋杜仲混交模式两种，是在四川省北川县开发的退耕地造林模式，适合水热条件较好的山地河谷区（李力等，2006）。

1）辛夷矮化种植模式：选择距离农户较近，经营管理方便的地块，采用辛夷实生苗秋季上山造林，次年秋季选取结果穗条进行幼林嫁接，嫁接成活后辅以施肥、抚育管理。在嫁接成活后，每年1 或2 次去梢抑制顶端生长，促进侧枝分化，形成球状树冠，以便采收辛夷花蕾。结果表明，辛夷实施矮化集约经营技术，造林后2～3 年即开始产出，5 年进入稳定产出期。而不通过矮化经营的辛夷，投资周期长，实生苗栽植17 年后才开始少许挂蕾，全面产出需20 年以上；植株高大，系枝端顶花、徒长枝多，且不易采摘、费工费时、产量低下。

2）辛夷、厚朴、杜仲混交模式。辛夷、厚朴、杜仲都是木本中药材，其适生环境基本一致，株间混交、行间混交与其纯林比较生长无明显差异。辛夷、厚朴、杜仲三种木本药材利用方式不同。辛夷主要利用其花，对树木生长和林分结构无明显影响，而厚朴、杜仲则取其皮，剥皮利用是对树木的一次性利用，对林分结构影响较大。因而，采用辛夷＋厚朴＋杜仲不同比例的优化混交模式，可避免厚朴、杜仲砍伐后裸地出露，造成不必要的水土流失，保证土地得以长期覆盖，从而维护森林生态环境。

2. 林药行间混交模式

林药行间混交模式是四川北川县开发的退耕地造林模式，包括杉木＋杜仲和柳杉＋厚朴两种行间混交模式，其基本要点是通过按一定间距分别种植林木和药材，达到既改善生态条件又能获得一定经济收入的目的（李力等，2006）。

1）杉木＋杜仲模式。适合地处偏远、远离居民点、经营管理不善的退耕还林地块。按行间交错杉木、杜仲排列的方式进行配置造林。造林5 年后，随着林木材积的增大，林分空间竞争剧增，应及时进行抚育间伐；此时可采伐杜仲，获取一次性经济收入。对杉木、杜仲行间混交平均生长量的试验结果表明：种植5年时，5行杉木+5行杜仲行间混交造林，其平均生长量大于杉木和杜仲纯林。

2）柳杉+厚朴模式。在柳杉适生区，以柳杉作为经营培育森林的目的，间伐厚朴获得早期经济产出为经营手段。柳杉具有早期喜阴湿的特点，适宜空气湿度大、光照强度小的阴湿环境；厚朴前期生长快，对柳杉起着荫蔽作用。利用两者在生态学生物学特性上的互补性，采用行间混交，造林5年后，间伐处于林分上层的厚朴可获得一定的经济收入。这样既不破坏原有森林覆盖，也不会造成水土流失，同时也为柳杉的生长留出了空间。

3. 林药复合模式

林药复合模式是对退耕坡地，沿等高线修建窄带水平阶，用于植树造林；在水平阶间的坡地，种植药材植物。在青海东北部半干旱区，林木在阴坡可选用青海云杉、白桦等，在阳坡可选用山杏、柠条等；药材选用以花、果等地上部分为药用部分的植物，如枸杞、金银花等。整地采用5 m一带，4 m为坡面种药、1 m为水平阶面截流植树。

9.3 绿洲防护林体系建设

青藏高原绿洲主要分布在柴达木盆地和共和盆地，气候干旱多大风，生态环境十分脆弱，农牧业生产极不稳定。依据绿洲由内到外生态条件有较大差异的特点，分别营造乔、灌、草，不同层次、不同功能的防风阻沙林带，形成综合防护体系，保护和改善绿洲的生态条件。技术关键是阻止绿洲外围沙地侵入，同时防止绿洲内部风蚀沙化（杨占武，2004）。

9.3.1 在绿洲外围构建封沙林带

在有残存植物的沙地上，采取封禁和人工培育的方法，依靠自然力，进行天然下种或根系萌发，辅以人工移植、补种、抚育、管护等措施，达到恢复植被的一种育林营林方式。根据自然条件、立地类型、社会经济状况及封育的目的，将封沙育林育草分为"全封"、"半封"和"轮封"三种方式。"全封"就是在封禁期间禁止除有利于恢复林草植被以外的一切人为活动。"半封"就是在封育期间，在林草生长季节全部封禁，而在停止生长的秋冬季节，允许群众有组织、有计划地经营活动和短期的放牧。"轮封"就是在封育区内，分区划片，有计划地轮流封育，可以是在时间阶段上的轮流封禁与开放，也可以是在地域上的轮流封禁与开放。在原生植被相对缺乏的地段，则要用人工补植或植苗的办法加以促进，但不要破坏原生植被的生长。一般情况下封沙育林（草）带的宽度不少于200 m。

对流动沙地构建防风阻沙林带。首先在流动沙丘上设置沙障。最常用的沙障材料为麦草，将麦草从中间用铁锹插入沙地内15 cm，地上露出15~20 cm，草厚5~6 cm。规格一般为1 m×1 m或1 m×2 m（垂直主风方向为1 m，顺主风方向为2 m）。沙障材料还可因地制宜选择砾石、黏土、芦苇、马铃薯藤等。沙丘迎风面和沙丘顶部一般不要造林，待风力逐步削平丘顶后再进行造林，同时沙丘背风面要留出掩埋预留地，以免栽植后树木被沙子掩埋。一般 3 m 以下小沙丘留 6 ~ 7 m 预留地，3 ~ 7 m 的中型沙丘留 3 ~ 4 m 的预留地。主要造林树种为柠条、花棒、沙棘、柽柳、梭梭、沙拐枣、沙蒿，以及青杨、小叶杨、白柳、沙柳、棉柳、黄柳、乌柳等。

9.3.2　在绿洲内部构建农田防护林网

根据风沙危害现状，农田林网的结构一般为疏透结构和通风结构。主林带与主风方向垂直或基本垂直，副林带则与主林带直交。由于风沙区的风力强、大风日数多，宜采用窄林带、小网格，主林带间距 150 ~ 200 m，副林带间距 400 ~ 600 m，每个网格的面积为 6 ~ 12 hm²。主林带带宽 5 ~ 8 m，4 ~ 6 行乔木或乔灌混交；副林带的带宽 2 ~ 5 m，2 ~ 4 行乔木或乔灌混交；农田林网的布局一般与农业总体规划相协调，林、田、渠、路统一规划，配套设置。营造农田林网的乔木树种主要为青杨，适应性强，繁殖容易且种源丰富。另外，乔木还可选择新疆杨、小叶杨、白柳、旱柳等；灌木树种可选择沙棘、柠条、柽柳、沙柳、棉柳、黄柳、乌柳等。

第三篇　青藏高原草畜管理和作物高产种植技术与模式

第 10 章 青藏高原畜牧养殖技术与草畜管理模式

本章收集了适合青藏高原地区与畜牧养殖有关的包括舍饲养殖、育肥、轮牧等技术，并整理了包括划区轮牧、"冬圈夏草"、"六化"家庭牧场等草畜可持续管理模式。

10.1 畜牧养殖技术

10.1.1 舍饲养殖技术

高寒地区夏秋气候温凉，牧草生长繁茂、营养丰富且适口性好，而冬春冷季气候干燥寒冷，可采食牧草量及营养价值均大幅度下降，草地牧草储量约为暖季的43%，造成牲畜夏壮、秋肥、冬瘦、春死的恶性循环。因此，秋末草场牧草质量和数量缺乏时，开展牛、羊舍饲育肥，使牲畜及时出栏上市，缩短牲畜存栏时间，可减轻放牧压力，保护天然草场，提高牧户抗灾越冬能力，增加牧民经济收入（徐世晓等，2005）。

1. 塑膜暖棚养羊技术

在高寒牧区利用暖棚舍养羊能减少牲畜体热量消耗，便于畜群集约管理，提高生产力。据测定，敞圈日均温为 −9.3℃，而同期冷季棚内日均温4.5℃。试点牧户建暖棚1座，面积114 m²，圈养羊152 只，测定天数130 天，成畜死亡率2.63%，仔畜成活率96.1%，成畜死亡率比敞圈下降6.86%，仔畜成活率则提高了15.8%；棚内饲养的个体产毛量比敞圈提高0.21 kg，少掉膘9.3 kg/只；羔羊平均增重4.57 kg/只，牲畜产出增效明显，间接节约了草地资源的无谓消耗，减轻了草地压力（拉元林，2004；李全林等，1998）。

2. 牦牛舍饲育肥技术

进行牦牛舍饲育肥时最好选择体格大、后躯较长宽、身体健康的牦牛，根据活重、膘情、性别进行组群和编号。育肥前期，对牦牛进行驱虫和健胃。育肥前对牛舍进行清扫，并用20%石灰水消毒。要按育肥计划和育肥牛只数量准备好饲草，或选择玉米、麸皮、青稞燕麦、大麦、高粱、豌豆、蚕豆、粉渣、油饼等配置混合饲料（高芳山，2008；杨光宗，2008）。

牦牛育肥期90～120 天，短期集中育肥，平均日增重700～850 g，最低不低于600 g。育肥结束时，成年育肥牦牛平均体重最低达340～360 kg，18 月龄犊牛平均体重最低应达150～170 kg。

选择健康无病的老母牛、体况较差的淘汰阉牛及 18 月龄犊牛等进行育肥。棚圈要求标准化、规范化，清洁、保暖、干燥、通风良好。

育肥开始时，为使牦牛适应育肥饲养，对其有 1 个月的预饲期，逐渐增加精料，若按占日粮比例计算，育肥中前期精料占日粮的 40% ~ 60%、后期占 70% 以上。

育肥期分为 3 个阶段，第一阶段 20 天左右，主要让牦牛适应舍饲育肥环境，日增重较低；第二阶段 60 天左右，为主要增重时期，日增重较高；第三阶段 20 ~ 40 天左右。前期饲料中蛋白质含量要高，中后期应增加能量饲料，前期按体重的 1.0% ~ 1.2%、中期按体重的 1.2% ~ 1.4%、后期按体重的 1.4% ~ 1.6% 提供精料；按日粮配比计，前期精料 40%、干牧草 60%，中期精料 60%、干牧草 40%，后期精料 65%、干牧草 35%。为了增加育肥牛的食欲，在肥育中后期要注意调节日粮种类，满足维生素 A、维生素 E 和钙、磷的需要，并适当增加食盐的给量。从育肥期开始要逐渐减少牦牛活动量，每天刷拭一或两次，及时清除粪便，铺以垫草，保持舒适环境。

10.1.2 牦牛放牧补饲育肥技术

采用放牧和补饲的方式，保证牦牛的均衡营养和快速生长，缩短饲养周期，加快出栏，提高草地和牦牛的生产效率。

1. 幼年牦牛半舍饲养殖技术

幼年牦牛半舍饲养殖的具体技术与程序如下所述。①采用暖季划区轮牧和带群走圈的放牧方式。带群走圈是指牧畜进入冬季草场后，为了延长冬季草场的使用时间，又临时返回到秋季草场进行短期放牧，采食秋末再生牧草。②利用空闲土地种植豆科、禾本科及混播牧草，作为补饲饲料。每年 4 ~ 6 月，采用"放牧 + 温棚 + 补饲"的饲养管理方式。③当草场质量差、产草量低、放牧采食严重不足时，可通过"青干草 + 尿素、糖蜜动物营养舔砖"的补饲形式进行补饲。营养舔砖由玉米、麸皮、脱毒菜子饼、糖蜜、尿素、食盐、微量元素添加剂等，按一定比例调和压制而成，舔食量根据牦牛的年龄、体格大小，通过对配方中黏合剂的比例调节，加以控制，防止过量采食造成中毒；草场质量良好，放牧采食可基本满足需要时，可通过"青干草 + 矿物质微量元素舔块"的方式补饲（吴克选，2007）。

2. 牦牛放牧 + 补饲育肥技术

牦牛适宜育肥月份为 6 ~ 12 月，以 9 ~ 12 月最佳。育肥期以 80 ~ 100 天为宜，平均日增重应达 600 g 以上，最低不能低于 500 g。育肥结束后，成牛育肥牦牛平均体重最低要达到 320 ~ 340 kg，6 月龄犊牛体重最低要达到 140 ~ 150 kg（高芳山，2008）。

育肥草场要求草场牧草丰茂、草籽多盈、水源充足、离圈较近。育肥牦牛可选择 8 ~ 10 岁的经产母牛、空怀母牛、牦牛牧犊或体况较差的阉牛。补饲暖季因牧草含蛋白质较多，应补饲一些碳水化合物含量丰富的饲料。每日补饲精料 0.5 kg、青草 3 kg；在冷季，牧草枯黄，蛋白质含量降低，应补饲含蛋白质高的混合料或配合料，每日补饲精料 0.75 kg、青干草 2 kg。

应在早霜消融后（8：00～9：00）出牧，下午在太阳落山后（17：00～18：00）收牧。早上应选择在阳坡山腰地段放牧，下午选择在阴坡山地根地段放牧。每日保证两次饮水，有水源时，自由饮水可不限。

10.1.3　牛羊轮牧生产技术

采用划区轮牧和通过对畜群结构进行优化配置，增加生产牧畜的比重，缩短牲畜的出栏周期，提高草畜的生产效率和经济效益。

1. 牦牛轮牧育肥技术

选择高山凉爽、蚊蝇少、牧草生长旺盛、草籽多的夏秋草场，在7～10月放牧育肥。育肥期一般为90～120天，也可根据草场情况和市场行情，适当缩短和延长育肥时间。放牧育肥期的平均日增重应达到500 g以上，最低不得低于450 g。如低于450 g，就应转换牧草或检查牛只健康状况，给予及时调整或淘汰。育肥结束后，成年牦牛体重最低要达到300～320 kg，6月龄牦牛犊体重最低不低于65 kg，18月龄牦牛犊体重最低不低于120 kg（高芳山，2008；杨光宗，2008）。

育肥牦牛主要以3～5岁的阉牛和8～10岁的经产母牛为主。也可选择牦牛犊育肥，牦牛犊育肥为全乳犊育肥和半乳犊育肥两种方式。前者采取哺乳期全哺乳，并补喂代乳品和少量混合饲料，后者哺乳期采用半哺乳（日挤母奶一次）并补喂代乳品。

放牧时间在5：00～22：00点。每日保证饮水两次，或在水源充足的地段，让其自由饮水。按季划片进行转场转场轮牧，即每隔15～20天转换草场一次，充分利用边远高海拔草场的优质牧草进行育肥。这样既能使牧草有生新养息、开花结籽的机会，又能防杂草、毒草滋生、草场退化及内外寄生虫的感染。

因放牧育肥是在夏秋进行，雷阵雨多，首先要注意人、牛安全，防止电击和冰雹伤亡，要避开牧场的雷电区；其次是要控制牛群，减少游走时间，增加食草机会，放牧距离控制在4 km以内，减少游走消耗；再次防止兽害。

2. 绵羊轮牧优化生产技术

在高寒草地，羊群大多为逐草而居，畜群结构极不合理：适龄母羊比例低、年龄偏老，而羯羊比例高、繁殖周转慢。因此，改善畜群结构可有效提高高寒草地的生产效率。为此，四川省阿坝州家畜改良站提出了高寒草地绵羊优化生产模式（左学明和肖勇智，1997）。

该模式的技术要点是，实行定居和分区放牧，根据牧草生长情况和季节变化，每小区放牧20～30天、夏秋日放牧10～12 h，冬春放牧7～8 h。羊群结构为种公羊2.77%、适龄母羊71.94%、后备羊20.63%、羯羊6.35%，年龄结构近似于金字塔。

根据在若尔盖县的实践，幼羊繁活周转率达46.83%、羊只总增率达40.87%、出栏率为40.48%，分别比若尔盖县同期养羊生产指标提高14.38%、14.40%、16.30%，效果十分明显。

10.1.4　羔羊季节养殖技术

利用夏秋季牧草生长旺、营养丰富的优势，可使羔羊通过放牧补饲当年育肥，入冬前出栏。其要点是充分利用暖季幼畜生长快、草场丰富的优势，对羔羊进行快速育肥，在最佳生长期内屠宰，降低草肉比、提高饲草利用率（韩忠明和马永明，2008）。

藏系绵羊大多是毛肉兼用的粗毛羊，生长速度慢、肉用性能较差，可用欧拉羊对其进行改良，以提升其肉用性能。欧拉羊是适应青藏高原特殊环境条件的肉用性能较好的草地型藏绵羊，集中分布在甘肃的玛曲县和青海的河南县，它体格大、生长发育快、肉用性能优势突出，成年公羊体重 75.85 kg，成年母羊 58.51 kg。用欧拉羊做父本，以普通藏系绵羊为母本，采取自然交配方式进行杂交改良，可改善藏绵羊的生产性能，实现藏羔羊当年育成出栏。

建造越冬棚圈，建设人工草地，保证母羊越冬、产羔和饲料供给。在母羊怀孕的妊娠后期要补饲精料，在羊哺乳期对大羊、小羊一起补料，甚至对羔羊进行全程补饲，使其在秋季达到出栏标准。

改善畜群结构，增加繁殖母畜比重，使基础母畜和后备母畜达到60%。为了提高屠宰活重，应尽量使羔羊在 8 月龄屠宰，因此需要繁殖早春羔，即 9 月底前配种、翌年 2 月底前产羔、10 月底屠宰。配早春羔，使基础母羊于 6 月底前断奶，以保证羔羊 9 月底前有较好的膘情，并正常发情。

10.2　草畜可持续管理模式

草畜管理是实现草地可持续利用、提高畜牧生产效率的关键。本节收集整理适合青藏的划区轮牧、冬圈夏草、放牧补饲、"六化"家庭牧场、生态养鸡等草畜生产管理模式。

10.2.1　划区轮牧模式

要实现草地的可持续利用，除要加强草场管理外，必须做到放牧时期正确、放牧强度适宜。划区轮牧是科学管理和利用草地，避免草场过牧的一个最有效的途径（兰玉蓉，2004；李勤奋等，2003；穆锋海，2005）。

1. 技术要点

划区轮牧是将草地划分为若干小区，在一定的时间内逐区循序轮回放牧。划区轮牧的关键是需要控制好放牧时间、留茬高度和放牧强度。

放牧时间。正确的放牧时间对放牧草地损害最轻，尤其是要控制好春季放牧时间，开始过早会降低牧草产量。牧草萌发后的 12 ~ 18 天为忌牧期，早期放牧应在草类分蘗盛期，约在草类萌发 15 ~ 18 天以后，此时牧草高度为 10 ~ 15 cm，草质嫩、适口性好、营养价值高。对以禾本科植物为主的草地，应在禾草叶鞘膨大、开始拔节时放牧；以豆科和杂类草为主的草地，应在牧草腋芽或侧枝发生时放牧；以莎草科植物为主的草地，应在牧草分蘖停止或叶片生长至成熟大小时放牧。在牧草生长季节结束前 30 天结束放牧较为适宜。在牧草生长季节结束以后再行放牧，对分蘖节在地下或地表附近的牧草危害不大，但对分蘖节在地表的牧草及豆科牧草有较大影响，降低其第二年的产量。

合理留茬高度。留茬高度影响牧草的利用率、再生和寿命。留茬越低，利用率越高，但留茬过低，初期（1~2 年）尚可维持较高产量，继续利用产量将显著降低。根据经验，放牧留茬高度在每次放牧后保持在 4~6 cm 较为合适，牧草高产年留茬稍高、低产年留茬稍低。留茬过低，牧草基部叶片利用过重，营养物质得不到储存，影响牧草的再生强度和速度，减少牧草根量，造成生长衰退。在寒冷地区牧草残茬过低，草地不能积雪，造成豆科牧草受冻伤甚至死亡。

控制放牧强度，做到适度放牧。草地的合理载畜量是指在不影响草地生产力及保证放牧家畜正常生长发育时，单位面积的草地所能饲养的家畜头数和放牧时间，通过草地可食牧草产量除以家畜日食量计算。草地载畜量是否合理，可以从草场的植被状况和家畜的健康状况来判断。

2. 综合效益

划区轮牧通过严格控制放牧时间和放牧强度，使夏秋场避免了早春敏感时期的强度啃食，降低了家畜的选择性采食行为与践踏对草地的干扰强度，协调了草地植物群落的生态学特性，使草地在利用中得到有效恢复，保证了营养物质的有效积累与组织增长。与自由放牧相比，划区轮牧制有以下优点。

提高草地利率和载畜量。划区轮牧限定家畜必须在规定日期内采食，减少了家畜选择性采食的机会，使可食草类能被家畜充分利用，牧草利用率提高 20%~30%，残草剩余量不超过 15%；而自由放牧，残草剩余量可达 30%~35%。划区轮牧给牧草以休闲的时间，一轮放牧过后，牧草经过分蘖、再生长后，到下一轮放牧时，草地上又长满了鲜嫩适口的牧草，提高了牧草的产量和采食率，减少了牧草浪费，提高了牧草产量和采食率，相应提高了草地载畜量。

降低了家畜对草地的践踏强度与频度，提高了家畜的生长速度。在连续放牧条件下，家畜在整个放牧区内自由采食，受选择性采食行为的驱使，家畜总是要花费更多的时间与精力去寻找适口性好的植物，这种持续的践踏作用严重影响了草群的生长活力。划区轮牧将家畜限制在一个小区内，减少了其游走时间，家畜采食、卧息时间增加，而游走时间和距离减少，不仅降低了践踏强度，而且避免了家畜活动过多而消耗太多热能，使家畜生长速度提高。

提高草地质量。划区轮牧，强迫牧畜采食各类牧草，降低其选择性采食行为，避免强度选择性采食对优良牧草造成的伤害，保持了草地群落整体的生态均匀度，防止杂草滋生，使优良牧草相对增多，从而提高了草地质量。试验结果表明划区轮牧的建群种短花针茅、优势种无芒隐子草与碱韭的重要值、质量百分比，以及它们总的现存量与生产力均高于连续放牧时的上述指标，尤其无芒隐子草在划区轮牧与连续放牧之间差异达到显著性水平。在甘南高寒草甸放牧地连续放牧条件下，由于牧畜不断对草地进行践踏和啃食，其建群种红三叶和鸭茅的产量比例降低，适口性差的矮型杂草通泉草［*Mazus japorticus* (Thunb.) O. Kuntze］活力增强，在群落中产量比例升高；但在轮牧区草地的红三叶和鸭茅在每次放牧后，都有足够的生长期，其生活力不受影响，产量比例高、质量较好。

10.2.2 暖季放牧 + 棚圈种草模式

在暖季牲畜外出放牧的时节，利用牲畜棚圈种植一年生人工牧草，刈割收储作为冷季牲畜补饲饲料；或将牧畜宿营地，划分为若干宿营小区并种植牧草，轮流宿营，这样牲畜粪便提供了牧草需要的养分，而人工补播的牧草又改良了草地。

1. "冬圈夏草"模式

"冬圈夏草"是高寒牧区广大牧民在长期的畜牧业生产实践中发展起来的一种畜牧养殖模式。该模式的关键是，利用牲畜棚圈在暖季种植一年生牧草，在冷季到来之前刈割后晾晒，作为牲畜冬春补饲饲料。牲畜棚圈避风保温，大量牲畜粪尿积累了充足的养分，牛羊圈的墙体阻止了牛羊、高原鼠兔的入侵，形成了良好的人工草地建植生境。在牲畜夏天出去放牧时，利用 5～9 月牧草生长的有利时机，在牲畜棚圈种植一年生饲草。圈窝地因粪肥反复堆积和分解，表土层有机质和有效养分含量高，种植燕麦或其他牧草，生产成本低，可获得高效益，是改善草畜矛盾、增强抗灾保畜能力的一个有效途径（孙磊等，2007）。

由于牛羊圈土壤紧实，多数牧草种子非常细小，顶土能力弱，因此播前必须翻耕、耙压。翻耕深度 15～20 cm，翻耕后耙压切碎大土块，耙子搂平地表，为牧草的播种、出苗、生长发育创造良好土壤条件，便于后期管理。牛羊圈土壤营养丰富，不需要追施肥料。采用单播和混播（播种深度 2 cm）或撒播后用耙子将种子搂入土壤。饲草幼苗期生长缓慢，往往被蒿类、荨麻等杂草浸没，可采用人工拔草、铲草等方式灭除。

"冬圈夏草"模式在藏北地区的种植与推广经验表明，该模式可减缓天然草地的压力，增强牧区草地畜牧业的抗灾能力。经对比观测，"冬圈夏草"牧草叶量丰富，生长高度和产量增长效果比较明显，产草量明显提高。利用牲畜棚圈进行的当地青稞和燕麦的种植试验表明，干草产量分别达 12 t/hm² 和 10 t/hm²，产草量较天然草地提高 50 倍以上，效果显著。

2. 绵羊宿营 + 补播牧草模式[①]

在中度退化并具有围栏封育条件的草场，建立边界围栏，栏内设置若干宿营区，每晚 8：00 绵羊进入宿营区，早 7：00 出牧。各小区轮流宿营，并在宿营前一天补播草种。绵羊宿营强度不宜过高，保持在每平方米 5～9 个羊夜。在 6～7 月降水较多时实施效果最佳。该方法可增加草地土壤肥力，恢复、更新中度退化高寒草地。监测数据表明，土壤中速效氮、磷、钾、有机质和水分含量将会显著提高，且会随宿营强度的增加而提高；植物群落的高度和盖度明显增加，有毒植物的个体逐渐减少，牧草的产量也会明显提高。

---

① 资料来源：甘肃省草原技术推广总站、甘肃省农牧厅。

10.2.3　暖季放牧 + 补饲模式

充分利用牧区暖季水草丰茂、气候适宜的有利时机，在牲畜全天放牧采食的同时，对其补充充足的矿物元素，提高牲畜对牧草营养成分的充分和有效吸收。选择草地质量好的夏季草场为放牧草地，通过定点补饲粉状、颗粒状饲料或采取舔块方式，补充和平衡牧畜营养，加快生长速度，在冬季严寒到来前出栏上市。采用补饲育肥可缩短牦牛和藏绵羊的饲养周期，能减少牲畜存栏 20% 以上，减轻冬春草场压力，遏制"夏饱、秋肥、冬瘦、春死"的恶性循环，提高牧民收入（刁治民等，2005）。

10.2.4　建立人工饲草基地 + 舍饲模式

高寒牧区牧草生长期短、草层低矮、产草量低，天然草地所提供的饲草不能满足牲畜发展的需要，特别是严重缺草的冬春季节。因此，建立稳定高产的人工饲草基地、发展舍饲，可有效缓解冬春饲草供应不足的问题。

建立人工饲草基地 + 舍饲模式的基本思路是在原生植被盖度低于 30%，且地势平坦、水分热量条件较好的退化草地上建立人工草地，种植多年生优良牧草，收割储备作为冬春季舍饲、半舍饲养殖或牲畜育肥饲料。这样可减轻牲畜对草场的压力，提高畜牧业抵御自然灾害的能力，改善传统的粗放经营方式，促进畜牧业的集约化经营。

10.2.5　草畜综合发展模式

草畜综合发展模式是在综合利用天然草地的基础上，通过人工草地建设、畜群结构优化配置、畜牧规范化养殖等，以牧户为中心，对草畜进行管理的经营方式。该模式是由甘肃省提出的，根据其关键技术要素，简称为"六化"家庭牧场模式（李贵霖和丁连生，2006）。

该模式实施以牧户为中心的草地畜牧业组织管理方式。其基本要求是，配置有适度规模的、稳定的天然放牧草场和人工、半人工割草场；有与草地生产能力相适应的、具有专业化生产特征、结构合理的畜群；有优化的科学技术和经营管理水平；有较高的商品生产率和经济效益。因此，该模式适用于草地资源相对比较丰富、户均草地面积较大的牧区。

其技术要点可概括为牧民定居化、草地围栏化、饲草料生产基地化、家畜良种化、牲畜圈舍暖棚化、疫病防治程序化，简称家庭牧场"六化"，又称之为"六化"家庭牧场。实验数据表明，该模式的规模化投入 – 产出比为 1:3.6，围栏草地平均 1.2 年就可以收回投资，棚圈投入产出比为 1:5.9。通过畜群和畜种的优化组合、疫病防治，大幅度降低畜禽死亡率，加快了牲畜的周转，提高了牲畜的商品率和生产效率。在甘肃甘南藏族自治州牧区，家庭牧场规模为经营草地 67 ~ 200 hm^2、养畜 200 ~ 500 个羊单位，实现草地产值150 ~ 250 元/hm^2。

10.2.6 生态养鸡模式

生态养鸡是在经济林围栏养鸡的资源综合利用模式，其中比较成功的是甘肃省农业科学院开发的"枸杞园放养乌骨鸡模式"，适合在青藏高原柴达木等地的枸杞种植区推广。在枸杞等经济林果种植园内放养乌骨鸡，节约养鸡生产投入，提高林果和养殖的经济效益。放养鸡在近乎自然的环境中采食、运动、生长，不仅使其肉质鲜美，还能为果园除草、治虫，同时鸡粪还田，节约了枸杞园地施肥、防虫等成本，形成了一个林、禽相互促进，稳定的复合生态系统（李瑞琴等，2008）。

1. 林木栽植与鸡舍构建

枸杞、沙棘、梨枣等经济林果，按株行距 1 m×2 m（每公顷栽成株 5000 株）栽植，行间套种紫花苜蓿、白菜、小油菜等供鸡取食，留 60 cm 宽的营养带，周围建 1.5 m 高的围栏。鸡舍采用钢筋、石棉瓦结构，内设栖架、V 形水槽和 U 形食槽，供鸡休息、饮水和采食。

2. 乌骨鸡的放养与管理

对乌骨鸡采用每年两批、每批 105 天饲养周期的生产模式。在温、湿度适宜的 5～10 月进行放养，此时林下牧草生长旺盛，枸杞等陆续挂果，在整个放养期间乌骨鸡以枸杞果、枸杞叶、牧草、虫子等为基本食料，并补充少量饲料。第一批 5 月中旬放养，7 月下旬出栏；第二批 8 月上旬放养，10 月中旬出栏。每批鸡全进全出，出栏后成批屠宰、分割、保鲜、真空包装、冷冻储藏，然后陆续上市。

每年每公顷枸杞、沙棘、梨枣等种植园放养 1500 只鸡，围栏分区，7 天轮牧 1 次，放养时间一般控制在 1 个月左右。雏鸡 6 周龄前用全价饲料喂饲，6 周龄起逐渐改喂谷物饲料，6 周龄后逐渐延长园内放养的时间，喂养饮料逐渐由 1 天 3 顿减少到晚上只喂 1 顿。在园内放置一定量圆形的饮水器，保证乌骨鸡有充足的饮水量。放养的过程中，及时分离病鸡、弱小鸡，将它们单独饲养，以减少疾病传播。放养时一定要搞好安全防范，预防天敌的危害。驯练好家犬驱逐附近的鼠类和偷盗行为，用尼龙网围罩好放牧场地，利用爆竹驱逐鹰类的侵害。

第11章　青藏高原作物高产种植技术与模式

青藏高原地区的土地利用总体还较粗放，因此，需要改进经营管理方式，提高土地的利用效率。本章通过对现有文献数据库文献资料的收集和分析，筛选目前在青藏高原地区实施的农业土地利用模式，整理相关的作物高产种植技术。本章收集的技术模式分4部分，包括作物高产种植技术、作物套复种技术、温室蔬菜栽培技术和温室瓜果栽培技术。文中所有的技术模式都是基于所标注的文献资料编辑整理而来。

11.1　作物高产种植技术

本节根据文献资料，编辑整理主要粮食作物青稞、小麦、玉米和油料作物油菜、油葵，以及马铃薯、大蒜、西瓜的大田常规和覆膜栽培技术。

11.1.1　春青稞高产种植技术

春青稞春性中熟，生育期125～135天、株高90～100 cm、穗长6.5～8.0 cm。每穗结实40～45粒，千粒重45～50 g。抗逆性强、耐旱、耐瘠薄，每公顷单产一般4500～6000 kg，适宜海拔4375 m以下区域种植（尼玛扎西等，2008b）。

1. 整地与播种

选择前茬为豆类、油菜、马铃薯、绿肥和青稞等作物、肥力中上等的田块，在前作收获后，及时机耕深翻，截留秋雨。翌年春播之前，每公顷施农家肥22.5 t，磷酸二铵159 kg、尿素270 kg、氯化钾21 kg作底肥；同时每公顷用地虫杀星22.5 kg掺拌细砂土（防治地老虎、蛴螬、金龟子等地下害虫），均匀撒在地表后耕翻整地；整地后，每公顷用燕麦畏3.75～4.5 kg掺水37.5～60.0 kg，拌细砂土均匀撒于地表或采用喷雾器喷撒后，耙2或3次后播种，可防治野燕麦草。

选择二级以上的种子，晒种3～4天，然后用40%卫福按种子重量的0.3%进行包衣（防治青稞条纹病、锈病、黑穗病等病害），晾干后播种。播种时间4月15日至5月20日，播深5～7 cm，每公顷播种量210～225 kg，每公顷基本苗270～300万株，最高茎蘖数32～43万个，每公顷穗数300～330万个。

2. 田间管理

查苗补苗。播种后，若土壤干旱，可镇压一次。出苗后如发现缺苗断垄，应及时催芽补种或移栽补苗，保证苗齐苗匀。

灌水。重点抓好头水、拔节、灌浆水，视土壤墒情灌好分蘖、孕穗和麦黄三次机动水。头水一般在出苗后 25 天左右，即植株处于四叶一心期为宜。此后（10～15 天），根据土壤墒情及时灌好分蘖水。对弱苗和每公顷茎蘖数不足 450 万株的田块，可适当早浇拔节水，并增加灌水次数；对旺苗和每公顷最高茎蘖数超过 690 万株的田块，适当推迟或不灌拔节水；对壮苗和每公顷最高茎蘖数在 480 万～645 万株的田块，适时适量浇好拔节水。灌浆期间，虽处于雨季，但若遇短期干旱对粒重影响很大，所以要适时适量浇灌浆水。如后期遇旱还要及时再浇一次麦黄水。

追肥。在青稞四叶一心期，每公顷追施尿素 150 kg。拔节后，壮苗田块一般不追肥，弱苗田块，视苗情每公顷增施 76 kg 尿素外，还要增加灌水次数；对旺苗田块，应推迟或不灌拔节水、不追拔节肥。在青稞灌浆前期，每公顷用 15～30 kg 尿素或磷酸二铵加水 750 kg 进行叶面喷施以延长叶片寿命，增加粒重。

中耕除草。青稞在三叶一心期，最迟不迟于四叶一心期进行第一次中耕松土，灭除田间杂草；在拔节前进行第二次中耕除草；在青稞拔节后人工拔除野燕麦草、野油菜等大棵杂草。在青稞 4 或 5 叶期，每公顷用 72% 的 2,4-D 丁酯乳油 1125～1200 ml 加水 450～600 kg 喷雾，防除野油菜、灰灰菜等双子叶杂草；喷药时应注意风向并远离油菜等十字花科作物，以免造成药害。

病虫害防治。对青稞生育后期出现的条纹病和坚散黑穗病等，应及时拔除掩埋病株，控制病源。每公顷用 10% 的大功臣 150 g 兑水 225～375 kg；或用 2.5% 保德 225～375 ml 兑水 225～300 kg 喷雾，防治蚜虫、棉铃虫等地上食叶、吸汁害虫。

3. 收获储藏

大部分春青稞易倒伏，成熟时轴坚脆，收获过晚易发生掉穗和籽粒霉烂，因此，春青稞可提早至腊熟中后期收获。机械分段收获，割茬高度为 15～18 cm。籽粒含水量下降到 18% 以下时，应及时拾禾脱粒。脱粒后及时晾晒、扬净，当籽粒含水量为 13% 左右时，进行精选和包装，分类、分等存放在清洁、避光、干燥、通风、无污染和有防潮设施的地方。

11.1.2　肥麦高产种植技术

肥麦产量高、适应性广，大田种植一般每公顷单产 5.25～6.75 t，在高肥水条件下可达 7.5 t 以上，主要种植在海拔 2600～4100 m 的区域，生育期一般为 310～360 天，株高 90～130 cm，茎秆粗壮坚韧，抗倒伏。穗大、粒多、粒重，穗粒数 32～42 粒，个别大穗可达 60 粒以上，平均千粒重 45 g，高者达 53 g。籽粒品质较差，蛋白质含量 10.98%、脂肪含量 2.45%、淀粉含量 64.72%（尼玛扎西等，2007a）。

1. 整地与播种、定苗

选择前茬为豆类、油菜、马铃薯、绿肥和青稞等作物、肥力中上等的田块，前作收获后，每公顷施有机肥 22.5 ~ 30 t、磷酸二铵 187.5 kg、尿素 187.5 kg 作底肥；同时每公顷用辛硫酸 30 ~ 37.5 kg 掺拌细砂土（防治地老虎、蛴螬、金龟子等地下害虫），均匀撒在地表后耕翻、耙糖、平整。耕翻整地后，每公顷用燕麦畏 3.75 ~ 4.5 kg 掺水 37.5 ~ 60 kg，拌细砂土均匀撒于地表，或采用喷雾器喷撒后，耙 2 或 3 次，深度 3 ~ 5 cm，使燕麦畏与土壤混匀后，进行播种，防治野燕麦草。

选择二级种子，晒种 3 ~ 4 天，然后用 70% 的甲基托布津可湿性粉剂 800 ~ 100 g 兑水 2.5 ~ 5 kg 拌 50 kg 麦种（可防治赤霉病、黑穗病、白粉病等）。9 月下旬至 10 月初播种，播种深度 5 ~ 7 cm，每公顷播种量 210 ~ 225 kg，冬前每公顷基本苗 270 ~ 330 万株。

2. 田间管理

播种后遇雨或田间灌水后要及时破除地面板结；小麦出苗后及时查苗补种。冬前浇越冬水较早的麦田，要及时进行中耕松土，或耙糖镇压，既可松土保墒、又可避免由于地表龟裂造成冬季干寒风侵袭而死苗。

冬前麦苗生长正常，一般不必要追肥，但对缺肥苗弱地块，根据苗情及时追施尿素30 ~ 37.5 kg/hm²，以促使麦苗转壮。在有机肥较充足的农区，可在冬前追施农家肥 15 t/ hm²。

在 11 月下旬至 12 月上旬麦田昼消夜冻，即日平均气温在 3℃ 左右时，适时浇好越冬水；同时做好牲畜管理，防止冬前幼苗遭牛羊啃食，确保麦苗安全越冬。

3 月上旬定点调查越冬后基本苗数和分蘖动态。在地温稳定在 5℃ 以上（时间大致在 3 月中旬）时浇返青水，稳定地温，防止苗木早发。冬后每公顷基本苗在 240 万以下的田块，4 月上旬前每公顷追施尿素 12.5 kg；4 月有效分蘖期，人工松土 1 或 2 次。

起身期每公顷茎蘖数在 750 万以下的田块，追施尿素 187.5 kg，结合松土浇水 1 次；每公顷茎蘖数在 825 万以上的田块，按 1:1 比例每公顷分别追施起身肥和拔节肥 562.5 kg 尿素；每公顷茎蘖数在 900 万以上的田块不追肥，根据天气和土壤墒情适时浇水。

起身期至拔节期期间，每公顷用 2,4-D 丁酯 1.13 ~ 1.2 kg 加水 450 kg，均匀喷雾，防治双子叶杂草；每公顷用 10% 的大功臣 150 g，兑水 225 ~ 375 kg；或用 2.5% 保德 225 ~ 375 ml 兑水 225 ~ 300 kg 喷雾可有效防止蚜虫和麦蜘蛛；每公顷用地虫杀星 22.5 kg 来防治卷叶瘿螨和地下害虫。

3. 收获储藏

人工收获肥麦时间为腊熟中期，时间大约为 9 月上旬；机械收获适期为腊熟末期，时间大约为 9 月上中旬。机械分段收获，割茬高度为 15 ~ 18 cm。子粒含水量下降到 18% 以下时，及时拾禾脱粒、晾晒、扬净；当子粒含水量为 13% 左右时，进行精选和包装、储藏。

11.1.3　全膜双垄玉米栽培技术

覆膜种植玉米增产效果显著。在青海民和县干旱山区，2008 年用全膜覆盖双垄集雨栽培技术种植 87 hm² 玉米，平均产量超过 10.5 t /hm²，是不覆膜玉米的 2 倍，因此，该技术的增产潜力很大（赵海福和刘建伟，2009）。

1. 整地与覆膜

选择地势平坦、土层深厚肥沃的平地或梯田，前茬作物收获后，及时深耕耙糖、灭茬。可在秋季或春季覆膜，秋季时间在 10 月下旬到土壤封冻前，春季覆膜在 3 月上中旬，土壤昼消夜冻时进行。

土壤处理。对地下害虫危害严重的地块，整地起垄时用 40% 辛硫磷乳油 7.5 kg/hm² 加细砂土 450 kg/hm² 撒施，或兑水 750 kg/hm² 喷施。杂草危害严重的地块整地起垄后，用 5% 草甘膦乳油 1500 g/hm²，兑水 750 kg/hm² 全地面喷雾。

起垄覆膜。按照大小垄起垄，小垄宽 40 cm、垄高 15 cm；大垄宽 70 cm、垄高 10 cm。选用厚度 0.008～0.01 mm、宽 120 cm 的地膜，沿边线开 5 cm 左右的浅沟，地膜展开后将靠边线的一边放入浅沟内用土压实，另一边在大垄中间，沿地膜每隔 1 m 左右，铁锨从膜下取土固定，并每隔 2～3 m 横压一条土腰带；覆完第一幅膜后，将第两幅膜的一边用第一副膜在大垄中间相接，膜与膜不重叠，从下一大垄垄侧取土压实，以此类推铺完全部田块。覆膜时要将地膜拉展铺平，从垄面取土后整平。

打渗水孔。覆膜 7 天后，地膜与地面贴紧时，在垄沟内每隔 50 cm 打 3 cm 深的渗水孔，便于降水入渗到土壤中。

2. 播种与定植

选种。选择株型紧凑、抗病性强、适应性广的杂交玉米品种，播种前进行包衣或药剂拌种。根据土壤肥力和降水量确定种植密度，年降水量在 300～450 mm 的地区以 4.5 万～6.0 万株/hm² 为宜，株距为 30～40 cm；年降水量 450 mm 以上地区以 6.0 万～7.25 万株/hm² 为宜，株距为 27～30 cm；根据肥力状况适当增减种植密度。在 4 月中下旬当地表 5 cm 地温稳定通过 10℃ 时开始播种，用玉米点播器按确定的株距破膜点播，每穴播籽 2 或 3 粒，播种深 5～6 cm，播种后用细砂土、牲畜圈粪或草木灰等覆盖播种孔，防治播种孔遇雨板结，影响出苗。

3. 田间管理

出苗期要及时破板结，放苗、查苗、补苗确保全苗，3～5 叶期要进行间苗、定苗，及时去除侧枝；当玉米进入大喇叭口期，应追施壮秆攻穗肥，追施尿素 150～225 kg/hm²，这一时期还要注意防治瘤黑粉病、玉米螟等病虫害；后期管理的重点是防早衰、增粒重、防病虫，保护叶片提高光合程度、延长光合时间，促进粒多粒重。若发现植株叶黄症状时，应及时追施增粒肥，以追施尿素 75 kg/hm² 为宜。

当玉米苞叶变黄、松散、籽粒乳线消失、籽粒变硬有光泽时收获。搭架或晾晒，防止淋雨受潮导致籽粒霉变，待水分含量降至 13% 后，脱粒储藏或销售。果穗收后，秸秆应及时收获青贮作饲料。同时注意残膜的回收。

11.1.4　油菜栽培技术

油菜是十字花科植物油菜的嫩茎叶，颜色深绿，帮如白菜，属十字花科白菜变种。油菜适应广，含多种营养素，维生素 C 丰富，是一种优质蔬菜（尼玛扎西等，2007b）。

1. 整地与土壤处理

选择肥力中上等、保墒、保灌条件较好，前茬为青稞、小麦等作物的茬口，质地疏松、pH 为 7 左右的中性土壤。秋季深翻灭茬，消灭杂草，翌年春季浅耕。每公顷用辛硫酸 30～37.5 kg，掺拌细砂土，均匀撒在地表后耕翻，防治地老虎、蛴螬、金龟子等地下害虫。

选择优质、高产、抗病性强，适宜在高寒河谷农区推广种植的油菜品种（如青油 17 号）。播前每公顷用燕麦畏 3.75～4.5 kg 掺水 37.5～60 kg，拌细砂土均匀撒于地表，或采用喷雾器喷撒后，用耙子耙深 3～5 cm 进行播种，控制野燕麦草的发生。

2. 田间管理

早间苗、早中耕、早除草。三叶期开始间苗，五至六叶期定苗，共间苗 2 或 3 次。中耕除草时，灌水、施肥和间苗等工作同时进行，中耕深度把握先浅后深再浅的原则。幼苗期根系少，应浅除 1 寸①左右，细碎表土、清除杂草，油菜生长中期可适当深中耕。

水肥管理。早施苗肥，水肥配合。底肥充足，比较肥沃的田块，苗期则少施肥或不施肥；蕾薹期是需肥较多的时期，每公顷追施尿素 75 kg。在油菜生长发育过程中，灌水一般是前期少、中期多、后期适当。油菜从现蕾到开花阶段，应适当地增加灌水次数。

病虫害防治。主要是防治蚜虫、蝗虫等虫害。对蚜虫，每公顷用 10% 的大功臣 1635 ml 兑水 225～375 kg，或用 2.5% 保德 225～375 ml 兑水 225～300 kg 喷雾防治；在盛花期用 50% 多菌灵可湿性粉剂稀释 500 倍液喷雾防治菌核病；在油菜初花期，用 50% 福美双可湿性粉剂 1:200 稀释液喷雾防治白粉病。

油菜成熟特征是叶片枯黄、脱落，茎秆角果呈黄绿，中上部角果内种子变硬丰满。为了减少裂果掉粒，当田间 70% 以上的角果变黄时即收获。收获后堆放 7～15 天，自然晾干脱粒，晒干扬净，以利储藏。

11.1.5　油菜垄膜沟植技术

油菜垄膜沟植垄沟相间，垄上覆膜，具有明显的增温保温、提墒保肥、集雨集水、通风透光、防治病害的作用，适宜在海拔 2700～3000 m 甘蓝型油菜不能正常成熟的高寒地区种植。通过试验示范，垄膜沟植栽培油菜平均每公顷产量可达 3895.5 kg，较对照地增产率 27.8%，投入产出比为 1:2.87。油菜垄膜沟植栽培技术可集纳降水，使雨水集流到

---

① 1 寸 ≈3.3cm。

油菜根部被充分吸收利用，提高了水分的利用率，增加了土壤含水量（李继发，2005）。

1. 整地与播种

选择地势平坦、土层深厚、耕性良好、墒情好的中等以上肥力的地块，前茬作物最好为小麦、青稞、马铃薯。上年秋收后及时深耕、耙地保墒，播前结合施肥浅耕耙糖，使地块达到平整、疏松、无根茬和大土块。对杂草和地下害虫发生严重的地块，可结合浅耕进行药剂土壤处理。

选用抗拉性强的微膜（0.008 mm 的线性膜，幅宽 40 cm），每公顷用量 52.5 kg。油菜选用高产、抗病、早熟、矮秆、抗倒伏、抗寒的品种，如甘蓝型双低品种"青杂三号"、"青杂一号"、"互丰 010"等。采用 2BFM-2/4 覆膜播种机，一次性完成开沟起垄、垄上覆膜、垄下施肥，在膜两侧沟内精量条播两行油菜。平均幅宽 120 cm，平均垄高 13 cm，平均行距 30 cm。

2. 田间管理

施肥。油菜需肥量大，抓好底肥、种肥、追肥几个环节。一般每公顷用优质农家肥 4.5 t、尿素 150 kg、磷酸二铵 187.5 kg 做底肥；用 22.5 kg 尿素和 37.5 kg 磷酸二铵做种肥；用 22.5 kg 尿素做追肥。适量增加磷、钾肥，避免油菜徒长和早衰。

病虫害防治。首先，应合理轮作、精选种子，减少由播种将病虫源带入的可能；清理油菜残秆、残渣，减少病虫源；通过清沟防渍、合理施肥、适期播种、合理密植等技术措施，防控病虫害流行。其次是药物防治，对油菜菌核病，油菜花期用 40% 菌核净可湿性粉剂 1000~1500 倍液或 25% 多菌灵可湿性粉剂每公顷 2.25 kg，兑水 1125~1875 kg 喷雾防治；对油菜黄条跳甲，播前用 7% 的锐胜乳液拌种，或在成虫开始活动而未产卵时，用 2.5% 的溴氰菊酯乳油 3000 倍液或 40% 的菊马乳油 2000~3000 倍液，从田边向田内围喷防治；对油菜茎象甲，在成虫期用 5% 锐劲特悬浮剂 1500 倍液进行喷雾防治；对油菜露尾甲，在油菜开花前露尾甲成虫集中危害时，用 40% 乐果乳油 1000~1500 倍液进行喷雾防治。

11.1.6　马铃薯栽培技术

马铃薯喜温凉的气候，土壤的适应范围较广，最适宜马铃薯生产的土壤是微酸性壤土，因此，应选择土壤质地疏松、地势高、易排灌、耕作层深、有机质含量高、肥沃的地块。种植马铃薯要避免连作，也不宜以茄科作物作为前茬（雷延洪，2009；禹代林等，2008）。

1. 播种与定植

在播种前 20 天将脱毒种薯置于室内或室外避日光直射，平铺 2 或 3 层（室外可扣小拱棚），室内温度以 15~20℃ 为宜，催芽晒种 10 天左右，可催出 0.3~0.5 cm 的短壮芽，有条件的可轻翻一次，再晒 5~7 天即可切块或整薯播种。

切薯块和小种薯的利用。薯块一般以 25~50 g 为宜，薯块要切成带 1 或 2 个芽眼、多带薯肉的立体块，遇到腐烂种薯要立即淘汰，并用 1% 的 $KMnO_4$ 消毒切刀。利用 30 ~ 50 g 的小种薯播种，其长势强、抗性提高、利于高产，一般增产 20% 左右。

种植方式。在地温稳定在 5 ~ 7℃ 时即可播种，采用犁开沟或挖穴点播，集中施肥（抓粪），即把腐熟的有机肥压在种薯上，再用犁覆土，种完一行再空翻一犁，第三犁再点播，这样的种植方式可克服过去因行距小、株距大而不利于通风透光的弊端，也可等行种植，并将少量的农家肥集中窝施。

合理密植。高水肥的地块每公顷单产在 45 t 以上，可留苗 6 万株，中等肥力的地块可留苗 5.25 万株。

2. 田间管理

深中耕、高培土。马铃薯是块茎作物，土壤疏松、通气良好才能满足块茎膨大的需要。第一次中耕除草应在苗出齐后，植株放叶初期，苗长到 30 cm 时进行第二次深中耕、高培土。这样既能防止薯块露出地表被晒绿，还可防止积水过多造成块茎腐烂，促进根系发育，提高土壤微生物对有机质的分解，增加结薯量。

水肥管理。一般来讲，马铃薯对肥水的需求规律是"两头少，中间多"，即苗期温度低、生长慢、需水肥少，一般不追肥灌水；现蕾开花前后，结合中耕培土追施尿素或三元复合肥 225 kg/hm^2，同时视土壤墒情灌水一次；薯块膨大期及时浇灌两次，灌水以沟灌为宜；马铃薯生长后期一般不需要灌水。

控制徒长。在马铃薯植株表现徒长趋势时，应在发棵中期和现蕾期用 15% 多效唑可湿性粉剂 500 倍液喷雾，以抑制植株旺长。同时摘除花蕾，保证土壤养分、水分集中供给块茎，减少无效消耗。

防治病虫害。马铃薯主要病害有晚疫病、环腐病和病毒病，主要虫害有蚜虫、红蜘蛛、蛴螬、金针虫、蝼蛄、二十八星瓢虫等。在防治上应采取预防为主、防治为辅的综合治理措施，尽量减少农药的使用。

植株叶片变黄，初霜后、霜冻来临前收获。商品薯和种薯应分窖储藏。挑选符合品种特征、薯皮光滑、颜色鲜、大小适中的薯块入窖储存，储存温度 1 ~ 3℃，湿度 90% 左右。

11.1.7　马铃薯覆草覆膜早熟栽培技术

马铃薯覆草覆膜栽培技术在青海大通县于 2002 年试验成功。该技术通过加盖草膜，在常规覆膜栽培的基础上进一步提高地温，使马铃薯能提早成熟、提早上市，提高产量和效益。马铃薯膜栽培时 95% 的块茎生长在覆草层中，收获后结合深翻，将覆草翻到地下，使其充分腐熟，做到秸秆还田，可达到培肥地力的目的。这是一项马铃薯早熟、高产、高效栽培技术，可在高寒阴湿地区推广（郭得志和薛玉凤，2004）。

1. 技术要点

马铃薯覆草覆膜栽培技术需先整地深翻，结合深翻整地，每公顷施有机肥 75 m^3、尿素 150 ~ 225 kg、磷酸二铵 300 ~ 375 kg，一次性施入后深翻 20 cm 左右。选用产量稳定、品质好的马铃薯品种如青薯 2 号。播前起垄，做成宽 60 cm、高 10～15 cm 的高垄，在垄面上摆放种薯（最好选用 50 g 左右的无病小整薯），每垄摆两行，行距 40 cm、株距 30 cm，种薯摆放完后再在垄面均匀覆上麦草，覆草量为 20.25～22.5 t/hm²，覆草厚约 10 cm，最后覆膜。一般选用幅宽 90 cm、厚度 0.008 mm 的农用聚乙烯普通地膜，覆膜时把地膜的一头用土压实，然后边铺膜边用土压实地膜的两边，这样铺的地膜又平整又紧实，保温保湿效果显著。垄与垄之间的距离为 15 cm。

2. 收益

据试验观察，同在 4 月 10 日播种时，覆草覆膜栽培的田块，马铃薯出苗期、盛花期、收获期比马铃薯常规保护地栽培处理分别提前 5 天、11 天和 19 天，全生育期较马铃薯保护地栽培缩短 19 天。覆草覆膜栽培的马铃薯平均单产 39.15 t/hm²，较马铃薯常规覆膜栽培增产 16.0%。

11.1.8 油葵栽培管理技术

油葵，即油用向日葵，是喜光作物，具有适应性广、抗逆性强、耐盐碱、耐贫瘠等特点，一般 pH 为 5.5～8.5，重黏土到轻砂质土壤上均可种植（禹代林等，2007）。

1. 整地与播种定植

油葵忌连作，同一块地至少要间隔 3 年以上才能重植，一般前茬为小麦、青稞、瓜类等作物较理想。为防治地老虎、蛴螬、金针虫等地下害虫，耕前每公顷用 50% 的辛硫酸乳油 15 kg 拌细砂土 150 kg，或用 3% 峡喃丹 30 kg/hm² 拌细砂土 150 kg，均匀撒施在地表后耕翻，耕地深翻 20～25 cm，耕后整平耙碎。

精选种子，晒种 1～2 天后拌种。锈病严重的地方用 25% 的粉锈宁可湿性粉剂按种子重量的 0.2% 拌种。宽窄行种植，宽行行距 80 cm、窄行行距 50 cm、株距 25～30 cm，或均行种植，即行距统一为 50～70 cm、株距为 60～80 cm；4 月下旬人工穴播，每穴 2 或 3 粒（每公顷播种量 18～22.5 kg），深度 3～5 cm；出苗后，2 或 3 对真叶期开始间苗，4 或 5 对真叶期定苗，一般每公顷留苗 22.5～30 万株。播种时每公顷一次施入磷酸二铵 225 kg、尿素 225 kg 做底肥。

2. 田间管理

油葵需水较少，抗旱能力较强，宜进行蹲苗。第一次中耕除草在油葵三叶期结合间苗进行，中耕深度 5 cm；第二次中耕除草在油葵 5 对真叶时，结合定苗进行，中耕深度 10 cm；第三次中耕除草在灌第一水前结合化肥深施，用锄头将尿素深施，每公顷 105 kg；第四次中耕除草，应结合培土、打杈，锄净再生杂草。花蕾至开花期，用 2% 的尿素水溶液进行叶面喷施，隔 7～10 天喷 1 次，共喷 3 次。生长后期，花盘逐渐增重，若株高超过 1.8 m 以上，必须将 3～5 株油葵"颈"部轻轻用细草绳捆为一束，以防倒伏。

辅助授粉。油葵授粉是借助昆虫来完成的，若花期遇天气不佳或授粉昆虫较少而不能满足授粉要求时，必须进行人工辅助授粉。也可采用放蜂传粉的方法，每 0.33 ~ 0.46 hm² 地放一箱蜂。

防治病虫害。油葵的病虫害较少，苗期害虫主要是蛴螬、地老虎、金针虫等地下害虫，为确保全苗，结合播种采用毒饵诱杀。现蕾至开花期要注意防治蚜虫，用速灭杀丁、氧化乐果或大工程喷施 1 或 2 次即可。

适时收获。在花盘背面变黄，舌状花瓣凋姜脱落，种子呈现固有颜色时收获。

11.2　作物套、复种技术与模式

目前，青藏高原绝大部分区域一年只种一季作物，很少复种。西藏自治区农牧科学院通过实验研究发现，在西藏"一江两河农区"，利用作物夏季收获后的剩余生长季，通过套种和复种，完全可以增加一季收成，提高土地利用率。适宜的套种、复种模式有以下几类：经济作物套种经济作物，如大蒜套种西瓜；粮食作物与绿肥作物套种，如冬青稞套种蚕豆混箭舌豌豆；粮食作物与经济作物复种，如冬青稞复种香瓜；粮食作物与饲料作物套种，如冬青稞套种燕麦；豆科作物与饲料作物复种，如蚕豆复种饲料玉米；粮食作物与油料作物复种，如冬小麦复种小油菜；粮食作物与豆科作物复种，如冬青稞复种蚕豆；粮菜复种，早熟青稞收获后复种秋菠菜；经饲复种，如饲料玉米复种荞麦；绿饲复种，如雪莎复种燕麦；油经复种，如早熟油菜复种香瓜等（关树森等，2009）。

11.2.1　冬青稞套、复种绿肥种植技术与模式

冬青稞复、套种豆科绿肥，不仅可增收牧草，还利用豆科作物的固氮作用，培肥了地力；同时因改变了茬口，使原来寄生在麦类作物上的病虫及残留下来的杂草危害减少（关树森等，2005a）。

1. 冬青稞套种箭舌豌豆

冬青稞选"冬青一号"品种，箭舌豌豆选"甘孜 333 箭"品种。在冬青稞灌浆期，每公顷按 150 kg 播种量将箭舌豌豆种子用清水泡胀，略有萌芽时，均匀地撒到冬青稞田内，随后灌透水，保持田适宜的湿度；冬青稞成熟时及时收割、运出田外，留茬高 20 ~ 30 cm。秋播前灌水，收割箭舌豌豆，随后耕翻播种冬小麦。

2. 冬青稞复种蚕豆

6 月底冬青稞成熟收割后，及时灌水、施肥、耕翻，条播或者点播蚕豆，并盖土 3 ~ 5 cm。以后保持田内适宜的湿度，到秋播前先灌水后收割，随后耕翻施肥播种冬小麦。

3. 冬青稞复种雪莎

冬青稞收割后，耕翻机播或撒播雪莎，每公顷播量 150 kg。作物秋播前先灌水，墒情适宜时收割，再耕翻秋播冬麦。

11.2.2　露地大蒜和西瓜套种技术模式

套种前选择高产、早熟、商品性好的东北白皮蒜或紫皮蒜品种，早熟、皮薄、商品性好的北方西瓜品种。大蒜在9月中旬至10月下旬播种，次年5月大蒜抽薹时，在大蒜田埂套种西瓜（关树森等，2007）。

1. 大蒜

在大蒜种植的前5天灌透水，选最佳土壤墒情进行耕地，耕深以20~25 cm为宜，按东西方向每隔1.3 m做一个洼子，把土坷垃打碎，把田面整平、整细、整均匀，田面宽100 cm，田埂高、宽各30 cm。

大蒜播种前，按每公顷2625 kg播种量准备好，用清水把蒜全部泡湿，放在阴凉地上晾3天后装到袋中或脸盆中，然后在9月中旬至10月下旬按每公顷播量2400 kg播种。用锄头或铁锹在事先准备好的洼内的靠土埂一侧开10 cm深的沟，在沟的侧按间隔10 cm均匀地摆放两行大蒜并按实，并将基肥均匀施在沟内；之后在距第一沟20 cm处开第二沟，并把土覆盖在第一沟上，在沟的两侧种两行大蒜、按实、施基肥；按同样的方式，在1 m宽的洼子内开5个沟，摆10行大蒜，共播种100瓣大蒜，然后用短齿铁扒耙洼面整平；按同样的办法播种全部的洼子。如覆地膜，事先将农田进行药剂除草，不覆地膜，成熟时间会稍晚一点，但不影响下茬套种。

大蒜施肥以基肥为主。播前应选用腐熟堆肥1000 kg和草木灰100 kg，与化肥（尿素35 kg、磷酸二铵23.5 kg、氯化钾35 kg）混拌均匀，配置成专用基肥，在大蒜播种时施入。

大蒜出苗后抓紧掏苗，没覆地膜的大蒜在苗10 cm时，及时进行除草、灌水。在11月底进行漫水冬灌，确保土坡墒情，安全越冬；次年3月初及时灌返青水（没覆地膜的最好每公顷先撒施150 kg尿素，然后松土），4月中下旬拔除杂草，灌起身水，在大蒜生长的全过程中，基本保证每20天灌1次水，到了5月初时，大蒜开始抽薹，这时最好先撒施一些钾化肥，松一下土，接着灌1次透水；大约20天后，随大蒜出薹及时抽蒜薹，蒜薹抽完后浇1次水，再过20天左右，大蒜成熟。

2. 西瓜

播前3天，用25℃温水和少量高锰酸钾将西瓜种子浸泡36 h，捞出放在干净的盆中用纱布蒙上，在太阳下晒一天催芽，当西瓜芽刚刚露白时及时播种。

第二年5月大蒜抽薹时播种西瓜。之前要浇透水，5天后在大蒜田埂上，每隔30 cm挖30 cm深土坑，每坑施入一把事先配制好的基肥，然后在坑内基肥上放两粒催芽后的西瓜种子，覆细土2 cm，随后在坑边侧浇水，慢慢浇满，切忌往刚放的西瓜种子处浇水，以免把种子浇出来；当水渗透下去后，马上用地膜覆盖瓜垄、四周压严压实。

西瓜以基肥为主，在坐果期和果实生长盛期追肥1次。基肥按每公顷腐熟堆肥7500 kg、草木灰250 kg、菜子油渣375 kg、磷酸二铵300 kg混拌均匀后，播种时施入；追肥按每公顷1500 kg菜子油渣和750 kg硝酸钾或硫酸钾，粉碎混拌均匀，在雌花蕾谢花后追施。

　　播种后 10 天左右出苗。当苗高 10 cm、叶子顶到地膜时，将地膜开孔掏苗、定苗，即留一棵壮苗，其他的拔掉；当苗长到四叶一心时定心，并灌 1 次水；6 月中下旬，大蒜收获。大蒜收获后，将瓜秧引向收获后的蒜田；及时摘除西瓜子蔓上长出的孙蔓，并保护好花蕾尤其是雌花蕾；在西瓜开花时，可在瓜田内放两箱蜜蜂，辅助西瓜授粉。当雌花蕾谢花后，西瓜长到鸡蛋大时，打杈摘心，并进行追肥、灌水，注意水不要淹到西瓜秧子。在西瓜坐果至西瓜膨大期这段时间要经常观察西瓜生长状况，发现缺水肥时，及时补充，成熟时及时收获。

　　如果生长季允许，想收获二茬西瓜，可在西瓜接近成熟期时，在西瓜秧的根部留两个子蔓或者孙蔓，采用同样的管理方式，可收获二茬西瓜。

11.3　大棚温室蔬菜种植技术与模式

　　本节根据已发表的文献资料，编辑总结番茄、西兰花、油白菜、黄瓜、菜豆、绿芦笋和芽苗菜等蔬菜的温室种植模式与栽培技术。

11.3.1　温室番茄－西兰花栽培技术与模式

　　在节能日光温室中栽培番茄－西兰花，可提高土地的利用率，达到增产增收的目的。番茄 2 月中旬移栽定植，8 月中旬采收完毕；西兰花 9 月上旬播种，来年 1 月采收完毕。一年两收，可每公顷产番茄 75 t、西兰花 24 t，按当年市价，每公顷产值 17.1 万元（郭得志和金晓林，2004）。

　　1. 番茄

　　育苗。选用抗病力强、耐低温的早熟品种，如果丰、兰优时红等。播种前，用 50% 多菌灵粉剂 8 g/m² 对苗床土进行消毒，并施有机肥 15 kg/m²、磷酸二铵 25 g/m²，于 11 月中旬播种。

　　移栽定植。在定植前 10 天扣棚增温，期间用硫黄粉熏蒸消毒，定植时开门快速通风。每公顷施有机肥 75 t，采用宽窄行定植，宽行距 70 cm、窄行距 40 cm、株距 30 cm，每公顷保苗 6.75 万株。定植（2 月中旬）后，白天温度控制在 20~25℃、夜晚 1℃以上；定植时明水轻浇，5~7 天缓苗后浇大水 1 次。

　　田间管理。定植后进行中耕松土和蹲苗，当第一颗果实核桃大时，浇催果水；以后要经常保持土壤湿润，每隔 10~15 天浇水 1 次，每 2 次浇水之间交替追施化肥或有机肥。每株留果 3 或 4 层，每层 3 或 4 果，整枝时腋芽一律摘除。

　　采收。次年 4 月下旬开始采收，8 月中旬采收完毕。

　　2. 西兰花

　　播种、定植。选用东京绿、墨绿等优质品种。播前精选种子并催芽，按每公顷播种量

375~450 g，将种子放入 30~40℃的温水浸泡 2~3 h 后，在 20~25℃条件下催芽，1~2 天后种子露白即可播种，播种后 3 天出苗，5 d 苗出齐。从出苗到第一片真叶显露前，子叶易徒长，应注意棚内通风。开始时通风量要小，以后逐渐加大。苗床温度白天保持在 20℃左右，夜间 10℃左右，幼苗出土后，撒细土 2 次，厚约 2 cm，起保墒、促进幼苗扎根的作用。在 2 片真叶时，选择温暖的晴天进行分苗（分苗前浇起苗水），然后按 10 cm 左右移栽到分苗畦中。分苗后白天温度不高于 25℃、夜间不低于 15℃，缓苗后逐渐放风降温并浇小水。当苗长到 5 或 6 片真叶时定植，苗龄期约为 50 多天。定植前 5 天对分苗畦浇水并切块。刨坑穴栽，坑深 12 cm 左右，选择健壮、整齐的秧苗进行定植。行株距为 50 cm×45 cm，每公顷 3.75~4.20 万株。保持棚温白天 16~18 ℃，夜间 13~15 ℃。

定植后管理。适当控制肥水，进行蹲苗，定植 2 天后，表土干湿合适时培垄。进入莲座期后，适当浇水，每公顷追施尿素 300 kg，以后要保持土壤湿润。在花球生长的中后期，用 0.2%的硼砂进行叶面补施，每公顷用量不超过 15 kg。防治菜青虫、小菜蛾等害虫，可用 10%氯氰菊酯 2000 倍液进行防治。

采收。当西兰花顶端的花球充分膨大，花蕾还未开放时及时采收。采收时，应将花球下部带花茎 10 cm 左右处一起割下。顶球采收后，植株的腋芽萌发，并迅速长出侧枝，形成侧花球，当侧花球直径长到 5 cm 左右、花蕾还未开放时，及时采收。一般来年 1 月采收结束。

11.3.2　冬油白菜－早春黄瓜－秋冬番茄栽培技术与模式

冬油白菜 11 月下旬直播，翌年 2 月上旬收获；早春黄瓜 12 月中旬育苗，翌年 2 月中旬定植，3 月中下旬开始采收，7 月中下旬结束；秋冬番茄 5 月中下旬育苗，7 月下旬定植，9 月下旬采收，11 月中下旬结束。适宜品种包括冬油白菜四月慢、早春黄瓜津优 2 号、秋冬番茄合作 903。每公顷收获冬油菜 45 t、早春黄瓜 5.2 t、秋冬番茄 5.4 t，全年产值 24.1 万元，纯收入 16.8 万元（祁军，2007）。

1. 冬油白菜

包括整地施肥、病虫害防治等方面的技术要点。

播种前清理干净上茬残枝落叶，施腐熟农家肥 75 t/hm^2、三元复合肥 450 kg，深翻（20 cm 以上）耙平。播种后浇水，两叶一心时第一次间苗，4 叶期定植，间距 5~8 cm，每次间苗后浇水，结合浇水施尿素 150 kg/hm^2。苗高 30 cm 左右时采收，采收前 10~15 天停止施肥。

注意防治黑斑病、白斑病和黑腐病。黑斑病可用 50℃温水浸种 25 min 预防，田间发生此病时可用 50%扑海因 1000 倍液、70%百菌清 600 倍液或 40%克菌丹 400 倍液喷雾防治；白斑病用 25%多菌灵 500 倍液、40%多硫悬浮剂 800 倍液或 50%甲基硫菌灵 500 倍液喷雾防治；黑腐病选用 72%农用链霉素或浓度 20%的新植霉素喷雾防治。虫害主要有蚜虫、潜叶蝇，可选用 2.5%溴氰菊酯 1500~2000 倍液或 1.8%齐墩螨素 2000~3000 倍液喷雾防治。

2. 早春茬黄瓜

包括育苗、移栽定植、田间管理、病虫害防治等方面的要点。

育苗。选用 2 ~ 3 年未种过瓜类的田园土 6 份与腐熟有机肥 4 份混合，每立方米加 70% 代森锰锌 50 ~ 80 g 混合拌匀，2/3 铺入苗床，1/3 留覆土。种子用 55℃ 温水浸泡 15min，水温降到 30℃ 继续浸泡 4 h，冲净晾干放置在 25 ~ 30℃ 的地方催芽，2 ~ 3 天后播种，播种前一天苗床浇透水，按 10 cm × 7 cm 株行距点播，播后覆盖 1.5 ~ 2 cm 营养土，然后盖地膜，搭建小拱棚。出苗前苗床温度白天保持在 28 ~ 30℃、夜间在 14 ~ 16℃；约 70% 幼苗出土时揭取地膜，出苗后白天温度保持在 20 ~ 25℃、夜间 12 ~ 15℃；子叶肥大至一叶一心时白天温度保持 25 ~ 30℃、夜间 14 ~ 15℃；定植前 7 天，白天保持 20 ~ 24℃、夜间 8 ~ 10℃，进行低温炼苗。

移栽定植。油白菜收获后，结合整地施 105 t/hm² 腐熟农家肥、磷酸二铵 600 kg、硫酸钾 300 kg，然后深翻耙平，按大行 60 cm、小行 50 cm 起垄，每垄栽 2 行，株行距 27 cm × 40 cm，浇足定植水，覆盖地膜。

定植后管理。定植后一周不通风，白天室温保持 28 ~ 30℃、夜间保持 15 ~ 18℃；缓苗后，白天室温 25 ~ 28℃、夜间 12 ~ 14℃，同时加强通风排湿。结瓜期实行变温管理，08：00 ~ 13：00 室温控制在 25 ~ 32℃，超过 32℃ 时放风；13：00 ~ 15：00 室温为 20 ~ 25℃；17：00 ~ 00：00 为 15 ~ 20℃；00：00 ~ 08：00 时为 12 ~ 15℃，中午前后应通风换气。室内空气湿度苗期低，成株期高，夜间低、白天高，高限为 85% ~ 90%、低限为 60% ~ 70%。

定植一周后浇缓苗水，然后蹲苗。跟瓜坐后长达 10 cm 左右，结合浇水施尿素 225 kg/hm²，还可叶面喷施 0.2% 尿素或 0.5% 磷酸二氢钾 2 或 3 次。在苗高 25 cm 时及时吊蔓，摘除卷须及雄花，结瓜盛期，改善植株的通风透光条件，减少养分消耗和各种病虫害的发生，留顶部 15 或 16 片功能叶，并及时落蔓和清除下部的老、黄、病叶。

注意防治霜霉病、白粉病和细菌性角斑病。霜霉病可用 72% 杜邦克露 600 倍液、72.2% 普力克 600 倍液喷雾防治，或 25% 百菌清烟剂 3 ~ 3.75 kg/hm² 熏蒸防治，或 50% 百菌清粉尘剂用 15 kg 喷粉防治；白粉病可用 15% 三唑酮 1500 倍液，或 40% 多硫悬浮剂 500 倍液，或 50% 代森铵 1000 倍液喷雾防治；细菌性角斑病可用 DT 杀菌剂 500 倍液或 72% 农用链霉素 200 mg/kg 或 28% 消菌灵 800 倍液喷雾防治。虫害主要有蚜虫、白粉虱、潜夜蝇。蚜虫、潜夜蝇可用 2.5% 溴氰菊酯乳油 2000 ~ 3000 倍液、2.5% 功夫 5000 倍液或 1.8% 虫螨克 2000 倍液喷雾防治，白粉虱可用 10% 扑虱灵 1000 倍液或 25% 灭螨锰乳油喷雾防治。

3. 秋冬番茄

育苗。选 3 年内未种过番茄、茄子、马铃薯等田园土 7 份与腐熟有机肥 3 份混合，每 1 m³ 加过磷酸钙 1 kg 和 50% 多菌灵或 70% 甲基拖布津 80 g 混合拌匀，2/3 营养土铺入苗床，1/3 留覆盖土。种子用 55℃ 热水温烫浸种 15 min，待水温降至 30℃ 浸泡 6 h，然后用 10% 的磷酸三钠溶液浸泡 20 min，用清水冲洗 3 或 4 遍，晾干后直接播种。播种时苗床浇足底水，按 8 cm×8 cm 左右点播，点完后，上盖 1~1.5 cm 营养土。出苗后真叶露心和两叶一心时间苗，除去弱苗、劣苗，保持苗床见干见湿。为防治日后病毒病发生，苗期可喷洒病毒 A，定植前 3~4 天浇水切块。

定植。定植前清除前茬残物，施 75 t/hm² 腐熟农家肥，深耕整地，按大行 70 cm，小行 40 cm 起垄，在定植沟内集中施磷酸二铵 30 kg。每垄栽 2 行，行距 50 cm、株距 35 cm，选晴天上午定植，并浇足定植水，然后覆盖地膜。

温湿度管理。定植后 2~3 天，在晴天 10：00~15：00 放遮阳网遮挡强光，温室内白天保持 25~28℃、晚上不低于 15℃，空气相对湿度 80%~90%；缓苗后至开花期，白天温度 20~25℃、夜间 10~12℃；开花坐果期至结果期，08：00~17：00 室温保持在 22~28℃，17：00~22：00 保持在 13~15℃，22：00 至次日 08：00 保持在 7~13℃，空气相对湿度 50%~70%。

肥水管理。缓苗后浇一次透水，蹲苗 20~25 天；待 80% 植株第一穗坐果后有核桃大时，追尿素 225 kg/hm²、硫酸钾 150 kg/hm²，每株穴施后浇透水。在第二穗坐果后，随水冲施番茄专用钾宝肥 300 kg/hm²，中后期每公顷再冲施 150 kg 尿素和 75 kg 硫酸钾。后期气温逐渐下降，控制浇水次数和浇水量，一般 15~20 天浇 1 次。结果前期和结果期结合喷药，喷施 0.3% 磷酸二氢钾 3 或 4 次。

植株调整。及时进行吊蔓，摘除多余侧枝。开花后 4~5 天用番茄灵处理花序，留 4 或 5 穗果，并保证 1 或 2 穗留 5 个果，3~5 穗留 4 个果，多余的及时疏去。第一穗果绿熟期后，摘除其下全部叶片，到中后期，及时将已收获果穗下部的黄、老、病叶片打掉，便于通风透光，促进后期果实成熟。

病虫害防治。番茄主要病害有灰霉病、早疫病、晚疫病、叶霉病、病毒病。灰霉病可用 50% 农利灵或 50% 扑海因 1000 倍喷雾防治，或采用 45% 百菌清烟剂、15% 速克灵烟剂 3.75 kg/hm² 熏蒸防治；早疫病可用 70% 代森锰锌 800 倍液或 64% 杀毒矾 600 倍液喷雾防治；晚疫病可用 25% 甲霜灵 800 倍液或 72.2% 普力克水剂 800 倍液喷雾防治；叶霉病可用 70% 甲基硫菌灵 800 倍液，或 60% 防霉宝超微粉 600 倍液喷雾防治；病毒病可用 20% 病毒 A 500 倍液、83 增抗剂 100 倍液或菌毒清 400 倍液喷雾防治。虫害主要有白粉虱、斑潜蝇，白粉虱可用 10% 扑虱灵乳油 1000 倍液或 2.5% 功夫乳油 5000 倍液喷雾防治；斑潜蝇可用 1.8% 爱福丁乳油 2000~3000 倍液或氰乳菊酯乳液 1500 倍液喷雾防治。

11.3.3　温室菜豆春季栽培技术

大棚菜豆春、夏栽培是以早熟高产为目的。应选择早熟、高产、抗病、抗寒、耐热、耐弱光的品种，如锦州的双季豆、丰收一号、白架豆等。菜豆喜温，气温低于 10℃、地温低于 9℃ 时则不能正常生育。为早定植，应提早扣棚，待棚内 10 cm 深的地温稳定在 10℃ 以上，并能保持 5~7 天时，即可定植。定植前施足底肥，底肥中要掺一定量磷、钾肥，采用畦栽，每畦两行，行距 50 cm、穴距为 20~25 cm（赵国萍，2002）。

1. 菜豆育苗

菜豆为深根性植物，根系发达。为使幼苗健壮生育、定植时少伤根，必须采取富含氮、磷、钾的营养土和保护根系的育苗方法。一般采用营养土方或纸袋育苗（有机肥与田园土混均）。其面积为 9 cm² 或 10 cm² 左右。为防止种子带菌，保证苗全、苗齐、苗壮，播前要精选种子并用 60～70℃ 热水烫种。烫种时，应不断搅拌种子，当搅拌使温度降至 25℃ 后，放置 1～2 h，捞出沥干，即可将其播入营养土方或纸袋内。菜豆苗龄短，只要浇够底水，整个苗期土壤不过分干旱，一般不浇水。土壤水分适宜时，温度保持在 20～25℃ 以下，2～3 天可出齐苗。待子叶充分展开后，可降低温度，白天 15～20℃、夜间 10～15℃，以防止徒长，菜豆苗期以白天温度 20～25℃、夜间 15～20℃ 为宜。定植前，要逐渐降温，进行锻炼，以使秧苗到定植前能经受夜间 5～10℃ 的低温。这样的幼苗粗壮、耐寒、缓苗快。

2. 田间管理

定植后要勤松土，同时，棚内气温保持在 30℃ 左右，以利缓苗。缓苗后，气温以 28～30℃ 为宜。菜豆要求空气相对湿度 65%～75%，若棚温高于 32℃，湿度大时，则会引起落花落荚。在花期，温度以 20～25℃ 为宜，夜间温度不低于 15℃ 时，可昼夜大量通风，以降温排湿，利于开花结荚。缓苗后到开花结荚前，要严格控制水分，否则会引起徒长而落花。一般定植水浇完后，隔几天再浇 1 次缓苗水。之后，原则不再浇水，可进行中耕、松土，以提高地温和保墒，至开花前可中耕 2 或 3 次，中耕时，要防止伤根，并注意培土。当植株开始甩蔓时插架，同时浇 1 次大水。开花期不能浇水，座住荚时，再浇 1 次水，即所谓浇荚不浇花。

菜豆虽然有固氮作用，但开花前根瘤还不发达。因此，为促进茎蔓生长和供开花结荚时需用，结合插架浇水，追 1 次腐熟好的大粪面，菜豆的根系虽然吸收能力较强，但土壤干旱和养分不足，会引起生育不良，降低品质和产量。因此，在进入结荚期不能缺水、缺肥。一般每采收 1 次豆荚后，要浇水。到爬满架的盛产期，可追第二次肥，用 0.01%～0.03% 的钼酸铵或硫酸铜喷射叶面，可促使早熟和提高前期产量。当蔓爬满架，距棚顶较近时，要及时掐尖，以免茎蔓互相缠绕影响通风、透光。棚内栽培菜豆常发生锈病、蚜虫、红蜘蛛等，要及时防治。

11.3.4　温室绿芦笋栽培技术

芦笋适应性强，耐寒、耐热。适宜温度为 15～20℃，在富含有机质的砂壤土生长良好（祁惠莲和赵婷，2008）。

1. 育苗与移栽定植

选择高产优质、抗病、耐寒的品种，如加州 157、加州 711、益丰 Ui68 等。播种前可用 45～50℃ 温水浸泡 30 min，换清水再浸泡 24 h 沥干，用 30℃ 温水冲洗 1 次，放在 25～30℃ 的温度下催芽。每天早晚各用 30℃ 温水冲洗 1 次。待种子发芽率达 15% 时即可播种。为防止苗期病害，浸种时加用 50% 多菌灵 300 倍液浸泡 12 h，用药量为种子重量的 1%。

按每公顷大棚选用 1.5 m×10 m 苗床 30 个，每个苗床施 2.5 kg 磷酸二铵、1.5 kg 氯化钾，然后翻地 20 cm，把苗床整平、整细。先按行距 10 cm 开沟，沟深 5 cm，然后按 10 cm 株距点播，每穴 1 粒种子，覆土 3 cm 左右。播种后盖一层地膜，然后支小拱棚覆盖。地温白天 25～30℃、夜间 15～18℃。齐苗后，要及时从两边放风炼苗，增加对外界环境适应性。

当苗高 50 cm、有 3 个嫩茎时即可定植。移栽时使芦笋根盘萌发面都向南方，以方便将来培土。定植按照南北向开沟，沟深 10 cm，沟内施地虫净和地菌净各 3 kg，土药掺匀，按株行距 90 cm×30 cm 定植。定植后要求第一次覆土 3～5 cm，待 7～8 天缓苗后第二次覆土与原苗土深相同为宜，第一次覆土后应浇透水。

2. 定植后管理与采收

定植后一个月内要及时查苗、补苗。幼苗定植后，嫩茎抽出时，因为苗细嫩，对病虫抵抗力和再生力很差，要及时检查，发现茎枯病及时喷施 600～800 倍代森锰锌 40% 或 800 倍 50% 多菌灵，发现虫害及时喷药防治。

定植后一个月幼苗嫩茎已抽出 4～5 cm 高，必须给予足够的水分和养分，追施速效化肥，每公顷追尿素 150～225 kg，或三元复合肥 225～300 kg。以后随着株丛的发展，肥水应适当增加。

采收。嫩茎顶土时及时破膜放苗，当嫩茎长至 20 cm 高时，齐地割下。采收后包好，分级捆扎、装箱、用湿布盖好出售，可暂时放于阴凉处，切不可用水浸泡以免腐烂变质。

11.3.5　温室越冬茬番茄栽培技术

温室越冬茬番茄栽培技术包括育苗、定植和田间管理等方面（刘玉红等，2007）。

1. 育苗与定植

番茄适宜的播种期为 8 月中下旬，此期仍要注意遮阴防雨，2 或 3 片真叶时分苗，营养钵采用 10 叶 10 cm 的苗，在 3 或 4 叶期喷打一次 2000 倍的矮壮素，防止徒长，苗龄 45 d 左右。

整地时施足基肥。每公顷撒施腐熟羊粪 90 t，或腐熟猪圈肥、堆肥、土杂肥 75～90 t，并掺入过磷酸钙等磷肥，然后深翻 30～40 cm、耙平。可结合整畦每公顷撒施 750 kg 氮磷钾复合肥。

9 月底至 10 月上旬，选健壮苗定植，定植后浇一次明水，采取小畦，大小行稀植栽培，即大行 80 cm、小行 50 cm、株距 35～40 cm。每公顷栽 3.75 万～4.50 万株。

2. 田间管理

冬前深中耕，促根控秧，使植株健壮。第一序花坐果后及时浇水；注意保温，尽量少通风，早揭晚盖保温被，阴雪天也要及时揭盖，每天揭开时间不能少于 4 h。到 2 月底后，天气转暖，通风口可适当加大，3 月以后可按春早熟栽培进行温度控制。

适当追肥。如果底肥充足，特别是在施基肥时又兼施了速效化学肥料的棚，一般 2 月以前不需追肥。第一穗果实开始采收后，天气逐渐转暖时，可每公顷追氮磷钾复合肥450 kg。为尽量减少地温下降，可在株外侧15 cm处开小沟，将肥料溶于水中，进行局部小水冲施；番茄生长到后期，即4~5月，天气变暖，可再追肥1或2次，一般随水冲施即可。

控制浇水。为避免降低地温和湿度过大，冬番茄在2月以前很少浇水，特别是地膜覆盖保水力强，一般第一穗果实坐果前不浇水，如遇干旱时可采取局部浇小水或穴浇，2月底以后可逐步加大浇水量，保持土壤见干见湿状态即可。

越冬后管理。立春后，棚温升高，番茄恢复正常生长，此时要加强通风排湿，保持温度白天25~28℃、夜间15~16℃；及时清除老叶、黄叶、病叶，并整枝抹杈、落秧；及时摘掉转色的番茄，集中催红，可以提早上市增加效益，并能提高后期产量。

病虫害防治。病害主要是早、晚疫病、病毒病、叶霉病和灰霉病；虫害主要是蚜虫、白粉虱和潜叶蝇。晚疫病可喷药防治，同时结合放风排湿。常用药剂露速净、高乐尔、锐扑、疫病清、可鲁巴500~800倍液喷打。病毒病是番茄的主要病害之一，生长期用健植宝喷施整株有较好的预防效果，发病初期用"康润Ⅱ号+万帅1号"效果较好；灰霉病可通过加强通风、降低温度预防，发病后一般采用蓝潮、灰克或特立克等进行喷雾控制；叶霉病主要为害叶片，常用防治手段是通风排湿，并结合化学药剂如特立克、多霉清800倍处理；白粉虱能传播霉污病，影响果实商品性，目前无有效措施能一次性防除，主要防治方法有冬天密闭棚室用"烟胜"烟剂或其他杀虫烟剂熏蒸，另外还可结合药剂喷雾；棉铃虫防治上一定要掌握最佳防治时期，在1或2龄幼虫时期喷药药效最好，常用药剂有杀虫素、百福1000倍液。

11.3.6 温室芽苗菜生产技术

芽苗菜是利用谷类、豆类、树类种子培育出的可食用的芽菜。芽苗菜富含营养、无污染，是一种优质的绿色食品，因此很受消费者欢迎（孙国章等，2007）。

1. 器材准备与催芽

生产器材准备。一是准备多层栽培架，一般高2 m左右、宽50~60 cm，层间距30~50 cm、高3~5层。二是准备育苗盘，长为60 cm、宽24 cm，深5 cm。三是浇水设备，规模化生产的自动浇水可以安装微喷装置及定时器，人工浇喷只需喷雾器或带喷头的水管。四是基质，一般使用珍珠岩等。另外，还需要准备好洗涤器具、盛水容器、遮阳网和反光幕。

消毒。无论栽培前或栽培一茬后，必须对育苗盘及基质进行清洗杀菌与消毒。可采用百菌清、多菌灵、高锰酸钾或漂白粉等化学杀菌；也可利用夏季高温，在基质上焖扣塑料薄膜，通过太阳能升温杀菌。此外，生产大棚和车间生产前后都需进行消毒处理，保持清洁卫生。

浸种。根据种子的纯度、洁度、发芽率和发芽势，精选种子，并进行种子发芽试验。种子选好后，放水清洗。放入30~50℃温水中浸泡30 min左右，后加清洁的自来水浸泡

1~24 h。冬天种子需浸泡时间长一些，一般在 20 h 以上，浸泡过程中进行 1 或 2 次搅动并换水，以便均匀泡胀。后捞出种子放在漏水的容器中滤水，然后准备播盘。

播种。播种前需把手洗净或戴上超薄的卫生塑料手套，后在清洗消毒好的育苗盘中铺一层纸，纸一定要卫生，而且吸水性要好，这样有利于幼苗的生长。进行播种时，要注意合理密植，不要太密，太密会影响积水和影响生长，为各种病害创造有利的环境。也不宜过稀，过稀会影响产量。以每盘 250~400 g 为宜。

催芽。催芽温度以 15~25℃ 为佳，湿度见干见湿为宜。传统生产中，常用叠盘催芽法，时常会因垒盘过高或浇水不均而出现发芽不整齐、发芽率低、烂种弱苗过多的现象。现代生产已不采用叠盘催芽，而将芽盘直接上架。

2. 苗期管理

芽苗菜苗期管理时最重要的是水、温、光照的调控。水分调控可通过晴天喷 2 或 3 次水、阴天 1 或 2 次完成，喷水量要掌握好且均匀，一般前期多，后期少。湿度要求盘内 60%~80%、外围 60%~70%；温度一般控制在 15~30℃，以 20~25℃ 最佳。通过适当通风、苗盘层架间的上下调盘，对不同苗盘的水分、温度及光照进行调控。前期尽量使芽苗在光线较暗的条件下生长，采收前 1~3 天，使其见到较强的一些散射光，完成绿化过程，随后采收上市。

豆苗长到 10~15 cm，顶叶刚刚开始伸展时采收上市。可在豆苗的根部 2~5 cm 处剪下，采收后可根据具体条件选择采收、处理，一般是成捆销售，也可以进行净菜包装，亦可以选择活体销售。

11.4　温室瓜果类作物种植技术与模式

本节根据已发表的文献资料，收集总结目前已在青藏高原地区栽培的，包括人参果、草莓、西瓜等瓜果，以及芦荟等作物的温室栽培模式与技术。

11.4.1　温室人参果栽培技术

采用温室大棚，人参果四季都可种植。人参果富含钙、维生素 C 和硒等十几种人体所需的微量元素，单果重 250 g 左右，嫩果青翠，成熟后金黄色并有紫色花纹，果肉清香多汁、香甜可口。在青海，人参果一年可栽植 2 次，6 月 15 日左右栽植的，在国庆节前后可上市，11 月 15 日左右栽植的可在第二年的 5 月上市（祁惠莲和王新，2008）。

1. 整地与栽植

栽培人参果应选择地势较高、排灌方便、通风透光和土壤肥沃的温室。整地施肥，每公顷施腐熟有机肥 60~75 t、过磷酸钙 1500 kg、硫酸钾 750 kg 作基肥，深翻 25~30 cm，做高畦，耧平畦面。将人参果苗按株距 40 cm、行距 80 cm 移栽，每公顷保苗 31 500 株，栽植后立即灌水。

2. 田间管理

肥水管理。一般每隔 25 天左右追施 1 次，采用粪水或复合肥均可，但浓度应稀一点，以免烧苗。开花挂果期应增施硼、镁、锌等微肥，促其快结果、多结果。人参果对水分的需求量比较高，一般 2～3 周灌水 1 次，经常保持土壤湿润，而且要排灌畅通。根据土壤条件、土壤疏松程度和杂草生长的快慢，一般每月中耕除草 1 或 2 次。

整枝搭架。要抓好整枝、搭架和坐果期间的田间管理，每株可保留 4 或 5 个主枝，将其余枝及时除去，且主枝上不再留侧枝。用竹竿搭架或吊枝。

防治病虫害。主要病虫害有疫霉病、红蜘蛛，高温干旱时会发生病毒病。可用 50% 多菌灵 800～1000 倍液、70% 甲基托布津 1500 倍液防治疫霉病；用 2.5% 功夫乳油每公顷 450～750 ml 兑水 750 kg 喷雾防治红蜘蛛；防治蚜虫用 2.5% 敌杀死每公顷 150～300 ml 兑水 750 mg 喷雾；用病毒病 A、植病威防治病毒病；用 25% 扑虱灵可湿性粉剂 15 000～22 500 倍液喷雾防治白粉虱。

注意保温。人参果在 12℃ 温度中能正常生长，15～30℃ 是开花坐果的适宜温度，0℃以下或 33℃ 以上叶片停止生长，因此要采取相应的保温、降温措施。

适时采收。当果皮由青到出现紫红色条纹呈金黄色时为完全成熟，这时营养价值最高。

11.4.2　草莓冬季温室栽培技术

草莓是一种红色的水果，外观呈心形，鲜美红嫩、果肉多汁、营养价值高、含丰富维生素 C，有帮助消化的功效（肖爱国，2008）。

1. 整地与定植

品种选择。选择休眠期短、耐低温，坐果能力强、产量高、品质好的品种，如春香、丰香、日本 1 号、日本 2 号、美国的红峰等。

整地、作畦和施肥。温室草莓生长期长，追肥不便，所以应施足底肥，一般每公顷施腐熟鸡粪 75 t、磷酸二铵 300 kg、生物钾肥 75 kg；结合施肥，深翻土地，然后作成畦面宽 50～60 cm、畦沟顶宽 40～50 cm、底宽 20 cm、高 15～20 cm 的高畦，方向为南北走向。

适时定植，覆盖黑色地膜。选根长 3～5 cm、根茎粗 0.8 cm 以上，有 3～5 片完整叶片的壮苗，按行距 20 cm、株距 13 cm 于在 9 月中旬定植。栽植时要掌握好深浅和充足的水分，正常的栽培深度以苗心基部与上土面相平齐为宜。定植后 15 天覆盖黑色地膜，覆盖前要彻底清除病叶、黄叶、老叶，喷 500 倍的甲基托布津 1 次。地膜沿畦埂纵向覆盖，在每株草莓的位置上用刀或手开 1 个口，将草莓苗的叶茎从开口处掏出，注意尽量不要伤害叶片，开口要尽可能小。

2. 栽后管理

草莓定植后，立即浇透水，土壤一定要保持 1～2 周湿润状态。及时查苗补苗，当新叶长出后及时摘除下部老叶及抽生的匍匐茎。成活后随浇水每公顷施尿素 150 kg，平时随打药可加入 0.3% 尿素和 0.5% 的磷酸二氢钾。果实膨大期，及时浇水。冬季草莓栽培要注意保温，栽培初期至开花前，棚内白天温度宜为 25~28℃、夜间不低于 5℃。初花至成熟期，棚内白天温度宜为 20~25℃、夜间不低于 5℃。

病虫防治。病害主要有灰霉病和白粉病。灰霉病可用 75% 的百菌清或 50% 的速克灵 500~800 倍液防治；白粉病用粉锈宁或灭菌清 600~700 倍液喷防。虫害主要有蚜虫，用菊酯类农药喷杀即可。

及时采收。开花后 40 天草莓八成熟时就开始采收，这样便于运输和销售。采摘时，要轻摘轻放，装入支撑性能较好的小纸箱内，注意不要堆放太厚，以免压伤果实。由于草莓结果期长，要分批分次采收，尽量做到不要漏采。

11.4.3　大棚西瓜一种两收技术

在西瓜第一次收获后，可利用留茬瓜秧，通过管理，收获二次西瓜（关树森等，2005b）。

1. 整地与播种

选生育期短的优质西瓜品种，在播种前 4 天，用 1.0‰ 浓度高锰酸钾兑洁净水，在常温下浸泡 48 h，当西瓜种子沉底时，捞出放在拼盘中辅平，用湿毛巾蒙上放到太阳下晒种约 2 个白天，期间保持毛巾的湿度，西瓜种子开始萌芽。

施足有机肥，耕翻 30 cm；南北方向打垄（宽 1.5 m、高 30 cm）整平。准备好种肥，每 50 kg 种肥兑羊粪 30 kg、油渣 12 kg，磷酸二铵 3 kg、硫酸钾 5 kg，混合均匀，蒙上塑料布发酵。播种时，在垄的偏南向，每隔 30 cm 挖一个 30 cm 的坑，用种肥填满 10 cm 后，覆 2 cm 细土，把事先催过芽的西瓜种子，每坑放两粒，再盖上 2 cm 细土，随浇水至坑满，当水渗下去后马上蒙上白色透明地膜，四周压严。

2. 田间管理

及时掏苗、定心、打杈。播种后一周左右，西瓜出苗，当西瓜长到四叶一心、叶片顶到薄膜时，把西瓜苗从膜内掏出，并用土把薄膜压到西瓜苗的根部并培土；当瓜苗适应外部环境时，尽快定心。在四叶处长出的子蔓出现孙蔓时，及时将其摘掉；当子蔓长到 1 m 长时及时用线绳吊起来，直到西瓜成熟。在此期间一定保持适宜的湿度，避免旱涝。当西瓜结稳以后，把瓜秧的尖（生长点）摘掉。

西瓜、剪瓜秧。在西瓜开花 20 天时，保留 3 或 4 个在西瓜秧根部新长出的子蔓，作为二次结瓜的秧子；开茬后 30~35 天时，西瓜成熟，应及时采摘，同时把该西瓜的秧子用剪刀从根部剪掉，移出大棚。

吊西瓜二次秧子，打杈留瓜。第一茬西瓜收获后，留的二次瓜秧已长高，用吊第一次西瓜秧的线绳把它吊起来。采用同样的管理方式，可收获二次西瓜。

11.4.4　芦荟大棚栽培技术

芦荟为独尾草科多年生草本植物，芦荟品种多达 400 多个，主要分布于非洲等地。具有药用、美容、保健、食用价值且适合加工，产业化开发的品种有木剑芦荟、库拉索芦荟、皂质芦荟、中华芦荟、好望角芦荟、上农大叶芦荟等，其余皆为观赏品种。芦荟喜光不耐寒，在 5℃ 左右停止生长，低于 0℃ 会冻伤。生长最适温度 15~35℃，喜排水性能良好，不易板结的疏松土壤（裴青，2007）。

1. 整地与定植

整地做畦。栽植前深翻 30~50 cm，结合翻地每公顷施腐熟有机肥 12~15 t，耙细整平做畦，畦宽 100 cm、沟宽 30~40 cm、深 15~20 cm。

种苗准备。芦荟种苗一般分为株苗、分蘖扦插苗和组织培养试管苗，种子苗几乎没有。扦插苗、试管苗均应在育苗床上培养 2~3 个月，试管苗要达到 5 cm 以上，扦插苗株高要达到 8 cm 以上，且具有完好的根系。

芦荟移栽。在春季或秋季移栽。栽培一般呈东西走向，即与大棚长度方向平行。在 100 cm 宽的畦床栽种 5 行，株行距 15 cm×15 cm，半年后当芦荟株高达 20~30 cm 时进行第一次间苗，间隔取苗移栽，由原来每畦 5 行变为 3 行，株行距变为 30 cm×30 cm；移植 1 年后，芦荟株高达 50 cm 以上，再进行第二次移栽，每畦剩下两行，株行距变为 60 cm×60 cm。栽植最好在阴天或傍晚进行，移栽时应尽可能多带土，以缩短缓苗时间，栽苗后要将苗四周的土压实，然后浇透水封埯。忌大水漫灌。

2. 田间管理

芦荟生长期较长，从小苗定植返青到采收结束，在大棚内需要几年时间。因此，要重点做好以下几个方面的工作。

间苗。定植后幼苗逐渐长大，严格按定植间隔法要求，根据植株生长高度及设定的密度及时进行间苗。如延迟间苗移栽，叶片易相互遮光，根系交叉，挖苗时损伤过大，缓苗时间长，影响生长。

中耕除草追肥。芦荟定植后每年要进行 3 或 4 次中耕除草追肥。一般先除草、追施肥料，再中耕培土。除草深度控制在 3~6 cm，远离植株的行间略深些，植株附近的宜浅些。肥料以腐熟的麻渣、鸡粪、人粪尿为主，结合部分无机复合肥料，沟施或穴施。施肥要根据植株的大小逐年增施，春季适当多施、秋季少施、冬季不施。每年 3~11 月为芦荟最佳生长期，此期要根据植株的生长势适当调节肥料的种类和数量，以保证各种养料的均衡，促进芦荟的苗壮健康生长。施肥时要注意不能把肥料沾到叶片上，否则会造成烂叶，叶片一旦沾上肥料，应用清水及时冲洗干净。施肥后要抓紧中耕培土。

浇水和排水。春夏季气温高、蒸发量大，植株生长快，必须适当勤浇、多浇；冬季基本停止浇水。浇水最好结合中耕进行，浇水后及时中耕，既可减少水分蒸发，又可增加土壤透气性，促进植株生长。避免发生积水，一旦出现积水必须及时排除，否则易造成烂根烂叶或导致黑斑病的发生流行。

通风降温、遮阳。在 5~9 月，大棚内温度达到 30℃时，要及时打开通风口，揭开部分棚膜进行通风降温；在棚顶部增设遮阳网，防止夏季阳光直射、暴晒，否则叶片易发红失水卷曲，影响生长。

病虫害防治。由于植株体内含有芦荟酊，具有很强的抗病杀菌作用，芦荟很少有病害发生。在低温高湿或积水时偶有黑斑病发生，除加强通风、排除积水外，可用 70%甲基托布津或 70%可湿性代森锌 800 倍液进行喷雾防治。芦荟害虫主要有蚜虫、红蜘蛛和棉铃虫，危害幼苗和叶。一旦发生，可喷施 9%集琦虫螨克 1000 倍液、25%氧乐氰乳油 2000 倍液和 50%杀螟松乳油 1000 倍液进行防治。

越冬防寒。冬季要注意预防寒流的袭击，芦荟如遇霜冻，叶片很快萎蔫，棚内气温低于 8℃则停止生长，低于 5℃就要采取保温增温措施。除此之外，在冬季来临之前，适当增施有机肥和磷钾肥，根部适当培土，可增强植株的抗寒能力，有利于安全越冬和促进生长。

第四篇　青藏高原土地退化防治和区域可持续发展对策

第 12 章 青藏高原土地退化防治与可持续利用对策

土地退化防治包含预防和治理两个方面，其中应以预防为主、治理为辅。预防主要是针对未退化或轻度退化的土地，需要投入低、成效大；治理是针对已退化的土地，一般需要较高的投入成本，而收效不确定性大，甚至可能会无任何收益。土地可持续利用是在保证土地不出现退化或生产率不下降的基础上，对土地进行适度利用，其自身隐含着对土地的保护。青藏高原地位独特，是我国最重要的生态屏障和主要河流的水源地，因此，在战略定位上，应以保护和恢复区域的生态健康为主要目标，在此基础上或前提下，通过资源的合理利用，促进经济发展，增加收入，最终实现区域环境、资源、人口和社会经济的协调发展。为此，第一，加强自然保护区建设，提高生态保护的力度；第二，增加投入，加强对退化生态系统的整治和恢复重建；第三，改善土地利用方式，建立适合青藏地区的土地可持续利用和农牧发展模式；第四，加快城镇体系建设，促进劳动力和人口转移，减轻土地和环境压力。

12.1 加强生态保护

青藏高原生态脆弱，破坏后恢复困难，因此，必须坚持以生态保护为主的原则，采取适当的生态保护措施，避免产生新的环境或土地退化。针对青藏高原所面临的主要问题，关键是要减轻人类活动强度，缓解土地和草场压力。

12.1.1 建设自然保护区

青藏高原独特的地理位置和自然环境，决定了其生态保护不仅对该地区而且对我国的生态安全都具有重要价值。因此，青藏高原的生态保护必须从维护国家生态安全的战略高度进行全面布局，建立长效的生态保护机制。其中，最有效的措施就是大力发展自然保护区建设。

过去半个多世纪，国家非常重视青藏高原的生态保护，先后建立多个国家级自然保护区（如羌塘自然保护区、可可西里自然保护区、三江源自然保护区、珠穆朗玛峰自然保护区等）及多个省级自然保护区。仅西藏地区，自 20 世纪 80 年代以来，就相继建立了 45 处不同类型的自然保护区，其中国家级自然保护区 9 处，国家级和自治区级自然保护总面积为 41.27 万 km^2，占全区土地面积的 33.4%。2009 年国家批准了《西藏高原国家生态安全屏障保护与建设规划》，将投资 200 多亿元支持实施规划提出的配套工程，包括自然保护区建设和天然林草保护，退化草地、森林的修复，沙化治理，以及地质灾害、鼠虫毒草灾害的防止等10多个系列工程。这些措施的实施，必将促进高原生态系统恢复、加强生态系统的稳定和健康发展。

目前青藏高原自然保护区建设基本还是由政府主导，并由政府出资建设。但从长远看，应健全和完善有关法律，鼓励社会团体、企业和个人的积极参与；同时应研究探讨生态补偿机制，下游受益地区有义务对青藏高原的生态保护提供补偿，建立上下游地区生态保护的联动机制。

12.1.2　加强湿地和生物多样性保护

青藏高原区自然条件独特，野生生物物种丰富，因此，应加强对自然保护区和湿地保护区建设。重点在青藏高原高寒区和"三江源"，内容包括野生动物（如藏羚羊、马麝、雪豹地区等）、高原湖泊湿地、三江源自然生态系统的保护。其次是西南高山峡谷区，这里曾是第四纪冰川期动植物的避难所，高山植物区系丰富，古老和子遗动、植物种类多，宜兴建生物物种和生物多样性保护区，使大江大河源头区、重要湖泊、湿地、河谷区生态环境保护和生物多样性保护取得重大进展。

12.1.3　退牧还草，减轻草场压力

伴随着人口和经济的快速发展，我国牧区畜群数量急剧增长，使草地出现普遍的过牧和退化。为了减轻草场压力，遏制草场退化，国家于2003年实施了退牧还草工程。青藏高原作为我国的重要牧区，也于2003年开始了退牧还草和生态移民工作。从青海省的实施效果看，成效显著：2003~2006年，退牧使项目区草地放牧强度下降56%，草地平均产草量提高23%，同时还推动了后续产业的发展，牧民收入得到改善，因此，退牧还草是一项行之有效的生态保护措施。

退牧还草是一项涉及面广的系统工程，实施难度大。根据青海的实施经验，下述做法值得借鉴。

1）建立专门机构，强化项目管理。青海省成立了以常务副省长为组长、主管农牧和主管计划的副省长为副组长的退牧还草工作领导小组，在青海省农牧厅设立办公室，组织协调退牧还草工程的实施。项目管理实行项目法人责任制，省、州、县层层签订目标责任书，明确职责，分级负责。

2）政策落实到户，明确权利和责任。在项目安排上，优先考虑草原使用权落实较好的县乡（镇），分类落实政策。对生态移民的牧户，要求牲畜全部裁减，承包草场全部禁牧，对房屋等固定财产、禁牧和减畜数量发放补助费，另外牧户还享受10年的饲料粮补助。对只参与禁牧的牧户，禁牧期间不准放牧，并给予建设费和饲料补助；禁牧期过后，牧民可以继续放牧，也可以租赁、转包草场经营权。

3）帮助牧民改变饲养方式。结合退牧还草工程的实施，在实行禁牧、休牧和划区轮牧的同时，抓试点，搞好人工饲草地、舍饲棚圈、人畜饮水、饲草料加工等配套基础设施建设，推进舍饲、半舍饲圈养，促进草地畜牧业生产方式的转变。在气候条件和群众基础

较好，具备饲草料资源和基础设施条件的地区，实施牧民聚居半舍饲季节性休牧试点，开展"三合一"示范（牧民村落化聚居、舍饲畜牧业与草地畜牧业相结合、草场承包权不变前提下的合作化经营）。

4）政府扶持、培训，帮助牧民开拓就业渠道。通过免收工商行政管理费、5 年内免征税费、免费培训、科技现场指导等措施，鼓励牧民积极发展个体私营经济，从事劳务活动，兴办小型手工业企业，种植和采集汉藏药材等；还制订了企业和工程建设优先安排30% 牧民普工等优惠政策，开拓就业门路。

12.1.4　根据草地的承载能力，实施限量放牧

根据草地的载畜能力，以县乡为单位，对区域内土地资源和草地利用进行综合规划，针对不同草地类型，规定适宜的放牧时间和放牧强度，实施定时和划区轮牧制度。通过技术培训、宣传教育等方式，宣传讲解轮牧等科学放牧知识与益处，逐步取得牧民的理解和认可。建立草地利用监督机制，定期巡视草地的放牧利用情况。另外切实落实和完善草地的使用权，将草地的使用权、管理权完全交给牧户，促进他们对自家草场的合理利用。

12.2　加强退化土地的恢复重建

12.2.1　加快退化草地的治理

草地退化是青藏高原面临的一个最突出的生态问题，因此退化草地的恢复重建是土地退化防治的中心任务。退化草地整治是一个系统工程，应坚持以人为本的原则，在实现生态整治目标的同时，应充分考虑农牧民的意愿和利益，这样才会得到当地农牧民的支持与参与，起到事半功倍的效果。具体的治理措施包括以下几个方面。

1. 围栏封育休牧

围栏封育投入少，但收效大，因此，应加强围栏草场的建设，对退化较轻的草场，可采用围栏轮牧的方式，通过适当延长休牧期，促进植被恢复；对退化较重的草场，可采用封育休牧的方式，给草地一个较长的恢复期，使退化草地自然更新。一般来讲，轻度退化草地容易恢复，一般封育 2~3 年后草地即可恢复到初始状态，中度退化草地需要较长时间，有 5~8 年，可采用划破草皮、耙松、补播牧草、施肥等人工辅助方法，加快草地的恢复。

2. 控制鼠害和杂草

退化草地都伴随有严重的鼠虫和杂草危害，因此，草地恢复必须灭鼠除杂。杂草防治可采用人工拔除、机械耙耕方法，或采用除草剂灭除。鼠害灭除目前主要采用的是物理灭鼠和化学灭鼠法，其优点是操作灵活、短期灭鼠效果好。物理灭鼠有鼠夹灭鼠和机械耙耕灭鼠两种，鼠夹灭鼠是控制中、低密度害鼠种群的常用方法；耙耕灭鼠适宜于严重退化的

草地，是通过机械翻耕、碾压、播种、耙糖和镇压等措施，直接将老鼠赶跑。化学灭鼠主要是采用灭鼠药物、生物毒素盐等杀死老鼠，是目前国内外最为广泛应用的灭鼠方法。化学灭鼠的优点是灭效高、见效快、方法简单、经济；缺点是污染环境，易引起人、畜和老鼠天敌中毒。

生物和生态防治方法控制鼠害，因技术要求高、见效慢，还没有得到推广应用，但因其具有长效控鼠的作用，具有良好的发展前景。生物控鼠技术主要是利用鼠类的天敌，如通过在草场按一定的间隔建立鹰架，通过培育老鹰控鼠。生态控鼠主要是通过破坏鼠类的生存条件，降低害鼠的密度。

要有效控制鼠害，需要采用综合防治措施：第一，应合理放牧，避免草地退化；第二，是在草地出现轻度危害时，及时控鼠；第三，对鼠害严重的草场，除实施物理和化学灭鼠外，应围栏封育，补播牧草，促进植被恢复，恶化鼠类的生存条件；第四，保护天敌动物，严禁狩猎猛禽和草原食肉兽。从鼠害的综合防治模式看，灭鼠 + 补播 + 封育、灭鼠 + 人工草地等灭鼠效果良好，值得推广。

3. 补播改良和建植人工草地

对重度退化、草皮层未全部破坏的草地，在尽量保持原有草皮不被破坏的前提下，采取灭鼠、松耙、补播、施肥等农艺措施，并对这些措施进行改良，人工辅助植被恢复；对严重退化、植被盖度低于30%且土层较厚的草地，可通过耕翻、混播牧草，建植人工草。

12.2.2 整治土地沙化

沙化土地主要分布在干旱和半干旱区，其主要特征是因植被被破坏和风蚀作用，土地出现裸露沙地甚至流动沙丘，是一种严重的土地退化现象。对于轻度沙化土地，可采用封育休牧的方法，进行自然恢复。对气候干旱、风沙和流动沙丘危害严重的地区，应通过埋植稿秆沙障、种植生物沙障、构建遮阳网等方法固沙，同时选择当地适生乔灌木，构建草地防护林体系。对严重沙化的土地，单一的治理措施很难见效，应综合治理，技术措施包括禁牧封育、灭鼠除杂、改良或建植人工草地、防风固沙和构建防护林等，同时配合畜群结构调整，降低放牧强度，减轻草场压力。在严重干旱区，可通过在退化草地补种耐旱小灌木的方法，对草地进行改良，建成草灌放牧地。

12.2.3 退耕还林还草，整治水土流失

青藏高原虽然地广人稀，但部分人口分布较集中的地区，如青海东北部、西藏"一江两河"地区、青海湖周边地区，都存在坡地和草地过度耕垦的问题，因此，诱发了较严重的水土流失。从可持续利用的角度，这部分土地不适宜继续用做种植业，需要退耕还林还草，通过植树造林促进植被的恢复。

边际土地退耕应因地制宜，选择适合的退耕还林还草模式。根据多年的实践，当地政府和科研部门通过试验摸索了多种行之有效的退耕模式，主要包括：①建植生态林模式，

即通过混种针阔乔木、混种乔灌树种或建植灌木树种的方式，将退耕地营造为纯生态林；②农林复合模式，即在退耕坡地，按一定的间隔，横坡修筑窄面水平阶，阶面栽树，阶间坡地种植粮食作物、蔬菜或花卉等；③林草复合模式，即采用水平阶种树，坡地种草的组合模式；④林药复合模式，即修建窄带水平阶造林，药材药品种如大黄、黄芪、柴胡、板蓝根等种植在坡地上；⑤人工草地模式，即将退耕地建植成人工草地。

造林技术的选择应因地制宜，根据立地条件和气候，选择不同的造林方法。目前常用的造林方法有容器苗造林、裸根苗深栽造林和截干深栽造林等，造林方法有土壤蓄水保墒造林、覆膜保墒造林、集水抗旱造林和雨水集流注射灌根抗旱造林等；根据当地的气候条件可选择春季造林或夏季造林。夏季水分条件较好，造林容易成活。

12.3　改善土地利用方式，提高农牧业的生产效率

青藏地区目前的土地利用方式还很粗放，是目前农牧业生产效率低下的主要原因，因此，立足当地的资源优势、加强土地的集约经营、发展独具特色的高原农牧业，是实现区域农牧业可持续发展的重要途径。

12.3.1　建设发展高原特色农业

青藏高原环境清洁，气候独特，蕴藏有丰富独特的作物、畜牧和生物资源。因此，应立足于这些资源优势，以畜牧养殖及其产品深加工为龙头，带动高原地区特色农业的建设与发展。

畜牧业是青藏高原的优势产业，在产业布局上，应将发展重点放在牦牛和藏羊养殖及其产品开发上。牦牛是青藏最具特色的牲畜，其数量占世界牦牛总量的 90% 以上，藏羊（包括绵羊和山羊）是青藏高原数量最多的牲畜（陈印军，2003）。高原天然无污染的高寒环境，使牦牛和藏羊肉质细嫩、味美可口、皮毛质量高，具有深度开发价值（徐建龙，2000）。

青稞、蚕豆、豌豆、油菜和马铃薯是青藏高原具有竞争优势的作物品种。青稞蛋白质含量 13.4%，品质好，可加工成面粉与白酒；蚕豆粒大饱满，无虫蛀，蛋白质含量在 25% 以上，在国际市场上久负盛名；豌豆颗粒大，易储存；油菜子加工的菜子油气味醇香，透明度高。高原气候温凉，紫外线强，病虫害轻，种植马铃薯具有明显优势。当地产的马铃薯皮薄个大，淀粉含量高，具有很好的发展前景（徐建龙，2000）。

青藏高原藏药资源极为丰富，有藏药植物 2085 种（陈印军，2003），其中虫草、红景天、雪莲、花猫、大黄和藏红花等最负盛名，应统筹规划，积极发展药材种植和深度开发。

12.3.2　加强人工草地建设，大力发展舍饲和季节畜牧业

青藏高原草场季节分布不均，冬春饲草缺乏，因此，加强草场建设，发展舍饲和季节

养殖是解决草畜矛盾、实现草畜协调发展的重要途径。

草场建设是提高青藏高原畜牧生产效率、改变牲畜饲养方式的基础。鉴于目前牧民资金比较匮乏，加上传统观念的影响，可采用国家扶持和个人投入相结合的方式，辅助支持牧民建设人工草场，发展舍饲或办舍饲。

人工草地建植应以禾本科和豆科牧草混播为主，合理搭配上繁草和下繁草的比例，建立稳定的人工草地生态系统。试验表现良好的多年生人工草地建植模式有：苜蓿+无芒雀麦+多叶老芒麦、苜蓿+多叶老芒麦+冷地早熟禾、无芒雀麦+多叶老芒麦+冰草、无芒雀麦+多叶老芒麦+冷地早熟禾、苜蓿+多叶老芒麦+冰草、垂穗披碱草+中华羊茅+冷地早熟禾+波伐早熟禾、无芒雀麦+扁蓿豆；一年生人工草地的种植模式有：燕麦+箭筈豌豆、燕麦+毛苕子等。

在农区，可采用粮油作物和豆科牧草混播的模式，生产人工饲草；也可利用作物收获后的剩余生长季，套种或复种豆科作物，如冬青稞收获后，利用7~10月的生长季，复种箭筈豌豆，不仅可收获一季优质饲料，还可改良土壤结构和肥力状况。

充分利用牲畜的棚圈，在暖季牲畜转场放牧时，种植一年生牧草，在冷季到来之前刈割后晾晒备用，用于牲畜补饲。牲畜棚圈避风保温，大量牲畜粪尿积累了充足的养分，为牧草生长提供了丰富的营养，投入低，但产草量高，是天然草地产量的50倍以上，是缓解冷季饲草一个有效途径。

舍饲养殖除要建设人工草地外，还需修建棚舍。考虑高原地区气候寒冷，应发展暖棚舍饲。试验观测表明，在高寒牧区利用暖棚舍养羊能减少牲畜体热量消耗，便于畜群集约管理，减少牲畜的死亡率，提高生产力。利用夏秋季节气候温暖、牧草营养丰富、牲畜生长快的特点，积极开展当年犊牛、羔羊育肥，到冬季来临时出栏上市，可加快牲畜周转，减少饲草无效消耗，提高饲草的利用效率。

另外，应加强技术服务体系建设，完善以县乡草原和畜牧站为基础的服务网络体系，通过对牧民实用技术培训、示范和技术指导，推进草场管理的科学化和标准化。

12.3.3 加强集约经营，提高土地生产率

土地经营粗放，如畜牧业过度依赖天然草地，是青藏高原农业生产效率低并引发土地退化的症结所在。因此，增加土地投入，改善管理水平和土地利用方式，不仅会提高农业生产效率，还可减轻土地压力，促进生态恢复。具体措施包括以下几种。

1）推广作物种植的标准化。根据作物种植技术规范，通过建立高效农业种植区、示范区等方法，推进耕地资源的高效利用，提高作物产量；充分利用高原区基本无污染的优势，探讨绿色农业、绿色蔬菜和绿色瓜果的发展模式，提高种植业的经济收入；充分利用高原丰富的光照资源，发展设施农业和绿色蔬菜生产，提高农民收入。

2）提高作物复种指数。高原区虽然热量条件较差、生育期短，但部分河谷农区热量条件具有发展套、复种的潜力，如西藏"一江两河"地区，在冬青稞收获后，7~10月处于休闲期，可套种或复种绿肥作物或豆科牧草。西藏自治区农牧科学院在西藏农区的试验表明，复种效果良好，是解决冬春饲草不足的良好途径。

3）优化畜群结构，提高出栏率。合理的畜群结构是畜牧高效生产的基础。通过调整和优化畜群结构，增加能繁母畜的比重，及时淘汰老弱病畜、成年公畜，缩短饲养周期，可显著减低饲草的需求量，改善饲草利用效率。例如，在若尔盖县的小区放牧试验表明，在羊群结构为种公羊 2.77%、适龄母羊 71.94%、后备羊 20.63% 和羯羊 6.35% 时，幼羊繁活周转率达 46.83%、羊只总增率达 40.87%、出栏率为 40.48%，分别较若尔盖县同期养羊指标提高 14.38%、14.40%、16.30%，效果十分明显（左学明和肖勇智，1997）。另外，应大力发展舍饲育肥、季节养殖等先进的畜牧饲养模式，提高畜牧的生产效率。在草地资源条件、畜牧基础较好的地区，推广牧民定居化、草地围栏化、饲草料生产基地化、家畜良种化、牲畜圈舍暖棚化、疫病防治程序化，即所谓的家庭牧场"六化"模式（李贵霖和丁连生，2006）。

12.3.4　加强技术服务体系和能力建设

要提高农牧业的生产水平，必须强化农牧科技服务体系的建设。第一，应以县、乡为重点，完善和健全农牧技术推广和服务体系，为农牧民改善畜牧和种植管理水平提供技术咨询、指导和服务。另外，加大对地市和县级农牧站的资金投入，以增强他们对新技术进行实验、示范和推广的能力。第二，应加强人力资源能力建设。青藏高原人力资源整体素质较差，不但缺乏普通的专业技术人才，更缺乏起带头作用的高级人才，严重制约了农牧技术的推广、消化、吸收。因此，必须从人力资源数量、质量、结构等方面，通过增加投入、引进和培训专业技术人才、改善和提高科技人才的结构和能力、提高科技服务水平，促进科技成果的转化、推广和应用。第三，应加强环境管理能力建设。青藏高原区的生态与环境问题在很大程度上是因管理不善造成的，因此迫切需要改善和提高区域环境的管理能力，强化国家政策的落实和监督。能力建设重点应放在县、乡两级，完善有关机构的协调和执法能力，提高现有县级生态和环境监测站的监测能力。

12.4　加强扶贫和城镇化建设，促进经济发展

受自然条件的制约，青藏高原经济发展和城市化水平较低，贫困人口比重高，因此，在未来一个很长的时间内，还需要国家在资金和政策方面进行大力扶持。根据青藏地区所面临的问题和优势，应重点做好下面的工作。

12.4.1　加强扶贫和生态移民体系建设

青藏高原区大多农业生产基本条件差、农业结构单一、农村经济落后、劳动者科技文化素质较低，广种薄收和粗放经营还较普遍，部分地区还在存在温饱和贫困问题。因此，必须加强扶贫和经济扶持，提高当地群众生活水平。扶贫体系的建设应重点考虑科技扶贫、特色产业扶贫（如旅游扶贫）和异地扶贫（生态移民）等。科技扶贫重点应通过支持和引进新技术，立足本地资源优势和面向区内外市场，结合水土保持、荒漠化治理等，

调整农业结构，发展特色农作物种植，开发生态和特色农业产品，形成具有区域特色的技术体系，提高生产效率，实现生态和经济效益的共赢。旅游扶贫是通过开发区内独特的旅游资源，以及相关产业的发展，增加农民就业和收入。旅游产业作为现代服务业，具有开放度高、关联性强、投入产出率好等显著特点，在旅游业的牵动下，我国已有一些贫困地区迅速脱贫致富，因此，旅游扶贫是西部旅游资源富集的贫困地区尽快走出贫困的有效模式。异地扶贫适宜生态严重退化的地区，通过将贫困人口迁移到条件较好的地区，以减轻人口压力，促进退化土地的恢复；同时通过条件的改善，使迁移人口的生活水平得到提高。

12.4.2 加快城镇建设，促进农村人口转移

城镇化是驱动农村人口转移的最根本动力，是彻底解决青藏高原地区，由于人口和畜群增长所诱发的一系列环境问题的最有效途径。近年来，我国很多土地退化严重的地区如黄土丘陵区，其生态条件都出现了明显的好转，除国家推行的生态建设工程外，城镇化的快速推进对农村人口大量转移，脱离农业，起到了举足轻重的作用。在黄土丘陵区，由于年轻一代大都到城市打工，土地压力大幅缓解，大量坡地自然退耕，生态逐步得到恢复。

在青藏高原区，目前城镇化还较缓慢。除必要的生态建设措施，如国家支持的退牧还草和生态移民工程、西藏生态安全屏障工程外，国家和当地政府应加大对该地区城镇体系以及相关产业发展的支持力度，加快城镇化进程，以吸纳农牧人口转移到城镇，进而减轻土地压力，促进生态恢复。

12.4.3 发展生态旅游，促进区域经济发展

青藏高原自然和人文资源丰富，有诸多风景秀丽的山川和湖泊、独特宜人的自然景观，因此开发丰富的旅游资源，不仅能带动青藏地区的经济发展，还可促进传统民族手工艺的挖掘和开发，增加就业机会，进而促进农牧民从传统的放牧业转移出来，减轻土地和生态压力。目前，制约青藏高原旅游业发展的主要障碍是基础设施差、接待能力有限，因此，需要研究出台优惠政策，吸引企业和社会资金参与旅游业的开发和基础设施建设，提高接待能力，促进旅游业的发展。

12.4.4 增加教育投入，提高当地群众的文化水平

青藏高原区人口的教育水平要普遍低于我国的其他地区，目前文盲比例还维持在较高的水平。由于条件艰苦，技术人才不足，因此，国家和地方政府应加强对青藏特别是农牧区的教育投入，加快技术人才的培训与引进，改善和提高当地人口的就业技能，促进人口和劳动力转移，减轻土地压力，以实现青藏高原地区生态与环境的可持续恢复，使之真正成为我国的生态安全屏障。

参 考 文 献

阿翰林，刘明龙，韩启龙等．2002．海北州同宝牧场草地招鹰灭鼠效果．青海畜牧兽医杂志，32（5）：14-15．

包成兰，张世财．2002．大通县脑山地区燕麦与箭筈豌豆混播技术试验推广结果．青海草业，(1)：5-6．

北京克劳沃草业技术开发中心．2005a．"高寒一号"生态草（Eco-grass，Cold—Tolerant No. 1）：高寒草原植被恢复专用草种组合．草业科学，22（9）：101．

北京克劳沃草业技术开发中心．2005b．适宜我国北方草地改良、植被恢复、生态治理的优良牧草"强劲"细茎冰草（Endure Slender wheatgrass）抗逆性极强的植被恢复水土保持饲用植物品种．草业科学，(09)：101．

才旦．2006．青海省草原鼠虫害防治效益分析．草原与草坪，(2)：69-72．

蔡晓布，钱成．1996．雅鲁藏布江中游地区水土流失及其防治对策．水土保持通报，16（6）：48-53．

柴永江，牛影，朱永春．2006．科尔沁沙地造林治沙适用技术．林业实用技术，(8)：18-19．

陈建纲．2003．人工草地的越冬管护技术．农村养殖技术，(1)：28．

陈晓，塔西甫拉提·特依拜．2007．塔里木河下游生态脆弱性评价．生态经济，(10)：140-143．

陈印军．2003．青藏高原特色农业发展的四大重点产业．中国农业信息，(01)：15．

陈云浩，李晓兵，史培军等．2002．基于遥感的 NDVI 与气候关系图式研究．中国图像图形学报（A 辑），7（4）：332-335．

陈忠升，陈亚宁，李卫红等．2009．和田河流域土地利用变化及其生态环境效应分析．干旱区资源与环境，23（3）：49-54．

成升魁，鲁春霞．2000．西部开发中的资源环境问题及其战略对策研究．北京：中国科学技术出版社．

春梅，马金祥，尕松代吉．2006．不同投饵量对草地高原鼠兔有效洞口减退率的影响．青海草业，15（3）：10-12．

次旦巴桑．2008．那曲地区雪灾初步分析．西藏科技，(9)：33-35．

戴良先，董昭林，柏正强．2008．免耕种草综合配套技术．草业与畜牧，(6)：60-61．

德科加，徐成体．2005．青南地区退化天然草地综合复壮技术研究．青海畜牧兽医杂志，35（1）：8-9．

刁治民，吴保锋，熊亚等．2005．青海高寒牧区土壤荒漠化现状及防治对策的研究．青海草业，14（4）：26-31，40．

丁明军，沈振西，张镱锂等．2005．青藏公路与铁路沿途 1981 年～2001 年植被覆盖变化．资源科学，27（5）：128-133．

丁生祥，郭连云，公保才让等．2007．高寒牧区无芒雀麦和扁蓿豆混播人工草地栽培措施初探．安徽农业科学，35（4）：1019-1020．

董高生．2004．玛曲县鼠害草地综合治理途径的研究．青海草业，13（2）：11-13．

董全民，赵新全，马玉寿．2007．江河源区高寒草地畜牧业现状及可持续发展策略．农业现代化研究，28（4）：438-442．

董玉祥．2001．藏北高原土地沙漠化现状及其驱动机制．山地学报，19（5）：385-391．

窦贤．2004．青海湖将成第二个罗布泊．生态经济，(9)：14-20．

俄木阿迁．2001．高寒山区人工地生物围栏技术初探．四川畜牧兽医，28（2）：28．

俄木阿迁．2002．高寒山区人工牧草种植和管理技术．四川畜牧兽医，29（10）：40．

樊哲文，刘木生，沈文清等．2009．江西省生态脆弱性现状 GIS 模型评价．地球信息科学，(2)：202-208．

方精云，朴世龙，贺金生等．2003．近 20 年来中国植被活动在增强．中国科学（C 辑：生命科学），

33（06）：554-567.

伏洋，李凤霞，张国胜等．2007. 青海省天然草地退化及其环境影响分析．冰川冻土，29（4）：525-535.

高芳山．2008. 牦牛育肥技术初探．中国畜牧杂志，44（9）：54-56.

格桑顿珠．2008. 西藏拉萨市拉鲁湿地自然保护区环境资源调查报告．西藏科技，(6)：26-28.

宫攀，陈仲新，唐华俊等．2006. 基于 MODIS 温度/植被指数的东北地区土地覆盖分类．农业工程学报，22（9）：94-99, F4.

关树森，刘国一，尼玛扎西．2009. 西藏一年两收套复种技术研究．西藏大学学报（自然科学版），(01)：39-46.

关树森，刘国一，徐友伟．2007. 西藏露地大蒜套种西瓜高产值栽培技术．西藏农业科技，29（1）：40-44.

关树森，徐友伟，普布卓玛．2005a. 冬青稞套、复种豆科绿肥一举五得技术．西藏农业科技，27（1）：37-39.

关树森，徐友伟，普布卓玛．2005b. 大棚内种一次西瓜连收两次西瓜栽培技术．西藏农业科技，27（4）：34-35.

郭得志，金晓林．2004. 节能日光温室番茄——西兰花栽培模式．青海农技推广，(2)：33.

郭得志，薛玉凤．2004. 马铃薯覆草覆膜早熟高产栽培技术．甘肃农业科技，(11)：38-39.

郭正刚，刘慧霞，王根绪等．2004. 人类工程对青藏高原北部草地群落 β 多样性的影响．生态学报，24（2）：384-388.

国家环境保护部．2008. 全国生态脆弱区保护规划纲要：1-25.

哈玛尔，梁卫国．2007. D 型肉毒毒素杀灭草地害鼠的小区实验．新疆畜牧业，(S1)：56-57.

韩忠明，马永明．2008. 浅谈藏绵羊羔羊当年出栏技术措施．草业与畜牧，155（10）：40, 50.

郝璐，王静爱，满苏尔等．2002. 中国雪灾时空变化及畜牧业脆弱性分析．自然灾害学报，11（4）：42-48.

贺有龙，周华坤，赵新全等．2008. 青藏高原高寒草地的退化及其恢复．草业与畜牧，(11)：1-9.

胡建忠，马爱云，索生乾等．2001. 大通县退耕还林还草模式与栽培技术初探．青海农林科技，(4)：45-46.

胡晓，马耀明，田辉等．2006. 4～10 月藏北地区地表植被参数的卫星遥感研究．高原气象，25（6）：1020-1027.

黄琦，莫炳国等．2003. 人工草地主要杂草发生规律及防除技术．草业科学，20（1）：42-44.

纪亚君．2005. 高寒草地毒草的危害及防除利用研究．杂草科学，(4)：3-5.

贾玲玲，王丽．2008. 青海干旱及半干旱地区健杨造林技术．青海农林科技，(4)：80-81.

晋锐，车涛，李新等．2004. 基于遥感和 GIS 的西藏朋曲流域冰川变化研究．冰川冻土，26（3）：261-266.

拉旦．2005. 增产菌对高寒草地牧草处理的试验效果．黑龙江畜牧兽医，(7)：60-61.

拉元林．2004. 青海高寒干旱区荒漠化草地的治理措施．黑龙江畜牧兽医，(7)：61-62.

拉元林，全晓毅．2005. 青海省海南州高寒草地荒漠化治理技术与对策．草业科学，22（8）：55-61.

兰伟，陈兴华．2001. 石渠县鼠荒地改良试验．四川草原，(3)：29-31.

兰玉蓉．2004. 青藏高原高寒草甸草地退化现状及治理对策．青海草业，13（1）：27-30.

雷延洪．2009. 青海省高山区马铃薯栽培技术．中国种业，(6)：64-65.

冷疏影，刘燕华．1999. 中国脆弱生态区可持续发展指标体系框架设计．中国人口资源与环境，9（2）：40-45.

李才，翟庆国，徐锋等．2003. 藏北草地资源及其演化趋势——以申扎地区为例．地质通报，22（11）：

991-998.

李贵霖,丁连生. 2006. 家庭牧场优化模式在甘南州的推广与实践效果评价. 草业科学,23 (9):99-102.

李继发. 2005. 高寒地区油菜垄膜沟植技术模式及应用效应. 青海农技推广, (02):8-11.

李建龙. 2004. 草业生态工程技术. 北京:化学工业出版社.

李军,蔡运龙. 2005. 脆弱生态区综合治理模式研究. 水土保持研究,12 (4):124-127.

李开章. 2008. 若尔盖高寒草地沙化治理初探. 草业与畜牧, (1):33-34.

李力,王金锡,郝云庆. 2006. 北川县林-药套作模式营造技术与经济效益研究. 四川林业科技, 27 (3):28-31.

李勤奋,韩国栋,敖特根等. 2003. 划区轮牧制度在草地资源可持续利用中的作用研究. 农业工程学报, 19 (3):224-227.

李秋娜,赵成章,龙瑞军等. 2008. 石羊河上游一年生人工草地种间协同增产效应研究. 草原与草坪, (1):37-40.

李全林,索南才郎,王发业. 1998. 共和县牧区冷季暖棚养羊试验分析. 青海草业,7 (01):7-11.

李瑞琴,于安芬,赵有彪. 2008. 生态放养鸡新模式——枸杞园放养乌骨鸡. 青海草业,17 (1):45-47.

李升,王美兰,张团员. 2008. 库布齐沙漠防沙治沙固体水抗旱造林新技术. 内蒙古林业科技,34 (1): 55-57.

李婷. 2008. 基于 GIS 与 RS 的策勒绿洲土地利用覆盖变化分析及驱动机制研究. 乌鲁木齐:新疆农业大学.

李向福,周永浩. 2008. 汇集径流抗旱造林在生态环境建设中的应用. 中国西部科技,7 (36):60.

李晓兵,陈云浩,王宏等. 2004. 中国土地覆盖动态变化幅度的区域分异规律. 地理科学,24 (3):270-274.

李雪林. 2005. 西宁市退耕还林(草)工程建设技术模式总结. 青海草业, (1):46-47.

梁四海,陈江,金晓媚等. 2007. 近 21 年青藏高原植被覆盖变化规律. 地球科学进展,22 (1):33-40.

刘国强,李瀚,左雪梅等. 2003. 退耕还林(草)林草配置模式研究. 青海农林科技, (B08):51-53.

刘进琪. 2007. 大通河调水对水资源及生态环境的影响. 水资源保护,23 (1):22-24.

刘时银,丁永建,李晶等. 2006. 中国西部冰川对近期气候变暖的响应. 第四纪研究,26 (5):762-771.

刘燕华. 1995. 中国脆弱环境类型划分与指标//赵桂久,刘燕华,赵名茶. 生态环境综合整治与恢复技术研究——退化生态系统综合整治、恢复与重建示范工程技术研究. 北京:科学出版社.

刘毅华,董玉祥. 2003. 西藏"一江两河"中部流域地区土地沙漠化变化的驱动因素分析. 中国沙漠, 23 (4):355-360.

刘玉红,次仁旺堆,旦宗等. 2007. 日光温室越冬茬番茄栽培技术要点. 西藏农业科技,29 (3):23-24.

刘宗香,苏珍. 2000. 青藏高原冰川资源及其分布特征. 资源科学,22 (5):49-52.

鲁东. 1999. 用氯敌鼠钠盐防治草地鼠害效果好. 畜牧兽医科技信息, (17):5-6.

逯庆章,王鸿运. 2007. 人工种草治理"黑土滩"模式的构思与探讨. 青海草业,16 (3):18-22.

吕昌河. 1995. 脆弱环境的特征、判别与分类//赵桂久,刘燕华,赵名茶. 生态环境综合整治与恢复技术研究——退化生态系统综合整治、恢复与重建示范工程技术研究. 北京:科学出版社:25-31.

吕晓芳,王仰麟,张镟锂等. 2007. 西部生态脆弱地区农业功能区划及模式探析——以宁夏盐池县为例. 自然资源学报,22 (2):177-184.

罗磊,彭骏. 2004. 青藏高原北部荒漠化加剧的气候因素分析. 高原气象, (z1):109-117.

马明国,王建,王雪梅. 2006. 基于遥感的植被年际变化及其与气候关系研究进展. 遥感学报,10 (3): 421-431.

乜林德. 2006. 同德县草地退化现状及保护措施. 四川草原, (1):43-44.

闵庆文, 成升魁. 2001. 西藏的贫困、生态与发展探讨. 资源科学, 23 (3): 62-67.

莫申国, 张百平, 程维明等. 2004. 青藏高原的主要环境效应. 地理科学进展, 23 (2): 88-96.

穆锋海. 2005. 甘南高寒草甸放牧草地的优化控制及其合理利用. 甘肃农业, (4): 45-46.

穆锋海, 武高林. 2005. 甘南高寒草地畜牧业的可持续发展. 草业科学, 22 (3): 59-64.

尼玛扎西, 禹代林, 边巴等. 2007a. 冬小麦标准化生产技术规程. 西藏科技, (11): 8-10.

尼玛扎西, 禹代林, 边巴等. 2007b. 油菜标准化生产技术规程. 西藏科技, (12): 5-6.

尼玛扎西, 禹代林, 边巴等. 2008a. 燕麦新品种介绍. 西藏科技, (10): 8-9.

尼玛扎西, 禹代林, 边巴等. 2008b. 青稞标准化生产技术规程. 西藏科技, (2): 18-19.

牛亚菲. 1999. 青藏高原生态环境问题研究. 地理科学进展, 18 (2): 163-171.

潘正武, 卓玉璞. 2007. 高寒牧区多年生人工草地混播组合试验. 草业科学, 24 (11): 53-55.

裴青. 2007. 芦荟的大棚栽培技术. 青海农技推广, (1): 40-41.

彭福坦. 2005. 西藏林芝地区抗旱造林技术. 广西林业科学, 34 (3): 145-147.

彭建兵, 马润勇, 卢全中等. 2004. 青藏高原隆升的地质灾害效应. 地球科学进展. 19 (3): 457-466.

彭晚霞, 王克林, 宋同清等. 2008. 喀斯特脆弱生态系统复合退化控制与重建模式. 生态学报, 28 (2): 811-820.

朴世龙, 方精云. 2001. 最近18年来中国植被覆盖的动态变化. 第四纪研究, 21 (4): 294-302.

祁惠莲, 王新. 2008. 青海温室人参果的栽培技术. 青海农技推广, (1): 36.

祁惠莲, 赵婷. 2008. 温室绿芦笋高产栽培技术. 青海农技推广, (2): 33.

祁军. 2007. 日光温室冬油菜—早春黄瓜—秋冬番茄高效栽培技术模式. 青海农林科技, (4): 79-80.

《气候变化国家评估报告》编写委员会. 2007. 气候变化给国家评估报告. 北京: 科学出版社.

冉圣宏, 金建君, 曾思育等. 2001a. 脆弱生态区类型划分及其脆弱特征分析. 中国人口资源与环境, 11 (4): 73-77.

冉圣宏, 唐国平, 薛纪渝等. 2001b. 全球变化对我国脆弱生态区经济开发的影响. 资源科学, 23 (3): 24-28.

冉圣宏, 曾思育, 薛纪渝等. 2002a. 脆弱生态区适度经济开发的评价与调控. 干旱区资源与环境, 16 (3): 1-6.

冉圣宏, 陈吉宁, 曾思育等. 2002b. 中国北方脆弱生态区在人类活动影响下的演化及其调控. 农业环境保护, 21 (5): 432-435.

仁青吉, 罗燕江, 王海洋等. 2004. 青藏高原典型高寒草甸退化草地的恢复——施肥刈割对草地质量的影响. 草业学报, 13 (2): 43-49.

任继生, 雷特生. 1996. 旱作红豆草人工草地建植管理利用技术的研究. 国外畜牧学: 草原与牧草, (2): 16-19.

桑杰, 王堃, 王生耀. 2007. 高寒地区微肥对多年生人工草地生产性能的影响. 草业与畜牧, (5): 14-17.

尚占环, 刘兴元, 丁路明等. 2009. 三江源区草地资源与环境现状、问题及其对策探讨//农业部草原监理中心. 中国草学会2009中国草原发展论坛论文集. 合肥: 农业部草原监理中心.

邵伟, 蔡晓布. 2008. 西藏高原草地退化及其成因分析. 中国水土保持科学, 6 (1): 112-116.

申广荣, 王人潮. 2001. 植被光谱遥感数据的研究现状及其展望. 浙江大学学报 (农业与生命科学版), 27 (6): 682-690.

时兴合, 李凤霞, 扎西才让等. 2006. 1961—2004年青海积雪及雪灾变化. 应用气象学报, 17 (3): 376-382.

舒乃辉, 祁生文, 闫双虎. 2008. 干旱区秋季植苗造林的有利因素及关键技术. 现代农业科技, (3): 49.

宋恩泰, 李军元, 梁盛名. 2008. 干旱沙区柽柳扦插育苗技术. 甘肃科技, 24 (5): 150.

宋怡, 马明国. 2007. 基于 SPOT VEGETATION 数据的中国西北植被覆盖变化分析. 中国沙漠, 27 (1): 89-93, 173.

孙国章, 王世彬, 朱磊. 2007. 西藏无公害芽苗菜生产技术. 西藏农业科技, 29 (3): 25-27.

孙海群. 2002. 小嵩草和矮嵩草高寒草甸退化演替研究. 黑龙江畜牧兽医, (1): 1-3.

孙磊, 武高林, 魏学红等. 2007. 西藏那曲地区"冬圈夏草"的适应性及其评价. 草原与草坪, (4): 64-67.

孙睿, 刘昌明, 朱启疆等. 2001. 黄河流域植被覆盖度动态变化与降水的关系. 地理学报, 56 (6): 667-672.

唐川江. 2008. 高寒草地无鼠害示范区建设经济平衡分析. 草业科学, 25 (1): 91-94.

田亚平, 刘沛林, 郑文武. 2005. 南方丘陵区的生态脆弱度评估——以衡阳盆地为例. 地理研究, 24 (6): 843-852.

佟玉权, 龙花楼. 2003. 脆弱生态环境耦合下的贫困地区可持续发展研究. 中国人口资源与环境, 13 (2): 47-51.

涂军, 石德军. 1999. 青海高寒草甸草地退化的遥感技术调查分析. 应用与环境生物学报, 5 (2): 131-135.

瓦庆荣, 代志进. 2000. 留茬高度对人工草地牧草产量及质量的影响. 草业学报, 9 (1): 65-68.

万洪秀, 孙占东, 王润. 2006. 博斯腾湖湿地生态脆弱性评价研究. 干旱区地理, 29 (2): 248-254.

万秀莲, 张卫国. 2006. 划破草皮对高寒草甸植物多样性和生产力的影响. 西北植物学报, 26 (2): 377-383.

汪梅. 1999. 增产菌及其应用技术. 安徽农业, (8): 27.

汪权方, 李家永. 2005. 基于时序 NDVI 数据的中国红壤丘陵区土地覆被分类研究. 农业工程学报, 21 (2): 72-77.

王殿武, 文振海. 1999. 高寒半干旱区油菜牧草混播草地土壤环境效应. 草业学报, 8 (4): 1-9.

王根绪, 程国栋. 2001. 江河源区的草地资源特征与草地生态变化. 中国沙漠, 21 (2): 101-107.

王根绪, 李元首, 吴青柏等. 2006. 青藏高原冻土区冻土与植被的关系及其对高寒生态系统的影响. 中国科学 (D辑) 地球科学, 36 (08): 743-754.

王根绪, 李元寿, 王一博等. 2007. 近 40 年来青藏高原典型高寒湿地系统的动态变化. 地理学报, 62 (5): 481-491.

王红梅. 2005. 玛曲县草原荒漠化现状、成因及整治措施. 草业科学, 22 (11): 20-24.

王江山, 殷青军, 杨英莲. 2005. 利用 NOAA/AVHRR 监测青海省草地生产力变化的研究. 高原气象, 24 (1): 117-122.

王谋, 李勇, 白宪洲等. 2004. 全球变暖对青藏高原腹地草地资源的影响. 自然资源学报, 19 (3): 331-336.

王晓燕, 徐志高. 2007. 西藏荒漠化动态变化研究. 水土保持研究, 14 (6): 48-51.

魏兴琥, 杨萍, 王亚军等. 2003. 西藏那曲现行草场管理方式与草地退化的关系. 草业科学, 20 (9): 49-53.

巫锡柱, 晏路明. 2007. 脆弱生态环境的综合评判物元模型研究. 中国生态农业学报, 15 (3): 138-141.

吴豪, 虞孝感, 梅洁人等. 2001. 青海省生态环境若干问题及其对策措施. 地理学与国土研究, 17 (3): 58-62.

吴克选. 2007. 幼年牦牛半舍饲饲养管理规范. 中国牛业科学, 33 (4): 78-79.

武保国. 2003. 栽培草地的田间管理. 农村养殖技术, (3): 28.

武健伟，鲁瑞洁，赵延治等．2003．环青海湖区沙漠化综合治理规划研究．干旱区研究，20（4）：307-311.

肖爱国．2008．草莓冬季温室栽培技术．青海农技推广，(1)：41.

信忠保，许炯心，郑伟．2007．气候变化和人类活动对黄土高原植被覆盖变化的影响．中国科学（D辑：地球科学），37（11）：1504-1514.

徐长林．2005．青藏高原燕麦人工草地营养体农业生产潜力的探讨．中国草地，27（6）：64-66.

徐建龙．2000．对青海特色农业产业化经营的思考．青海社会科学，(06)：38-41.

徐世晓，赵新全，董全民．2005．江河源区牛、羊舍饲育肥经济与生态效益核算——以青海省玛沁县为例．中国生态农业学报，13（1）：195-197.

学世界．2006-07-02．草原鼠害防治（二）——安全使用杀鼠剂和毒饵的注意事项．中国畜牧兽医报，第3版.

杨光宗．2008．西藏地区畜牧业产业化牦牛育肥现状及对策．西藏科技，(5)：55-57.

杨建平，丁永建，陈仁升．2005．长江黄河源区高寒植被变化的NDVI记录．地理学报，60（3）：467-478.

杨勤业，郑度．2003．中国西藏基本情况丛书——西藏地理．北京：五洲传播出版社.

杨汝荣．2003．西藏自治区草地生态环境安全与可持续发展问题研究．草业学报，12（6）：24-29.

杨育武，汤洁，麻素挺等．2002．脆弱生态环境指标库的建立及其定量评价．环境科学研究，15（4）：46-49.

杨元合，朴世龙．2006．青藏高原草地植被覆盖变化及其与气候因子的关系．植物生态学报，30（1）：1-8.

杨占武．2004．青海高寒干旱区三种治沙模式探讨．青海农林科技，(3)：42-45.

姚玉璧，张秀云，杨金虎．2007．甘肃省脆弱生态环境定量评价及分区评述．水土保持通报，27（5）：120-126.

冶德才．2009．西部干旱地区荒山荒坡雨季造林的关键技术．防护林科技，(1)：117.

禹代林，边巴，桑布．2007．油葵（向日葵）栽培管理技术要点．西藏农业科技，29（1）：37-39.

禹代林，边巴，桑布等．2008．马铃薯优质高效栽培技术．西藏科技，(3)：22，29.

禹代林，桑布，边巴．2007．苜蓿种植技术要点．西藏农业科技，29（2）：26-29.

扎呷．2005．论西藏的草场资源与环境保护．中国藏学，(3)：97-101.

张井勇，董文杰，叶笃正等．2003．中国植被覆盖对夏季气候影响的新证据．科学通报，48（01）：91-95.

张九昇．2005．荒漠草场荒漠化草原草场鼠害综合防治技术及效益分析．当代畜牧，(07)：33-36.

张培栋，介小兵．2007．黄河上游甘肃段草地退化的现状及机理研究．草业科学，24（9）：1-4.

张万庆，王登亚．2008．杨树枝插干反季节造林技术．农技服务，(2)：71.

张延东．2008．试论半干旱黄土区雨水集流注射灌根抗旱植树技术．甘肃科技，24（19）：149-150.

张镱锂，李炳元，郑度等．2002．论青藏高原范围与面积．地理研究，21（1）：1-8.

张镱锂，丁明军，张玮等．2007．三江源地区植被指数下降趋势的空间特征及其地理背景．地理研究，26（3）：500-507，I3.

张云，武高林，任国华等．2009．封育后补播"高寒1号"生态草对玛曲退化高寒草甸生产力的影响．草业科学，26（7）：99-104.

章轲．2009．拯救三江源．北京第一财经日报：1-5.

赵丰钰，张胜邦．1997．青海省生物多样性减少及防治对策研究．林业科技通讯，(1)：4-6.

赵国萍．2002．大棚菜豆春季栽培技术．青海农技推广，(2)：33.

赵海福，刘建伟．2009．全膜双垄玉米栽培技术．农技服务，26（5）：26，78．

赵廷贵，任程，李卫民等．2005．高原鼠兔夹和全自动捕鼠器对高原鼠兔种群数量控制效果研究．四川草原，（12）：47-49．

赵昕奕，张惠远，万军等．2002．青藏高原气候变化对气候带的影响．地理科学，22（2）：190-195．

赵新全，周华坤．2005．三江源区生态环境退化、恢复治理及其可持续发展．中国科学院院刊，20（6）：471-476．

赵跃龙，刘燕华．1994．中国脆弱生态环境类型划分及其范围确定．云南地理环境研究，6（2）：34-44．

赵跃龙，刘燕华．1996．中国脆弱生态环境分布及其与贫困的关系．地球科学进展，11（3）：245-251．

郑度，林振耀，张雪芹等．2002．青藏高原与全球环境变化研究进展．地学前缘，9（1）：95-102．

郑度，杨勤业，刘燕华．1985．《中国的青藏高原》商务印书馆．北京：科学出版社．

郑建宗，仓生海，拉麻才让等．2007．柴达木极干旱地区人工草地建设调查．草原与草坪，（3）：61-63．

郑淑霞，王占林．2008．青海省浅山地区综合抗旱造林技术．山西林业科技，（1）：53-55．

钟文勤，樊乃昌．2002．我国草地鼠害的发生原因及其生态治理对策．生物学通报，37（07）：1-5．

周华坤，赵新全，唐艳鸿等．2004．长期放牧对青藏高原高寒灌丛植被的影响．中国草地，26（6）：1-11．

周华坤，周立，赵新全等．2006．生态学——青藏高原高寒草甸生态系统稳定性研究．中国学术期刊文摘，12（15）：96．

周莉萍，戴承继．2000．高寒牧区建植人工草地试验．新疆农垦科技，（2）：26．

周炜．1990．西藏近代雪灾档案研究．西藏研究，（01）：125-137．

周毅，李旋旗，赵景柱．2008．中国典型生态脆弱带与贫困相关性分析．北京理工大学学报，28（3）：260-262．

周永浩，李向福．2008．可降解地膜覆盖抗旱造林在生态建设中的作用．中国西部科技，7（36）：63．

朱玉坤，呢木才让．2002．论西藏森林资源的功能定位与发展策略．西藏研究，（1）：97-103．

左学明，肖勇智．1997．高寒草地绵羊优化生产研究．四川草原，（1）：50-52．

Anyamba A, Tucker C J. 2005. Analysis of Sahelian vegetation dynamics using NOAA-AVHRR NDVI data from 1981-2003. Journal of Aaid Environments, 63 (3)：596-614.

Curtin C G. 2002. Livestock grazing, rest, and restoration in arid landscapes. Conservation Biology, 16 (3)：840-842.

Ding M J, Zhang Y L, Liu L S, et al. 2007. The relationship between NDVI and precipitation on the Tibetan Plateau. Journal of Geographical Sciences, 17 (3)：259-268.

Field C B, Behrenfeld M J, Randerson J T, et al. 1998. Primary production of the biosphere：integrating terrestrial and oceanic components. Science, 281 (5374)：237-240.

Hernández-Leal P A, Arbelo M, Wilson J S, et al. 2006. Analysis of vegetation patterns in the Hispaniola island using AVHRR data. Advances in Space Research, 38 (10)：2203-2207.

Jones A. 2000. Effects of cattle grazing on North American arid ecosystems：a quantitative review. Western North American Naturalist, 60 (2)：155-164.

Moshou D, Vrindts E, De Ketelaere B, et al. 2001. A neural network based plant classifier. Computers and Electronics in Agriculture, 31 (1)：5-16.

Neigh C S R, Tucker C J, Townshend J R G. 2008. North American vegetation dynamics observed with multi-resolution satellite data. Remote Sensing of Environment, 112 (4)：1749-1772.

Pyke C R, Andelman S J. 2007. Land use and land cover tools for climate adaptation. Climatic Change, 80 (3-4)：239-251.

Shabanov N V, Zhou L M, Knyazikhin Y, et al. 2002. Analysis of interannual changes in northern vegetation activity observed in AVHRR data from 1981 to 1994. Ieee Transactions on Geoscience and Remote Sensing, 40 (1): 115-130.

Slayback D A, Pinzon J E, Los S O, et al. 2003. Northern hemisphere photosynthetic trends 1982-99. Global Change Biology, 9 (1): 1-15.

Stohlgren T J, Schell L D, Vanden Heuvel B. 1999. How grazing and soil quality affect native and exotic plant diversity in rocky mountain grasslands. Ecological Aapplications, 9 (1): 45-64.

Wang Q, Tenhunen J, Dinh N Q, et al. 2004. Similarities in ground- and satellite-based NDVI time series and their relationship to physiological activity of a Scots pine forest in Finland. Remote Sensing of Environment, 93 (1-2): 225-237.

Zavaleta E S, Thomas B D, Chiariello N R, et al. 2003. Plants reverse warming effect on ecosystem water balance. Proceedings of the National Academy of Sciences of the United States of America, 100 (17): 9892-9893.

Zhan X, Sohlberg R A, Townshend J, et al. 2002. Detection of land cover changes using MODIS 250 m data. Remote Sensing of Environment, 83 (1-2): 336-350.

附 件

青藏高原高寒脆弱区退化生态系统
恢复与重建技术导则（草案）

前言

青藏高原由于其所处地理位置、气候及地貌等因素的影响，具有自然条件恶劣、生态与环境脆弱，生态一旦破坏便难以恢复等特点。由于土地资源不适当的开发利用特别是草地过度放牧，导致青藏高原生态问题突出，主要表现为草场退化和沙化、水土流失、湿地萎缩和生物多样性损失等。

鉴于青藏高原生态系统对稳定我国生态环境的重要作用，退化生态系统的恢复与重建工作已在青藏高原地区的多个生态退化显著的区域开展实施。为确保退化生态系统的恢复与重建工作有力、有序、有效地开展，保障相关技术和模式得以科学的运用和国家生态建设资金的运行效率，遏制生态问题的扩大和蔓延，促进区域环境的持续恢复和改善，特制订本导则。

本导则的主要内容是：①总则；②生态整治的原则与内容；③编制规划方案；④编制规划实施方案；⑤方案实施；⑥监督与验收。该导则适用于青藏高原地区不同区域退化生态系统的整治。

1. 总则

1.1 为确保青藏高寒退化生态系统的恢复与重建工作有力、有序、有效地开展，保障相关技术和模式得以科学的运用以及生态建设资金的运行效率，遏制生态环境问题的扩大和蔓延，促进区域环境的持续恢复和改善，制订本导则。

1.2 本导则的目标是通过规范化的退化生态综合整治，调整土地利用方式，实现退化生态系统的保育、恢复和重建，改善生态功能，同时增加整治区域农牧民收入，实现区域生态与环境健康，并促进社会经济与环境的协调发展。

1.3 本导则适用于青藏高原高寒脆弱区退化土地/草地恢复与重建、人工草地的建植与管理、草原鼠害的防治、植树造林等生态建设活动。

1.4 重大基建工程造成的生态破坏的恢复以及受污染环境的修复与治理等不包括在本导则范围内。

1.5　本导则的制定依据《中华人民共和国水土保持法》（1991 年）、《中华人民共和国水土保持法实施条例》（1993 年），《退耕还林条例》（2003 年）、《草畜平衡管理办法》（2005 年）等国家、地方或部门颁布实施的法律法规。

2. 生态整治的原则和内容

2.1　生态整治的原则。生态整治应遵循以人为本的原则；群众参与的原则；因地制宜，以乡土植物优先的原则；保护与治理相结合，以保护优先的原则；综合治理的原则等。

2.1.1　以人为本的原则：生态建设是一个系统工程，其中人是这个系统的中心，因此，生态建设必须充分考虑当地群众的需求和现实条件，将实现生态和社会经济系统的可持续发展作为总体目标。受自然条件的限制，青藏地区是我国贫困人口分布较集中的地区，生态建设必须考虑农村人口的脱贫、就业和生计保障问题。治穷脱贫和生计保障是防治生态退化的先决条件。

2.1.2　政府主导，群众参与的原则：考虑生态整治的复杂性、难度和经济效益差的特点，生态建设应以政府主导，但必须充分考虑当地群众的意见，通过与当地群众的对话与协商，鼓励他们参与项目从规划、方案设计到实施的整个过程。

2.1.3　因地制宜，以乡土植物优先的原则。青藏地区面积广阔，区域差异明显。因此，所选择的生态整治技术或模式必须针对区域所面临的具体问题和生态条件，因地制宜，合理选择生态整治技术和综合治理措施，切忌因部门利益，片面强调单一措施。植被恢复和生态建设，应注意生物资源和生物多样性的保护，优先选择乡土植物，引进外来物种必须慎重，避免可能出现的生物入侵。

2.1.4　保护与治理相结合，以保护优先的原则：青藏高原区自然条件差，生态脆弱，环境破坏后恢复困难，因此，生态建设必须强化预防和保护，走保护与治理相结合的路子。

2.1.5　综合治理的原则：退化土地的治理和恢复需要综合规划，应乔灌草结合、封育和人工种植相结合。生态建设工程的实施，需要有关部门特别是林业和农业部门的协调，应农林牧结合。一般来讲，在年降水量不足 400 mm 的地区，切忌盲目种树，生态建设应以草灌为主。

2.2　生态整治的内容与任务。生态整治的中心任务是高寒生态系统的保育和退化土地的恢复重建。其次是生物多样性保护和灾害防治，即通过生态整治，提高生态系统的多样性和稳定性，增强抵御自然灾害的能力。再次，必须加强扶贫，改善当地群众的生计条件，即通过技术培训和宣传教育，提高当地群众对生态保护的认识和土地可持续利用的能力。

2.3　生态整治的总体路线。包括生态整治规划方案编制、规划实施方案编制、规划方案实施与监督、生态整治项目验收等 4 部分。

3. 编制规划方案

开展生态恢复和整治必须编制相应的规划方案。方案编制应包括如下步骤和内容：

①现状调查与资料收集；②区域生态问题识别与整治目标确定；③适宜整治模式和技术筛选；④土地适宜性评价；⑤区域整治方案制订；⑥预期效益和风险评价等方面。

3.1 现状调查与资料收集整理。通过考察访问和文献查询，收集生态整治区的自然、社会经济和环境资料；通过野外调查，补充收集不足的资料。

3.1.1 收集生态治理区的地貌、气候、水文、植被、土壤、土地利用等方面的资料和图件，以及遥感影像资料、土壤普查和草场调查资料、土地退化、自然灾害等资料。

3.1.2 收集生态治理区农牧生产、作物种植结构、放牧制度、载畜量、畜群结构等数据；收集人口、就业、收入等其他有关的社会经济数据。

3.1.3 收集生态治理区土地利用、草场、农业、林业、人口和社会经济发展规划、生态保护区规划、水资源利用规划等规划资料，以及有关国家和地方政策、法规。

3.1.4 收集生态治理区有关科研院所所收集整理的调查资料、实验数据和研究成果等。为了解区域生态环境问题及其修复途径所需要的其他资料。

3.2 区域生态问题识别与目标确定。通过野外考察、室内资料分析和专家、群众座谈访问，诊断确定整治区域存在的主要土地利用、生态和社会经济问题，分析这些问题的严重程度和成因，确定生态整治的具体内容、优先次序和目标。

3.2.1 针对青藏高原区土地资源利用、环境和社会经济状况，在生态整治项目设计时，可分议题如水土资源利用程度和效率、资源保障程度、土地或生态退化程度、食物和社会保障等，对可能存在的具体问题进行识别与评价。

3.2.2 在生态问题识别时，除了要诊断确定区域存在的具体的生态和环境问题及其成因外，还需找出针对这些问题，目前都采取了哪些应对措施，评估这些措施的成效与不足。

3.2.3 问题诊断可采用压力－状态－响应（pressure-state-response framework，PSR）的分析框架，即每个议题分别就人类活动造成的压力、环境后效和响应措施进行评估。压力指标反映人类活动或社会经济需求对土地施加的影响强度，是造成土地退化等环境问题的原因；状态指标反映各种人类压力所产生的实际后果，而人类响应（即应对措施）指标是评估为了缓解人类压力及其后果所采取的措施及其成效。

3.2.4 构建诊断指标，评价区域存在主要的生态问题。根据区域大小、当地的具体情况和资料的可获取性，构建生态问题的诊断指标。利用构建的生态问题诊断和评价指标，确定区域存在的主要生态、土地利用和社会经济问题。在青藏高原，可能的生态问题包括草场退化、水土流失、土壤盐渍化、湿地萎缩、生物多样性下降等；土地利用问题如过度放牧、植被樵采、坡地耕垦、过量灌溉等；社会经济问题如贫困、人口压力、经济结构单一等。

3.2.5 确定生态整治的内容和优先顺序。根据上述的区域问题，确定生态整治的主要内容、优先次序及目标。

3.3 筛选适宜的整治模式和技术。针对不同的生态问题，通过文献资料分析、专家咨询和群众座谈，采用列表法筛选可能的生态整治模式和技术。生态整治技术很多，从其技术特点看，可分为生物技术措施如植树造林、人工种草、补播牧草、封育、生态控鼠等；农业技术措施如免耕、轮作、秸秆覆盖、草田轮作、围栏轮牧、节水灌溉技术等；工程技术措施如水平梯田、隔坡梯田、工程固沙等；其他包括构建防护林体系、农林复合系统等。

3.4 土地适宜性评价。土地适宜性评价是针对区域的自然和社会经济条件，对预选的生态整治和恢复技术的适宜性进行评价和筛选。评价方法可采用联合国粮食及农业组织（Food and Agriculture Organization of the United Nations，FAO）土地评价纲要的技术规范和流程，即第一要确定具体的生态整治技术对土地质量的要求；第二对整治区域进行土地分类，即根据相似性和差异性原则，划分土地特征相对均一的土地类型或土地单元，并概括其土地质量特点；第三，通过整治技术对土地质量的要求与土地类型质量特征的对比、匹配，确定具体的土地类型或土地单元对不同生态整治技术的适宜性，划分土地适宜性等级，具体评价流程见图1。

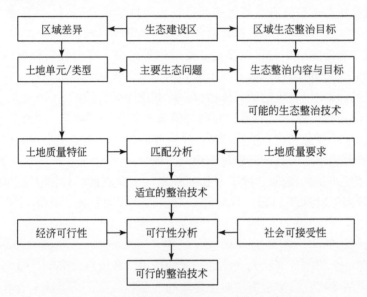

图1 生态整治技术的筛选与土地适宜性评价框图

3.4.1 划分土地类型或自然条件相似的土地单元。根据气候、土壤、植被和地形等自然条件，以及主要的土地利用和生态问题的差异，将生态整治区划分为不同的土地单元（类型）。根据气候、地形、土壤等自然因素，通过温度条件（日均温、无霜期长度）、水分条件（年降水量或干燥度）、地形坡度、有效土层厚度、土壤质地、排水状况、土壤肥力（有机质含量）等指标，描述概括各土地单元的质量特征。

3.4.2 定义各整治技术的要点及其对土地质量的要求。根据不同生态整治技术的特点，定义和确定各技术类型对自然条件如温度、水分条件、土层厚度、土壤质地、坡度等的具体要求。

3.4.3 确定土地类型的适宜性。根据这些整治技术对土地质量的具体要求，与土地单元逐一匹配，确定土地质量如水热条件、土层厚度等满足其生态要求的适宜技术，确定土地单元的适宜程度。

3.4.4 评价生态整治技术的经济适宜性。经济适宜性是通过投入—产出分析，评估各整治技术需要的投入和预期收益，评价在经济上的可行性。经济评价包括需要的投入、预期的产出和生态效益三个方面，投入指标包括资金、劳力、肥料、农药、机械、种子/苗木等，产出指标包括经济收入、农产品产量，生态效益（环境整治效果）指标很多，如指示水土保持效果的指标水土流失降低率、沙漠化防治率、植被恢复率等。

3.4.5 分析群众的可接受性。对上述确定的适宜技术，从实施的技术难度、当地群众是否接受等方面进行分析，最后确定与土地单元相匹配的、针对不同具体问题的、群众可接受的生态整治技术。

3.5 编制生态整治规划方案。根据确定的生态整治内容和目标，利用土地的适宜性评价结果，考虑区域社会经济状况，设计生态整治的候选方案或预案，并对所有候选方案的优缺点进行对比分析。规划方案应包括规划图和报告、预期效益、风险评价等。

3.5.1 规划方案。编制规划方案图时，制图比例尺应根据生态整治区的大小确定，对于县域尺度的整治区，制图比例尺应不小于1:20万，以1:10万为宜，对乡镇或整治示范区，制图比例尺应以1:1万~1:5万为宜。规划报告应尽量详尽，内容应包括自然概况、生态和土地利用问题与整治目标、整治技术的选择、土地适宜性评价、规划方案、预期收益、风险评价与对策等。

3.5.2 预期效益。预期效益是指通过实施该方案可获得生态、经济、社会效益等。生态效益，即通过生态整治技术的实施，在水土保持、植被恢复和促进生态健康方面的作用；经济效益，即生态整治可能获得的经济效益，包括农民和农业收入的增加、土地生产率的提高和促进农村经济发展等；社会效益，即生态整治在促进社会安全诸如食物保障、农村就业和脱贫等方面的作用；能力建设，即通过技术培训和生态整治工程的实施，在提高农民生存和发展的能力方面所作的贡献。

3.5.3 风险评价。是对生态整治过程中可能出现的问题进行分析，并提出相应的应对措施。需要考虑的问题有：生态整治方案是否需要较大程度的改变现有的土地利用方式和经营方式，农牧民是否接受？技术人员的配备是否充足、适当？自然灾害如干旱、洪害、沙尘暴、滑坡、泥石流等对项目的可能影响是什么？程度如何？社会经济因素如市场波动、粮食和畜产品价格变化对项目的实施和农民生活的可能影响是什么？在出现上述有关问题时，要采取哪些应对措施？

3.6 最后方案确定。对编制的方案，通过专家、政府官员和当地群众的咨询和座谈，充分征求意见；根据获取的修改意见，对生态整治方案进行修改和改进，确定最适宜的生态整治方案和整治规划。

4. 编制规划实施方案

4.1 生态整治规划方案确定后，应编制规划实施方案。内容应包括组织领导、任务分解和资金分配、年度计划等。

4.2 生态整治项目的组织领导。根据生态整治项目的规模、涉及的行政单元，制定保障项目顺利实施的组织架构。

4.3 明确项目任务的分配与责任人。根据生态整治规划方案，对涉及的目标和任务进行详细分解，落实具体的负责人，并明确相关的责任、权利和义务。

4.4 明确资金分配与使用。根据生态整治具体任务和强度，详细规划资金的分配，并明确其使用范围。

4.5 制订年度计划。根据生态整治方案和目标，按年度制订资金预算、任务和目标，确定每年对具体的生态整治任务投入的资金额和应完成的具体指标，如年度草场围栏资金预算和围栏面积、建植人工草地资金预算和完成面积、灭除鼠害资金预算和灭鼠面积，等等。

4.6 编制项目执行管理和监督办法。在规划实施方案中，应明确项目执行的管理、报告办法与报告格式，明确项目监督办法。

5. 方案实施

5.1 应建立政府主导、多部门协调、社会力量广泛参与的组织管理体制，保证项目的顺利实施。一般情况下，项目应由生态整治区所在政府部主管部门如农牧、环保负责实施。对于整治区面积较大、涉及多个行政单元的，应由其上级政府负责组织实施和协调管理工作。

5.2 生态整治项目资金管理。

5.2.1 生态整治资金实行专款专用、专人管理。

5.2.2 整治资金实行独立核算，整治资金不得与其他项目以及整治项目之间不得互相占用。

5.2.3 生态整治资金实行年度结算和中期结算制度。应在每年的年底和项目执行的中期向项目的主管部门提交财务结算报告。

5.3 生态整治实行年度计划制度。

5.3.1 项目主管部门按照国家规定，结合本地实际，提出本地下一年度的生态整治计划，报请上级主管部门审批备案。

5.3.2 整治年度计划指标应根据生态整治的目标，分类制订具体的年度计划和要达到的指标。指标如退化土地整治面积、草地封育面积、人工草地建植面积、退牧还草面积、退耕还林还草面积、轮牧面积、鼠害治理面积、围栏草场建设面积、生态移民数量、脱贫人口数量等。

5.3.3 项目主管部门根据生态整治年度计划，编制本行政区域土地利用年度计划执行方案，并组织实施。

5.4 项目必须严格按照生态整治规划方案有组织、按计划开展工作。未经批准，不得修改和调整土地规划。

5.5 在实施生态整治年度计划时，确需调整或追加本地区整治年度执行计划的，应当向上级主管部门提出申请，批复后方可按调整方案实施。

5.6 生态整治项目实行公示制度。生态整治规划应依据规划规模、规划的级别，自批准之日起30天内由同级人民政府在本辖区内公告。公告内容包括整治目标、内容和任务、资金预算、整治期限和整治区范围、批准机关和时间等。

6. 监督与验收

6.1 生态整治方案的实施是通过组织者和执行者的充分协调，按规划和实施方案，有计划、分步骤、有效地完成生态整治工程的过程。为了达到预期的目标，需要对工程的进度和质量实施监督和检查。

6.2 检查的内容应包括经费的使用、年度计划是否按时、按质完成。选择的监督和检查指标可按规划方案制定的具体要求和目标设计。

6.3 无生态整治年度计划或超生态整治年度计划，批准的文件无效，不给予资金支持，其前期投入的资金不予承认；整治年度计划执行不够，对直接负责的主管人员和其他直接责任人员，由有关机关依法给予行政处分。

6.4 项目完成后，应组织验收。验收由项目下达单位选择与项目实施单位无关联的专家、项目实施区群众代表组成验收小组，对项目的执行情况、经费使用情况、目标任务完成情况，进行逐一检查验收。验收组群众代表应不少于验收组人数的1/3。验收组负责对项目实施和完成情况提出验收报告。

彩

图

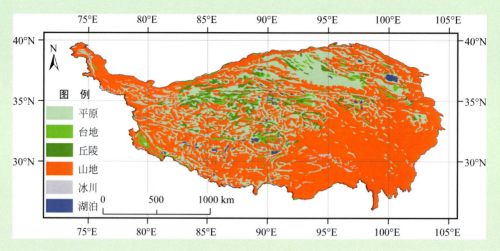

图 1-4 青藏高原地貌图

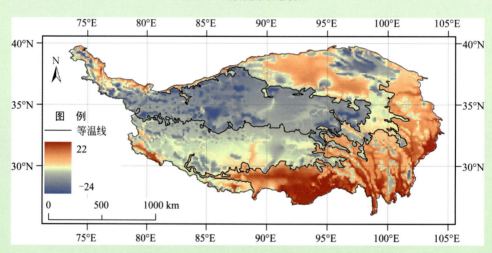

图 1-6 青藏高原多年平均气温图（单位：℃）

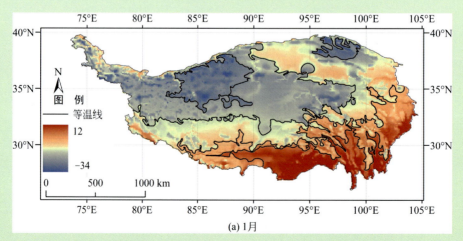

(a) 1月

图 1-7 青藏高原1月、4月、7月、10月月均气温图（单位：℃）

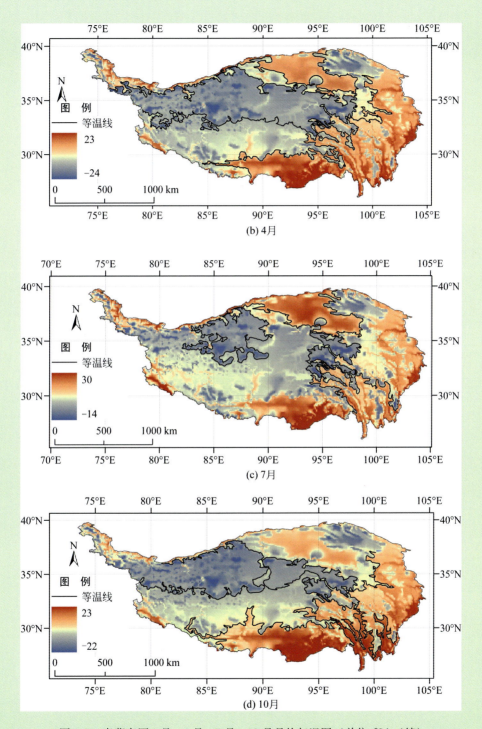

(b) 4月

(c) 7月

(d) 10月

图1-7 青藏高原1月、4月、7月、10月月均气温图（单位：℃）（续）

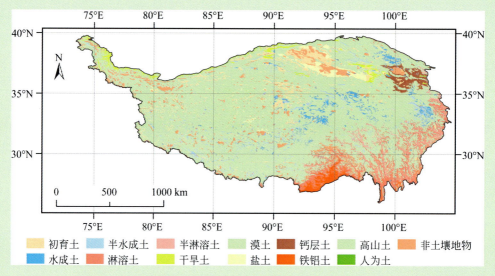

图 1-11　青藏高原土壤类型分布图

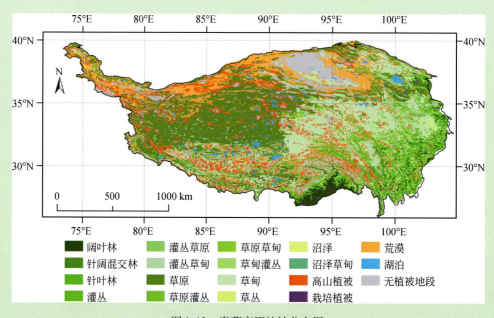

图 1-12　青藏高原植被分布图

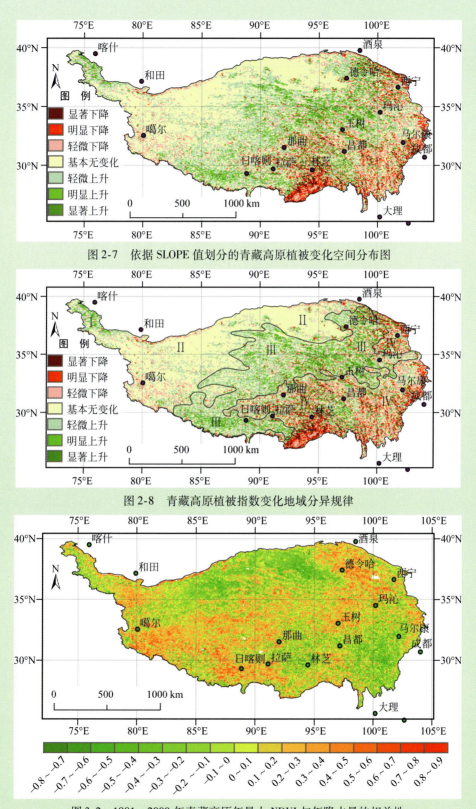

图 2-7　依据 SLOPE 值划分的青藏高原植被变化空间分布图

图 2-8　青藏高原植被指数变化地域分异规律

图 3-2　1981～2000 年青藏高原年最大 NDVI 与年降水量的相关性

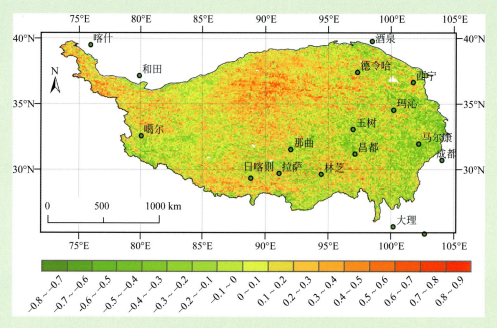

图 3-4　1981～2000 年青藏高原年最大 NDVI 与年均气温的相关性

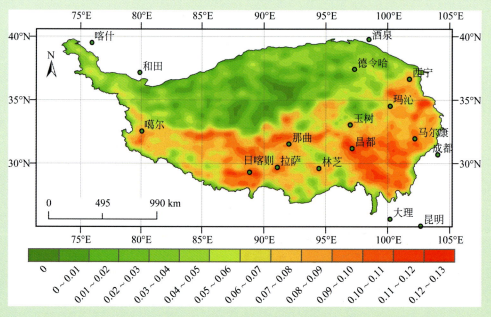

图 3-9　青藏高原道路密度图

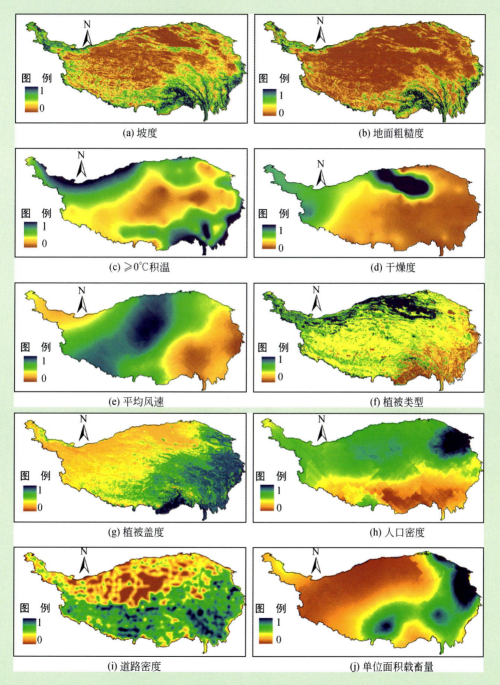

(a) 坡度　　　　　　　　　　　(b) 地面粗糙度

(c) ≥0℃积温　　　　　　　　　(d) 干燥度

(e) 平均风速　　　　　　　　　(f) 植被类型

(g) 植被盖度　　　　　　　　　(h) 人口密度

(i) 道路密度　　　　　　　　　(j) 单位面积载畜量

图 4-2　标准化之后的评价指标空间分布

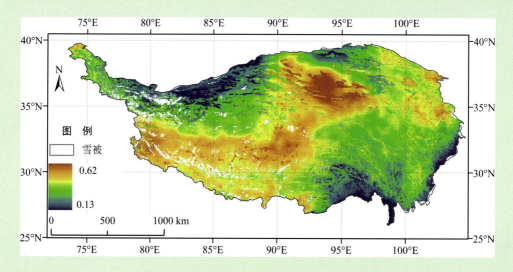

图 4-3 青藏高原生态系统脆弱度的空间分布图

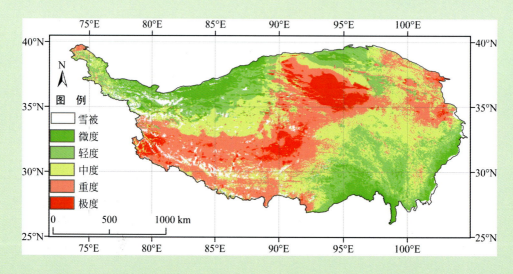

图 4-4 青藏高原生态脆弱性分区